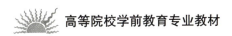

高等院校学前教育专业教材

学前儿童科学教育

Xueqian Ertong Kexue Jiaoyu

（第 2 版）

主　编　赵一仑　王春燕

编写者　赵一仑　王春燕

　　　　刘　宇　李齐杨

　　　　秦元东　黎安林

　　　　王　磊

高等教育出版社·北京

内容提要

　　本书共八章，主要内容包括：科学与学前儿童科学教育、学前儿童科学的学与教、学前儿童科学教育的目标、学前儿童科学教育的内容、学前儿童科学教育活动设计与指导、学前儿童科学教育的环境创设、学前儿童科学教育评价、学前儿童科学教育的专题研究。

　　第2版在第1版的基础上，重视《3~6岁儿童学习与发展指南》中科学领域教育目标的落实，对一些章节内容进行了调整，进一步优化章节结构；加入学前儿童科学教育发展的新内容；设计有利于学生思考、动手操作的栏目；增加数字化资源，拓宽学生视野。

图书在版编目（CIP）数据

学前儿童科学教育 / 赵一仑，王春燕主编 . -- 2版
. -- 北京 : 高等教育出版社，2021.6
　　ISBN 978-7-04-053944-8

　　Ⅰ．①学… Ⅱ．①赵… ②王… Ⅲ．①学前儿童－科
学教育学 Ⅳ．①G613

　　中国版本图书馆CIP数据核字(2020)第049366号

策划编辑　刘晓静　　　责任编辑　刘晓静　　　封面设计　张申申　　　版式设计　杨　树
插图绘制　黄云燕　　　责任校对　李大鹏　　　责任印制　刁　毅

出版发行	高等教育出版社	网　址	http://www.hep.edu.cn
社　址	北京市西城区德外大街4号		http://www.hep.com.cn
邮政编码	100120	网上订购	http://www.hepmall.com.cn
印　刷	山东新华印务有限公司		http://www.hepmall.com
开　本	787mm×1092mm　1/16		http://www.hepmall.cn
印　张	17.25	版　次	2012年10月第1版
			2021年6月第2版
字　数	300千字		
购书热线	010-58581118	印　次	2021年6月第1次印刷
咨询电话	400-810-0598	定　价	33.00元

前　言

　　《学前儿童科学教育》自 2012 年出版以来，国际科学教育发展趋势呈现多元变化，STEM 教育成为各国应对未来快速变化世界的有效手段，其强调跨学科概念和工程实践的理念对幼儿园科学教育具有重要意义和实践指导价值，为进一步贯彻《3~6 岁儿童学习与发展指南》精神，深化五大领域课程教学改革，积极应对国际科学教育变革的大趋势，对本教材进行了修订。

　　本次修订以《幼儿园教育指导纲要（试行）》和《3~6 岁儿童学习与发展指南》的精神为指引，充分体现《幼儿园教师专业标准（试行）》《幼儿园教师资格考试标准》的指导思想，努力吸收国际科学教育研究的新成果，在内容选择和结构编排上强化以培养学生的教学领域知识（PCK）为中心，将传统的"教本"转化为学生的"学本"，以学生在实践中的教育生活作为教材编写的出发点，融合大量的案例，增强了教材的情境性和可操作性，注重弥合理论与实践的鸿沟。

　　本次修订主要体现以下特点：

　　1. 内容的先进性

　　《学前儿童科学教育》以当前国际学前儿童科学教育的先进理念为主线，力求反映本领域的发展趋势，具有较强的科学性、实践性，并力求反映幼儿园课程改革的时代发展要求与趋势。

　　2. 形式的创新性

　　增加"学习目标""问题思考"等栏目，提供丰富的案例，加强学生问题探究、问题解决能力的培养。本书配有丰富的二维码资源，促进学生对相关理论和实践知识的进一步理解，实现线上、线下资源的有效整合。

　　本书的修订框架由赵一仑确定。本书具体分工如下：第一章，刘宇；第二章，赵一仑；第三章，王春燕；第四章，王春燕、秦元东、王磊；第五章，黎安林、赵一仑；第六章，秦元东、王磊；第七章，刘宇；第八章，赵一仑、李齐杨。统稿工作由赵一仑负责。全体编写人员精诚合作，为修订本教材做出了巨大的努力。在修订过程中，参考和引用了国内外专家、学者的部分观点和资料，引用了部分幼儿园科学教育的案例，在此向相关作者表示衷心的感谢！本教材的修订被列为浙江师范大学新形态教材建设项目，在写作、出版过程中，自始至终得到了作者所在单位浙江师范大学杭州幼儿师范学院、浙江师范大学教务处及高等教育出版社的热情关心和大力支持，谨此致谢！

由于时间仓促，加之作者水平有限，本教材存在差错、缺漏之处，敬请读者批评指正。

赵一仑

2020 年 12 月

目　录

第一章　科学与学前儿童科学教育　**1**

第一节　科学与儿童的科学　3

第二节　学前儿童科学教育的内涵与意义　11

第三节　国内外学前儿童科学教育的发展　15

第二章　学前儿童科学的学与教　**29**

第一节　学前儿童科学学习的理论基础　31

第二节　学前儿童科学学习的朴素理论　41

第三节　基于PCK的学前儿童科学教育　56

第三章　学前儿童科学教育的目标　**67**

第一节　学前儿童科学教育的目标定位　69

第二节　学前儿童科学教育的目标分析　78

第三节　学前儿童科学教育目标的结构与设计　90

第四章　学前儿童科学教育的内容　**103**

第一节　《纲要》和《指南》对科学教育内容的解读　105

第二节　学前儿童科学教育内容选择的范围　111

第五章　学前儿童科学教育活动设计与指导　**127**

第一节　学前儿童科学教育活动设计与指导概述　129

第二节　观察认识类科学教育活动的设计与指导　135

第三节　实验操作类科学教育活动的设计与指导　145

第四节　设计制作类科学教育活动的设计与指导　156

第五节　谈话讨论类科学教育活动的设计与指导　161

第六节　综合统整类科学教育活动的设计与指导　167

第六章 学前儿童科学教育的环境创设 177

第一节 学前儿童科学教育环境概述 179

第二节 幼儿园科学教育环境创设的原则和类型 186

第三节 学前儿童科学教育的社会资源 203

第七章 学前儿童科学教育评价 209

第一节 学前儿童科学教育评价概述 211

第二节 学前儿童科学教育评价的内容 215

第三节 学前儿童科学教育评价的实施 222

第八章 学前儿童科学教育的专题研究 233

第一节 探究式科学教学 235

第二节 "做中学"科学教育 241

第三节 STEM 教育 246

第四节 生命教育 257

主要参考文献 265

第一章

科学与学前儿童科学教育

▌▌ 内容导航 >>>

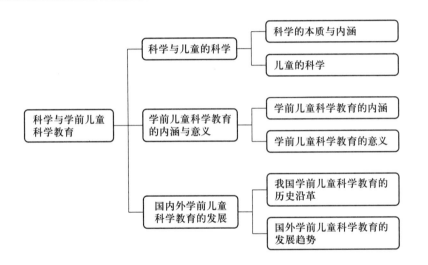

▌▌ 学习目标 >>>

1. 理解科学是什么以及儿童的科学的独特性。

2. 理解学前儿童科学教育的内涵和意义。

3. 了解我国学前儿童科学教育的历史沿革及国外学前儿童科学教育的发展趋势。

4. 能结合学前儿童科学教育的内涵、趋势，分析我国当前幼儿园科学教育的现状。

▌▌▌ 引　言 ▶▶▶

说起学前儿童科学教育，有两个现象令人印象深刻：一是幼儿园教师在设计科学活动时，最为纠结的往往是自己设计的活动是否"科学""严谨"；二是当谈到幼儿园科学教育时，一些非专业人士常常感到疑惑，幼儿园的孩子也能学习科学这么"高大上"的东西吗？这两个现象反映了人们对于"科学是什么"有一些先入为主的看法，而这样一些看法往往又会影响对幼儿园是否应该进行科学教育，如何进行幼儿园科学教育的认识。大家不妨思考如下三个问题：

● 你认为科学是什么？

● 你认为科学教育应该教些什么？怎么教？

● 你认为你对前两个问题的回答之间有什么联系？

下面，带着这三个问题开始本章内容的学习，看学习结束后你对它们的回答是否会发生变化。

科学与儿童的科学

"学前儿童科学教育"中的第一概念是"科学",这也是它区别于学前儿童健康教育、社会教育、语言教育、艺术教育的关键。因此,学习学前儿童科学教育首先要了解科学是什么。科学在一般人的想象中,总是和成年专业人员探索各领域的未解之谜联系在一起的。儿童拥有自己的科学吗?儿童拥有什么样的科学?这是本节试图要回答的两个问题。

一、科学的本质与内涵

科学教育离不开对科学的本质与内涵的理解,这不仅因为科学是科学教育内容的来源,而且对科学本质与内涵的认识往往直接决定着科学教育活动的理念与实践。科学教育只有准确地反映和体现科学的本质,才能帮助学习者学习真正的、完整的科学;反过来,我们很难想象,在连科学是什么都搞不清的情况下,如何能够进行好的科学教育。"事实上,我们现今科学教育中的诸多问题归根结底常常是由于对科学和科学本质缺乏认识或错误认识所造成的,教师对科学性质的认识程度比其拥有的科学知识更影响教育效果。"[①]可见,对于科学的本质与内涵的认识对科学教育,包括学前儿童科学教育有着根本性的影响,是探讨学前儿童科学教育需首先加以澄清的问题。

科学虽然对人类生活有巨大影响以及具有变不可能为可能的神奇魅力,但"科学究竟是什么"却是一个非常难以回答的问题。从历史发展来看,人们对科学本质的认识也经历了一个发展过程——大体上是一个从把科学看作知识体系,到把科学视为结果与过程相统一、认识与价值相统一的过程。

---

① 庞丽娟. "国际科学教育新视野"译丛总序[M]//夏洛,布里坦. 儿童像科学家一样:儿童科学教育的建构主义方法. 高潇怡,梁玉华,孙瑾,译. 北京:北京师范大学出版社,2006:2-3.

（一）科学是知识体系

这是一种历史最悠久、影响力最大的看法，它把科学视为由一系列不同学科、不同层次的知识组成的知识体系，反映了人类对于外部世界（这里主要指自然界）的正确认识。

"科学是知识体系"这一看法可以追溯到"科学"一词的词源。通常认为"科学"一词是从中世纪拉丁文 scientia 演变而来的，其原意即是"学问""知识"。此后，英文、德文、法文中的"科学"一词均由其衍生而来。中文中"科学"一词则是 19 世纪末我国学者译介国外相关书籍时使用，并在之后广泛流行起来的。随着"科学"一词同时得以传播的，还有作为其"原意"的"知识"内涵。例如，1999 年版的《辞海》，对科学的定义仍是"运用范畴、定理、定律等思维形式反映现实世界各种现象的本质和规律的知识体系"，可见其影响之大。随着科学本身的发展，科学知识不断分化与深化，形成了由不同层次的、不同学科组成的庞大的"知识体系"，因而"知识"的表述也就让位于"知识体系"。

这种科学本质观对于我国各阶段的科学教育影响巨大，以至于很长一段时间里，即使是教育专业人员也普遍把科学教育理解成科学知识或知识体系的传授。但这种科学本质观避免不了一个致命弱点，即它是以一种静态的、注重结果的视角看待科学的，显然无法反映人类历史发展中存在的科学的全貌。"由于把科学归结为知识，常常难以表达其动态特性，反而容易被误认为是永恒正确的真理，因而越来越多的学者提倡广义的科学定义或大科学观，主张把科学看成人类的一种认识活动、一种产生知识的探究过程。"[①]

（二）科学是结果与过程的统一

科学是知识或知识体系，但显然不是所有的知识都是科学，只有采用某种特定的、经得起考验的"方法""程序"所获得的知识才能称为科学。判断一种结论是否科学往往并不能只考察结论本身，而还需要检查得出该结论的过程与方法是否恰当。这至少说明，科学探究的过程和科学探究的结果之间是相互依托、密不可分的。因此，完整的科学应是探究结果与探究过程的统一。把科学视为探究结果和探究过程的统一，突破了对科学的静态理解，也比较符合人类科学发展的经验事实，即人类现有的科学认识成果是在长期历史发展过程中经过不断的尝试探索，经历无数的证实与证伪而逐步建立和发展起来的。这样一个动态发展的过程提示我们，科学不但不止于"知识体系"，甚至也不止于

---

① 楚江亭. 科学内涵的解读与科学教育创新［J］. 教育研究，2010，31（3）：57—62.

"正确的知识体系"。有学者认为："从动态的观点看，任何社会所生产的科学知识尽管是当时对自然或社会所作的最好解释，但它不是一成不变、完美无缺的'绝对、全面的真理'，而只是对客观世界的一定过程、部分或层面的正确反映，是'相对、局部的真理'，科学还要随着研究者、研究问题、研究方法等的不断变化而更新与完善。"①

（三）科学是认识与价值的统一

不论是科学探究的结果，还是科学探究的过程，涉及的都是科学的认识层面，但就如人类的所有活动都离不开人的情感、态度、价值观一样，科学也不可能是"纯粹"的认识活动。尽管科学曾宣称自身"客观""价值中立"，但它既要受一定的价值体系的影响，同时本身也代表着一定的价值体系。"科学的形成、发展和变化是渗透社会、价值及个体因素影响的，科学是具有'社会性''价值性''境域性''可错性'的"。②但与此同时，科学也不是被动地受群体或个体价值的影响，在自身长期发展的过程中，科学也形成了一套独特的价值系统。这套价值系统和科学探究的过程、科学知识体系一起构成了科学的完整内涵。例如，科学教育研究者阿布鲁斯卡托就认为，"科学是人们在运用一组过程做出有关自然界的发现时所建立起来的知识体系，而生产这一知识体系的人们进行的工作是以某些特殊的价值和态度为特征的"，并把这套价值概括为求真、自由、怀疑、秩序、原创、交流六个方面。③作为科学工作特征的价值体系是人类价值系统的重要组成部分，其在行为上表现为一种特定的倾向或态度（科学态度），在个人人格上则表现为一种独有的特点或精神（科学精神）。它虽然不像科学知识体系一样外显，但却是科学及科学家身份的重要标志之一，我们甚至会以之为标准去衡量现实中的科学及科学家。

问题思考

和同伴讨论一下，你此前对于科学是什么的看法？你的看法属于上述哪一类？或是哪几类？你认为哪种观点更合理？为什么？

---

① 楚江亭. 科学内涵的解读与科学教育创新［J］. 教育研究，2010，31（3）：57-62.

② 楚江亭. 科学内涵的解读与科学教育创新［J］. 教育研究，2010，31（3）：57-62.

③ ABRUSCATO J. Teaching children science: a discovery approach［M］. 6th ed. Boston: Pearson Education, Inc., 2004: 10, 13.

二、儿童的科学

科学似乎天然地与儿童隔着遥远的距离。按照通常的看法，科学是科学家的事业，即使是在日益强调科学普及的今天，也依然有人认为科学过于复杂深奥，是成人才能了解和理解的东西，对年幼的儿童讲科学，犹如天方夜谭。不过随着对科学本质研究的发展，人们日益认识到，年幼的儿童其实也有自己的科学，对年幼儿童实施科学教育不但是可能的，而且意义深远。

对于儿童与科学的关系，当前的主要看法集中在相互联系的两个方面：一是儿童拥有自己的科学，儿童与科学家之间有着诸多相似之处；二是儿童的科学不同于成人（或科学家）的科学，有自己的特点。

（一）"儿童像科学家"

关于儿童和科学家之间的关系，人们也经历了一个认识过程。总体的趋势是从将两者看作相反对立的，到将两者看作相似统一的。

> **资料链接**
>
> 　　传统上认为，儿童的认知方式是直觉的、自然的、情感的，与成人科学的、文明的、理性的认知方式截然不同。但不同的人在对待儿童认知方式的态度上存在不同，有人把儿童的这种认知方式视为其发展过程中的低级阶段，需要加以替代；有人则认为儿童的这种认知方式有着独特的价值。但是，将儿童的认知方式与科学的认知方式相对立是长期存在的。
>
> 　　不过，越来越多的证据推翻了这种传统看法，儿童和科学家不仅不是截然不同的两种人，而且他们之间还有许多共同的特点。对此，有的学者甚至提出"儿童像科学家"的比喻。这一比喻的含义是：与科学家联系在一起的许多特质——实验、好奇心、创造性、理论建构与合作等同样也是儿童所具备的特点。[①] 不过，也有的学者认为，"不是儿童是小科学家，而是那些科学家是大孩子"[②]，也就是说，不是儿童在运用科学家所具备的特质来探索世界，而是科学家在运用从婴幼儿期延续下来的学习能力来进行科学研究。儿童天生具有了解世界和自己的能力，成人科学家和儿童在某种程度上使用同样的

---

①　夏洛，布里坦. 儿童像科学家一样：儿童科学教育的建构主义方法［M］. 高潇怡，梁玉华，孙瑾，译. 北京：北京师范大学出版社，2006：1.

②　戈波尼克，梅尔佐夫，库尔. 摇篮里的科学家：心智、大脑和儿童学习［M］. 袁爱玲，廖莉，任智茹，等译. 上海：华东师范大学出版社，2004：7.

认知工具，从事着同样的工作，科学家的探索、实验能力可以说是每个人儿时具有的学习能力的延续和发展。

儿童和科学家的相似之处概括起来，大致有以下三个方面：

（1）儿童像科学家一样，也有着自己对周围世界的认识，尽管这种认识的具体内容、结果与成人和科学家不同。儿童不是"白板"一块，他们知道的比我们以为他们知道的要多得多。而且，儿童所知道的甚至不像我们通常以为的那样，只是一些零散、肤浅的经验知识。"有证据表明，儿童的认知在某些方面具有某种程度的'理论'性，因而其认识不一定是零散的，相反却具有一定程度的连贯性、关联性，具有解释和预测功能。"此外，"年幼儿童在很多情况下能够超越知觉相似性，看到问题的'本质'"。[①] 只不过儿童的理论中的线索以及儿童所看到的实质可能与成人不同罢了。

（2）儿童像科学家一样，有着超强的探索世界的能力。"婴幼儿也会思考、观察和推理。他们也会考虑证据、得出结论、做实验，去解决问题和寻找真相。只是他们不是以科学家的那种自觉的方式去做的。……但是哪怕是最小的婴儿，他们也知道许多关于世界的知识，而且他们也会积极地去工作来发现更多。"[②]

（3）儿童像科学家一样，有着强烈的探索世界的欲望。有学者认为人类拥有一种与进食、性一样重要的"解释的动机"，即试图对感到困惑的事物探寻答案。[③] 对于刚出生不久的婴儿来说，一切都显得那么陌生，那么新奇，刺激着他们的"解释的动机"，因此，年幼儿童身上往往表现出几乎是无穷无尽的探索、实验的欲望。在不同的发展阶段，他们或通过感知运动，或通过语言询问去探索周围世界。科学家也具有同样的特质，甚至可以说，科学家就是孩童时代无穷的好奇心和旺盛的探究欲未被熟悉现实后的麻木所湮没的那部分成人。

认识儿童与科学家之间具有共同特点，不但是理解儿童方面的进步，对于学前儿童科学教育也具有重要意义，否则我们就很容易认为儿童"一无所知"，是需要我们去描画绘制的"白板"，从而为知识灌输式的"听科学""记科学"的教育方式"开了绿灯"。当前倡导的探究式科学教育、建构主义科学课程等，无不是以年幼儿童具有一定的经验知识、发现能力和探索精神这一认识为基础的。

---

① 鄢超云. 朴素物理理论与儿童科学教育［M］. 南京：江苏教育出版社，2007：23-24，25.

② 戈波尼克，梅尔佐夫，库尔. 摇篮里的科学家：心智、大脑和儿童学习［M］. 袁爱玲，廖莉，任智茹，等译. 上海：华东师范大学出版社，2004：9.

③ 戈波尼克，梅尔佐夫，库尔. 摇篮里的科学家：心智、大脑和儿童学习［M］. 袁爱玲，廖莉，任智茹，等译. 上海：华东师范大学出版社，2004：56.

（二）儿童的科学的特点

尽管儿童与科学家有诸多相似之处，儿童有自己的科学，但儿童的科学与成人的、科学家的科学又不尽相同，有自身的特点。

1. 儿童的科学认识结果具有朴素性、主观性

儿童的科学认识结果的朴素性，指的是儿童对于一些科学概念的理解，主要是基于感性经验自发形成的日常的、前科学的知识，这些知识往往是比较"粗糙的"，甚至是错误的，与科学的概念之间存在一定差异。例如，有的研究者采用开放式问卷，要求被试根据要求绘制"运动轨迹"，结果发现，5—6岁儿童对"力与运动"的相关概念拥有的理解是朴素的。^① 例如，对于"力的合成"这一概念，5—6岁儿童的主要朴素理论为"物体会朝力气大的一方运动"，说明儿童尚未形成"合力"概念，更难以根据力的大小正确判断物体的运动方向；在"平抛运动"问题上，5—6岁儿童的主要朴素理论为"物体会竖直向下运动"，说明大多数儿童没有形成"抛物线"概念。此外，儿童对许多自然现象的解释具有强烈的主观性和泛灵论色彩，即从主观意愿或感觉出发，或以赋予万物以灵性的方式解释自然现象。例如，把夜空中星星的闪烁解释为星星上有人开关手电筒，把月亮的移动解释为是在跟着他走，认为自己喜欢吃的食物也是小白兔喜欢吃的食物，等等。这一方面与年幼儿童的生活经验相对贫乏有关；另一方面也与儿童认识发展水平的局限，即尚不能区分"主观的现实"与"客观的现实"有关。

2. 儿童的科学认识过程具有经验性、试误性

尽管儿童在探索周围世界时，使用着和科学家类似的探究方法，经历着相似的探究过程，但两者之间还是有较大的区别（表1–1）。儿童的科学探究主要借助直接经验进行，通过对真实事物的直接操作展开，并且缺乏自觉性，主要表现为自发的、反复的尝试错误过程。

表1–1　儿童的探究与科学家的探究的比较^②

维度	科学家	儿童
探究对象	• 面对的是人类的未知	• 人类已知而他们自己未知
探究基础	• 在前人研究和自身观察的基础上进行推论和假设，文献资料具有重要的意义	• 只是在自身经验和观察基础上进行假设

---

① 参见罗盘，王明怡，梁熙. 5—6岁儿童对"力与运动"的认知［J］. 学前教育研究，2009（11）：26–31.

② 刘占兰. 学前儿童科学教育［M］. 2版. 北京：北京师范大学出版社，2008：10.

续表

维度	科学家	儿童
探究的过程	• 验证假设经历漫长的发现历程	• 简约式地重演科学发现的过程
探究结果分享	• 将结果公之于众，供他人分享与验证，他们的成果是人类共同的财富	• 只是在同伴之间、师幼之间进行分享交流和相互质疑

3. 儿童的科学认识具有发展性、建构性

尽管儿童的科学认识结果具有朴素性和主观性，认识过程具有经验性、试误性，与我们所知的成熟的科学相去甚远，但从发展的眼光来看，儿童的科学是处在不断地变化、完善之中的。对于儿童科学教育而言，一个十分重要的问题是：儿童的科学认识的发展、变化和完善是如何进行的？对此，存在两种不同的理论：一种是行为主义理论，主张知识是传授给儿童的，儿童则接受知识；另一种是建构主义理论，认为儿童通过动态的、互动的过程建构知识。[①] 与行为主义理论把儿童视为知识的被动接受者不同，建构主义理论把儿童看作知识的主动建构者。建构主义理论认为，知识传递式的"教"并不必然带来"学"，每一个儿童进入教育情境时都带有各自的先在经验和学习方式，只有在此基础上儿童通过积极的智力活动建构的知识才能被儿童真正拥有。显然，建构主义理论认为学习与否最终是由学习者决定的。不过，这也绝不意味着儿童是学习的"孤胆英雄"，建构主义理论同时也认同儿童是"社会化的个体"，与他人（教师、同伴）等的互动对其知识建构具有重要的支持作用。皮亚杰曾把知识分为物理知识、数理－逻辑知识和社会知识三类，科学主要涉及前两类知识，而它们主要是通过建构形成的。因此，在当前的儿童科学教育中，儿童科学知识的建构性占据了主流。

通过以上对"儿童的科学"的分析可以发现，儿童的科学表现出一定的矛盾性，儿童既对周围的世界有一定的经验和认识，但这些经验和认识又常常是主观的、任意的，甚至是错误的；儿童既会出于好奇不断提出关于周围世界的问题，尝试探究并做出解释，但这种探究又常常处于一种自发而非自觉、松散不连续的状态。这些似乎都向我们表明，"儿童的科学"与"成人的科学"相比，更多的是一种精神气质的相似，承认存在"儿童的科学"本身实际上意味着一种特定的科学观。在传统的"科学即知识体系"的科学本质观下，"儿童的科学"的说法

① 夏洛，布里坦. 儿童像科学家一样：儿童科学教育的建构主义方法［M］. 高潇怡，梁玉华，孙瑾，译. 北京：北京师范大学出版社，2006：5-6.

是荒谬的，儿童对周围世界零散的、不连续的探究所得的主观的、任意的甚至是错误的结论，显然不符合科学知识体系的准入标准。但若从科学即结果与过程的统一、认识与价值的统一的角度来看，"儿童的科学"是存在的，并且是独具特色的。理解并把握儿童的科学的特点是实施学前儿童科学教育的根本，是解决学前儿童科学教育实践中诸多问题的核心。

问题思考

选取你在幼儿园或其他场所观察到的幼儿活动片段，分析：其中包含哪些儿童的科学的元素？体现了什么样的儿童科学的特点？

学前儿童科学教育的内涵与意义

知道了科学是什么，了解了儿童也拥有科学以及儿童科学的特点，理解学前儿童科学教育就具备了不可或缺的重要前提，但这仍然不够。学前儿童科学教育并不是科学或儿童的科学在学前教育中的简单投射，而是有自身独特的内涵和发展脉络的。这也是本节内容试图加以阐明的。

一、学前儿童科学教育的内涵

学前儿童科学教育指的是以学前儿童①（在我国主要是指幼儿园中的3—6岁儿童）为对象，在成人教育者的引导、支持和帮助下，采用符合学前儿童学习科学特点的方式进行的，旨在提高学前儿童科学素养的科学教育。其具体内涵体现在以下几个方面。

（一）学前儿童科学教育的目标是提高学前儿童的科学素养

从当前国际科学教育的发展来看，科学教育正在从培养少数科学家的精英教育走向提高全民科学素养的大众教育，培养具有科学素养的公民已成为各国科学教育改革的核心目标和共同追求，也是学前儿童科学教育的主要目的。培养科学素养之所以适合作为学前儿童科学教育的目标，有以下三个方面的原因：

（1）"科学素养"的大众性意蕴与学前儿童科学教育的基础性相吻合。科学素养面向的是所有学生乃至所有公民的科学教育，学前教育阶段的儿童无疑也在这一范围内。而且，学前儿童科学教育作为科学基础教育的有机组成部分，理应为所有学生、所有公民科学素养的提高打下良好的"基础中的基础"。

---

① 在没有特别指明的情况下，本书中"学前儿童""儿童""幼儿"概念可以通用。

（2）"科学素养"概念与当前人们对科学本质内涵的理解是一致的。尽管对科学素养的界说众说纷纭，至今尚无定论，但人们普遍认可其是一个多维度的概念。在诸多对其维度的划分中，乔·米勒的"三维度模型"影响最大，即科学素养包括对科学知识的理解、对科学研究方法和过程的理解、对科技的社会影响的理解，这种观点与前述的当前对科学本质内涵的看法是一致的。

（3）在国际科学教育改革实践中，许多国家已经或正在把科学素养作为科学教育目标写入改革方案或蓝图，这些改革方案或蓝图通常也包括学前教育阶段。也就是说，将提高科学素养作为学前儿童科学教育的目标，事实上已经是国际学前儿童科学教育的趋势。例如，美国在1996年颁布的《国家科学教育标准》（National Science Education Standards）中就特别指出，学校，包括从幼儿园到12年级（即 K-12）科学教育的目标是培养具有高度科学素养的人。在2013年发布的《新一代科学教育标准》中，美国又确立了由科学与工程实践、学科核心概念和跨学科概念三个维度构成的科学教育框架，更新并拓展了科学素养的内涵。

（二）学前儿童科学教育的实施应符合儿童学习科学的特点

学前儿童科学教育的实施应符合儿童学习科学的特点，其前提是要了解儿童学习科学的特点。瑞士心理学家皮亚杰提出的"发生认识论"，较为系统地揭示了儿童学习的特点。

（1）儿童有着自己独特的对于科学的认识，这种认识的发展取决于他们处于何种认知发展阶段。换言之，即儿童的头脑之于科学，不是"白板"一块，而是有着先在知识和经验的。这一认识在当代认知心理学家那里得到了继承和发展，演变为有关"朴素理论"和"迷思概念"的系统而丰富的研究。

（2）儿童科学认识发展的动力是以活动为中介的主客体相互作用。皮亚杰用于划分不同认知发展阶段的核心术语——"运算"（operation）指的就是"内化的、可逆的动作"，不同的认知发展阶段实际上与其动作内化水平有着根本的联系，而儿童的科学认识水平又取决于其认知发展阶段，可见活动（动作）对儿童科学认识发展的重要作用。

在上述两种认识的基础上，可以得出：儿童学习科学主要是在已有的科学认识基础上，通过自身与客体（环境）主动的相互作用（通常表现为探究）而实现的。有学者在仔细研究了幼儿的自然科学概念和思维后指出："幼儿绝非一个空白容器，被动地等着他人灌输讯息；相反地，幼儿是一个主动建构知识的个体，在每日生活中试图去理解周遭事物，并且合理化、意义化他的认知冲突。……对于一个建构知识的个体，在教学上则必须以促进其建构知识的方法对待之。"

总之，儿童是带着自己已有的朴素的科学认识，而不是头脑一片空白地来到教师面前的；儿童是带着强烈的学习动机和类似科学家的探究技能，而不是心智软弱无力等待教师从外部灌输的；儿童的科学学习过程是其在自身拥有的朴素科学认识的基础上主动建构的过程，能够促进这一过程的学前儿童科学教育便是符合了儿童学习科学的特点。

（三）学前儿童科学教育的实施离不开教师的引导、支持和帮助

皮亚杰的理论及当代建构主义学习理论对学前儿童科学教育的影响，使我们认识到灌输式科学教育的不合理，但也很容易使我们走向另一个极端，即放任儿童自由探究，弱化甚至否定教师在儿童学习科学中的作用。正确看待这一问题，需要辩证认识皮亚杰理论的贡献与局限，也需要正确地认识建构主义学习理论。皮亚杰的理论对于儿童的科学及其发展动力的认识时至今日也是有着巨大生命力的，但同时我们也要看到他在深层次上对"发展与教学"持有的是发展先于学习的观点，也就是所谓一个人的认识的可能发展取决于其所处的发展阶段并受它制约，这就导致皮亚杰的理论"更加关注儿童认识发展的自发性，而相对忽视了教育对促进儿童发展的作用"，或者说"皮亚杰的理论更关注儿童'不能做什么'，而不是他们'能够做什么'，特别是在成人的帮助下'能够做什么'"。[1] 而当代建构主义理论的代表人物维果茨基则对于"发展与教学"的关系持更加复杂的认识。他认为，"教学不仅可以跟随发展，不仅可以和发展齐步并进，而且可以走在发展的前面，推动发展前进，并在发展中引起新的形成物"[2]。根据这一认识，维果茨基承认儿童能在日常生活经验基础上形成自发概念，并且当自发概念发展到一定程度时，能够借助适当的教学而发展成为科学概念。维果茨基由此肯定了教师在儿童科学概念发展中的作用，只不过这种作用不是"向袋子里倒豌豆"一样的作用，而是通过创设适宜的环境，在儿童自主探究过程中给予适当指导和引导、支持和帮助的作用。儿童学习科学的过程实际上是儿童自主探究和教师有效指导的辩证结合。

二、学前儿童科学教育的意义

开展学前儿童科学教育，无论对于儿童的发展还是社会的发展都有重要

① 张俊. 幼儿园科学教育 [M]. 北京：人民教育出版社，2004：32.
② 王春燕，秦元东，黎安林. 探究·体验·发现：幼儿园科学教育理论与实践 [M]. 南京：南京师范大学出版社，2010：18.

意义。

（一）学前儿童科学教育对于儿童发展的意义

学前儿童科学素养的提高是学前儿童全面发展的重要组成部分。科学教育带给儿童的不仅仅是科学经验、知识的增长，还有多方面的教育价值，包括激发并保护儿童探究自然的好奇心和对科学的兴趣，帮助儿童初步掌握科学探究的方法，与其他领域教育配合促进儿童主动性、积极性、创造性等优良个性品质的发展，提高儿童合作交往、动手操作、语言交流、解决问题等方面的能力等。这一点在基于当代科学观和科学教育观指导而展开的学前儿童科学教育中更是有突出的体现。此外，学前儿童科学教育还有利于促进儿童的终身发展。我国当前学前教育改革的着眼点已不再局限于与更高一级的教育阶段的衔接上，而是将学前教育置于整个终身教育体系的坐标中，要为儿童的终身发展奠定基础。而科学素养在一个"科学探究的产物触目皆是的世界"里，已是一个人终身发展所必不可少的组成部分，是需要持续一生不断努力加以提高的重要素养之一，这一终身学习科学过程的起点理应在学前教育阶段。

（二）学前儿童科学教育对于社会发展的意义

概言之，学前儿童科学教育对社会发展的意义在于它有助于为全体国民科学素质的提高，为社会可持续发展和创新型国家建设奠定基础。

韦钰院士指出，确保可持续发展目标的实现需要依靠科学技术的发展和创新，发展科学技术又需要大力加强科技能力建设，而在科技能力建设中，最基础和最具战略性的任务是全民科学素质的提高，包括对5—18岁青少年开展科学教育。[①] 近年来，针对我国在发展过程中，偏重"中国制造"，弱于"中国创造"的新形势，我们提出了建设"创新型国家"的发展目标。实现这一目标，教育特别是基础教育在其中具有重要作用。换言之，创新必须"从娃娃抓起"，从基础教育抓起。"只有重视基础教育改革，然后至少再要经过15~20年，在整体国民科学素质提高后，创新型国家才能真正建设成功。"[②] 学前儿童科学教育作为全民科学素质提高任务的有机组成部分，作为儿童科学教育的基础环节，对国民科学素质的提高和我国社会的可持续发展具有不容忽视的作用。

《科学与技术教育帕斯宣言》

---

① 参见韦钰. 国民科学素质的提高与可持续发展［J］. 科普研究，2006（2）：3-7.
② 参见韦钰. 创新从娃娃抓起［J］. 上海教育，2006（9）：42-44.

第三节　国内外学前儿童科学教育的发展

像任何一项教育事业一样，学前儿童科学教育也经历了一个产生和逐步发展的过程。了解这一过程，特别是其近年来的发展变化趋势，对于新时代的学前儿童科学教育具有重要意义。由于我国和国外具有不同的文化教育传统，学前儿童科学教育的发展轨迹呈现出不同面貌，而在全球化时代，学前儿童科学教育的发展既要立足我国的传统和现实，同时又要积极学习、借鉴别国的经验。因此，本节将分别对国内学前儿童科学教育的历史沿革和国外学前儿童科学教育的发展趋势进行介绍。

一、我国学前儿童科学教育的历史沿革

在我国，学前儿童科学教育有着悠久的历史，古代科学教育与其他社会活动、教育内容相结合；近代以来逐步出现独立的、系统的学前儿童科学教育；从新中国成立后到 1978 年改革开放前学习苏联学前儿童科学教育；改革开放后，我国学前儿童科学教育跨入新阶段。

（一）古代学前儿童科学教育

我国古代曾创造了辉煌灿烂的科技文明，因而也有着相对成熟发达的科学教育。不过，学前儿童教育长期由家庭承担，制度化、机构化的学前教育一直未能建立，因而学前儿童科学教育未能独立形成，而是与其他社会生产、生活活动，包括教育活动结合在一起进行的。例如在原始社会，年幼儿童主要跟随成人，在生产和生活实际中通过观察、模仿获得一些对自然界的了解和认识以及在大自然中生存的技能。而到了封建社会，随着科学技术和教育的发展，对年幼儿童的科

学教育有了一定的进步，教育内容有所丰富。蒙学读本中出现了不少有关自然的知识，使年幼儿童在学习识字的同时，可以学习一定的科学知识，但因与识字教育结合进行，多以讲、听、读、背的方式学习。无论是内容还是方法，古代科学教育从现代的角度看都是比较粗糙的。

（二）近代学前儿童科学教育

近代以来，随着我国科学教育和学前教育的发展，学前儿童科学教育逐渐得到发展。1903 年清政府颁布的"癸卯学制"（《奏定学堂章程》）是我国第一个近代意义上的学制，其中有关学前教育的《奏定蒙养院章程及家庭教育法章程》规定的科目——"手技"便含有科学教育的相关内容。在我国制度化、机构化学前教育设立之初，学前儿童科学教育便占有一席之地。尽管这一学制实际并未实施，但同一时期出现的学前教育机构都开设了"手技"一科，这可视为制度化、机构化学前儿童科学教育的开始。但真正较为系统地开展学前儿童科学教育研究实践，还有赖于自 20 世纪 20 年代起，陈鹤琴等一批致力于幼儿教育中国化、科学化的幼教先驱们。

陈鹤琴在 20 世纪 20 年代提出了"活教育"的教育思想，并就以其为基础的"五指活动课程"进行实践研究。在课程开发上，陈鹤琴主张"大自然、大社会都是活教材"，幼稚园的课程可以自然、社会为中心。"五指活动课程"包括儿童健康活动、儿童社会活动、儿童科学活动、儿童艺术活动、儿童文学活动五个方面，科学活动是其中之一，"包括植物之培育，动物之饲养，自然现象的研讨，当地自然环境的认识等"。[①]陶行知则认为，国家、民族要富强，要走向现代化，必须提高国民科学素质，加强科学教育。"我们要造就一个科学的民族，必须要在民族的嫩芽——儿童上去加工夫培植。有了科学的儿童，自然会产生科学的中国和科学的中华民族。"[②]从他的生活教育理论出发，陶行知提倡从幼儿的日常生活和周围环境中选取教育内容，还设计了一套完整的科学课程体系，包括儿童的生物、儿童的物理、儿童的化学、儿童的天文、儿童的气象、儿童的地球、儿童的工艺、儿童的农艺、儿童的生理卫生、儿童的科学指导等；在方法上，则注重"以做为中心"，认为"不做无学，不学无术"，提倡要解放儿童的头脑、双手、眼睛、嘴、空间、时间，"使儿童能到大自然大社会中去观察、去探索，能对他们感兴趣的科学现象和科学问题进行思考，进行创造性的活动"。[③]陈鹤琴、陶行

---

① 北京市教育科学研究所. 陈鹤琴全集：第 2 卷［M］. 南京：江苏教育出版社，1989：613.

② 华中师范学院教科所. 陶行知全集：第 5 卷［M］. 长沙：湖南教育出版社，1985：247.

③ 许琼华. 陶行知幼儿科学教育思想述评［J］. 教育探索，2009（1）：8-9.

知等幼教前辈的探索，极大地推动了我国学前儿童科学教育的开展，为学前儿童科学教育的发展积累了宝贵的经验。1932年颁布的《幼稚园课程标准》，有关科学教育的内容纳入"社会和自然"（1936年更名为"常识"）课程当中，在国家政策层面上确认了学前儿童科学教育的课程设置。此后，有关学前儿童科学教育的理论书籍、教材教法陆续出现，我国学前儿童科学教育的体系初步形成。

（三）新中国成立初期的学前儿童科学教育

中华人民共和国成立后，教育工作确立了"以老解放区新教育经验为基础，吸收旧教育有用经验，借助苏联经验，建设新民主主义教育"的指导方针，但由于陈鹤琴"活教育"理论及单元课程的巨大影响，一直到1951年上半年，公立幼儿园的课程设置基本上都是沿袭旧中国的幼稚园课程设置。[①]之后学前教育工作进入了全面学习苏联的阶段。在苏联专家的直接指导下，教育部统一制定了《幼儿园暂行规程（草案）》，确立了由体育、语言、认识环境、图画手工、音乐、计算组成的幼儿园分科课程体系，其中认识环境包括日常生活环境、社会环境、自然环境，显然，科学教育的内容蕴含在其中。总体而言，这一时期的学前儿童科学教育和其他课程一样，强调系统知识的学习以及教师主导的课程实施，带有明显的当时苏联主流教育学——"教师中心、教材中心、课堂中心"的痕迹。

（四）改革开放以来的学前儿童科学教育

1978年改革开放以来，我国学前儿童科学教育经历了三个阶段，分别是1978年改革开放至20世纪80年代中后期的"常识"课程阶段、20世纪80年代末至90年代中期的"科学"课程阶段、20世纪90年代后期至今的"科学领域"课程阶段。

1."常识"课程阶段

"常识"课程阶段的标志是1981年《幼儿园教育纲要（试行草案）》的颁布。根据该纲要，幼儿园课程分为体育、语言、常识、计算、音乐、美术六科，其中"常识"课程的目标表述为：丰富幼儿关于社会和自然方面粗浅的知识，扩大他们的眼界；培养他们对认识社会和自然的兴趣和求知欲望，逐步形成对待人们和周围事物的正确态度；发展幼儿的注意力、观察力、记忆力、想象力、思维力和语言表达的能力。从这一目标表述中可以看出，"常识"课程融合了社会、自然、卫生等方面的内容，在目标上似乎也注重知识、情感、能力的综合要求，但在

---

① 王春燕.中国学前课程百年发展与变革的历史研究［M］.北京：教育科学出版社，2004：88-89.

实践中却走向"唯知识""重讲授"之路。教师最关心的是如何把规定的自然常识和社会常识"教给"幼儿，幼儿在学习过程中则处于被动接受、记忆知识的状态。这与"常识"课程背后的"知识中心"与"理性主义"的课程观紧密联系，损害了儿童创造力、主动性、情感等方面的发展。针对这一状况，并且随着西方学前教育理论和观念的引进，为了适应科技发展给社会带来的巨大变化及对人才培养的新要求，20世纪80年代末90年代初，幼儿园"科学"课程开始出现，并逐步取代了"常识"课程。

2. "科学"课程阶段

幼儿园"科学"课程强调科学知识、科学方法和科学情感态度方面的目标，在继承以往学前儿童科学教育传统的基础上，增加了更具有时代气息的要求。如在科学知识方面，要求幼儿获取周围世界广泛的科学经验，并在感性经验的基础上形成初步的科学概念；对科学方法的强调是幼儿园"科学"课程的突出特点，要求帮助幼儿学习探索周围世界和学科学的方法，进而发展幼儿的观察力、思维力、初步解决问题的能力及动手操作能力；除了要求激发幼儿对周围世界的好奇心和求知欲外，"科学"课程还增加了培养幼儿关心、爱护自然方面的要求。尽管如此，上述改变在实践层面仍未得到充分实现。以对科学方法的强调为例，有学者指出："这个时期尽管在理论层面上提到了方法的重要性，但这种认识仅停留在理论界，没有相关的国家层面文件引领，更谈不上对教师进行培训等，因而在实践层面上仍然是以灌输方式为主，仍然视科学探索过程的技能、科学态度或价值观为常识教学的附属品。"[①] 这一情况，伴随幼儿园科学教育研究的深入，引发了新的改革要求。

3. "科学领域"课程阶段

2001年，教育部颁布《幼儿园教育指导纲要（试行）》（以下必要时简称《纲要》），将"科学"列为幼儿园五大领域教育内容之一，幼儿园科学教育进入"科学领域"课程阶段。这一阶段的突出特点是强调幼儿综合的科学素养的养成和探究式科学教育的原则。2012年，教育部颁布《3~6岁儿童学习与发展指南》（以下必要时简称《指南》），其中对于幼儿科学领域的学习特点进行了提炼概括，指出"幼儿的科学学习是在探究具体事物和解决实际问题中，尝试发现事物间的异同和联系的过程"，其核心是"激发探究兴趣，体验探究过程，发展初步的探究能力"，强调"应注重引导幼儿通过直接感知、亲身体验和实际操作进行科学学

《3~6岁儿童学习与发展指南》对幼儿科学学习的阐述

---

① 袁爱玲，张三花. 三十年学前课程嬗变面面观之二：幼儿园科学教育课程变革：上［J］. 教育导刊（幼儿教育），2009（5）：4-7.

习，不应为追求知识和技能的掌握，对幼儿进行灌输和强化训练"。《指南》还从亲近自然、喜欢探究，具有初步的探究能力，在探究中认识周围事物和现象三个方面，对3~4岁、4~5岁、5~6岁幼儿的科学学习目标及其表现做了详细描述。《指南》既延续了《纲要》确立的学前儿童科学教育发展的总体方向，又为《纲要》精神向学前儿童科学教育实践的具体转化提供了年段目标和教育建议方面的支撑，因此，《指南》和《纲要》一起，构成了我国学前儿童科学教育未来发展的宏观指引。

二、国外学前儿童科学教育的发展趋势

在全球化时代，幼儿园教师不仅要熟悉本国学前儿童科学教育的传统和现状，还要开放眼界，积极了解其他国家学前儿童科学教育的发展趋势。近年来，世界各国普遍重视学前儿童科学教育，采取很多政策措施、专业措施改革本国的学前儿童科学教育。这里选取美国、日本、英国和挪威四个国家，对其学前儿童科学教育改革情况进行简单介绍。

二战后世界科学教育改革的三次浪潮

（一）美国学前儿童科学教育的发展

美国高度重视科学教育，不断根据时代发展的需要和相关研究进展对科学教育进行持续改革。学前儿童科学教育是美国科学教育体系的重要组成部分。1996年，美国颁布的《国家科学教育标准》规定了所有学生在从幼儿园到12年级（K-12）的教育过程中在自然科学方面都应该知道些什么，弄懂些什么和能做些什么。1997年，全美幼教协会（NAEYC）公布了经过全面修订的《0—8岁儿童适宜发展性教育方案》，其中包括专门的《幼儿科学教育标准》。进入21世纪以来，在政府的大力推动下，STEM教育成为美国学前儿童科学教育发展的新方向。

1.《幼儿科学教育标准》中的学前儿童科学教育

《幼儿科学教育标准》对幼儿科学教育实质的认识如下：幼儿学科学是一个积极参与的过程，幼儿科学活动过程是一个动手动脑的过程。幼儿科学教育内容由三部分构成：（1）发展每个幼儿对世界的好奇心，使每个幼儿对新鲜事物与事件有探究的欲望和兴趣；热爱生命；喜欢并欣赏美丽、整洁、和谐、有序的环境。（2）发展幼儿发现问题、解决问题和做出决定的能力（科学探究的能力），使每个孩子积极主动地参与科学活动；用适宜的感官去感知和了解新鲜事物；准确使用并照管好科学活动设备（如放大镜、磅秤等）；运用数量化的方法进行观察（如点数、测量）；区分物体、事件和现象之间的相似性、差异和变化；对材料、事

件和现象进行分类，并解释理由；运用科学探究的过程（预测、收集数据）；乐于与同伴一起交流信息并欣赏他人的观点；熟悉和了解科学过程的技术，有以下共同的行为类型：观察、交流、比较、组织、建立联系、推断、运用等。（3）增强对自然界的认识，使每个孩子积极参与可以丰富各种科学经验的活动；经历各种不同科学领域的活动；了解与基本科学概念有关的技术；表现和交流科学知识。①

在课程内容方面，美国幼儿科学课程主要包括自然科学、生物科学和综合科技三部分。自然科学分为天文、气象、化学、物理，强调让儿童掌握太阳、月亮和星星随时间推移发生变化的规律，物体不同的质量、特征和变化，天气条件和变化，声、热和电的来源。生物科学分为植物、动物、微生物、人体等，强调让儿童掌握生命的机能，地球上生物的多样性以及生物的分类，动植物的相同点、不同点，等等。综合科技则重点让儿童认识人类创造的各种工具，特别是了解新的发明创造，激发他们的创新意识。在科学课程内容的组织方式上，美国幼儿科学教育注重按有助于"理性框架"形成的"关键概念"来组织课程内容，所确立的关键概念有：宇宙是非常巨大的——空间；地球是非常古老的——时间；事物是不断变化的——变化；生存必须适应环境——适应；宇宙是五彩缤纷的——多样性；生物是相互依存的——相互关系；物质的形式是变化的，但总量不变——物质不灭。②

在课程实施上，美国幼儿科学课程强调将正规的科学活动和非正规的、随机的科学活动结合起来的形式。正规的科学活动指有计划、有组织的集体活动；非正规的科学活动指完全开放的、个人化的活动；随机的科学活动指根据临时出现的有利时机，当即实行的活动。在每个单元的第一阶段提供非正规的和随机的科学活动，让儿童自由探索，自己发现；第二阶段则在教师个性化的指导下进行；第三阶段在教师的启发和引导下儿童从具体的感觉发展到抽象概念。③

总体来说，美国幼儿科学教育具有以下特点：（1）对幼儿科学教育目标的理解具有全面性，即注重全体幼儿科学素养的提升。在《幼儿科学教育标准》三个方面内容的表述中，强调的都是"使每个孩子"做到什么，这与美国科学教育着眼于提高全体未来公民的科学素养，"不让一个孩子掉队"的总目标是密切联系的。美国幼儿科学教育对科学素养的理解也较全面，不仅限于科学知

① 李艳. 美国《幼儿科学教育标准》及其对我国幼儿园科学教育的启示 [J]. 早期教育（教师版），2008（12）：12-13.

② 袁爱玲. 中美幼儿科学教育课程的差异性比较 [J]. 比较教育研究，2001（1）：38-40.

③ 袁爱玲. 中美幼儿科学教育课程的差异性比较 [J]. 比较教育研究，2001（1）：38-40.

识，而是科学情感与态度、科学探究能力和科学知识经验三者的结合。（2）科学教育内容具有广泛性，且注重关键概念的组织作用。（3）在教育方法上比较注重个性化的方式。

2. 学前儿童科学教育的新发展：STEM 教育

STEM 是科学（science）、技术（technology）、工程（engineering）、数学（mathimatics）四个单词首字母的组合，STEM 教育指的便是这四个方面的教育及其结合。考虑到 STEM 在强国过程中发挥的重要作用，以及对于未来繁荣和国家安全的重要性，美国近些年来特别注重在政策层面加强 STEM 教育，试图打造一个所有美国人终其一生都可以接受高质量 STEM 教育的生态系统。幼儿园到 12 年级的 STEM 教育无疑是其中重要的组成部分。

在相继颁布的众多 STEM 教育促进政策中，学前儿童的 STEM 教育得到了重视和强调。在联邦政府的大力推动下，各州也开展行动推进 STEM 教育，其中，内布拉斯加州、伊利诺伊州和马萨诸塞州都制定了从出生到五岁的早期 STEM 标准。[①] 马萨诸塞州更是于 2013 年出台了《学前儿童 STEM 教育指南》，对于学前儿童 STEM 教育的核心内涵、素养构成、原则立场及实施建议做了详细的说明。

资料链接

马萨诸塞州《学前儿童 STEM 教育指南》内容简介 [②]

《学前儿童 STEM 教育指南》将儿童的 STEM 素养划分为六个领域，即探究能力、地球和空间科学、生命科学、自然科学、技术和工程、数学，每个领域都列出了儿童应该能够达成的发展指标，而这些指标是开展 STEM 教育的核心目标。例如，技术和工程素养的发展指标包括：能用感官去探索和描述各种自然的和人造的材料；能描述和解释如何安全和正确地使用工具和材料；能在游戏中探索和识别简单的机械，包括坡道、齿轮、车轮、杠杆等；能观察和描述动物、鸟类、昆虫是如何使用自己的各部分身体去完成相应任务的，并与人类完成相应任务时使用的方式进行比较。

《学前儿童 STEM 教育指南》强调一日生活是开展 STEM 教育的基本场

① 丁娴. 美国学前阶段幼儿 STEM 课程研究：以马萨诸塞州为例 [D]. 上海：华东师范大学，2018.
② 胡恒波. 美国学前儿童 STEM 教育的理念声明与实施建议：源自马萨诸塞州的经验 [J]. 教育科学，2017，33（4）：90-96.

域，要努力将 STEM 教育活动融入学前教育机构的一日生活当中；教师要能够和儿童一起提出有价值的问题，将其作为开展 STEM 教育的主要线索，而且所提出的问题应关注"是什么"而非"为什么"。STEM 教育在实施上主要采用主题项目的方式进行，其设计则通常包括主题项目的选择与组织、问题的提出与引导和家园共育三个方面。STEM 教育活动既可以基于"学科导向"的分领域实施，即分别开展科学主题项目活动、技术主题项目活动、工程主题项目活动和数学主题项目活动；也可以基于"五官切入"的整合实施，即通过视觉主题项目活动、听觉主题项目活动、触觉主题项目活动和嗅觉、味觉主题项目活动综合性地探究 STEM 各领域的问题。

（二）日本学前儿童科学教育的发展

日本在 20 世纪末进行了中学、小学、幼儿教育的整体改革，并对 1989 年制定的幼儿园教育大纲（《幼儿园教育要领》）进行了全面修订，于 1999 年底出台新大纲，2000 年 4 月新大纲开始在全日本实施。新大纲延续了原有大纲对教育内容所做的划分，即将教育内容分为"健康""人际关系""环境""语言""表现"五大领域。其中与科学教育相关的领域是"环境"。环境领域的内容主要有大自然（包括动植物）、身边的事物（包括事物的性质、数量、文字）、跟自己有关的信息、设施及国旗等。考虑到 1989 年大纲和 1999 年大纲的承继关系，下面结合两者，特别是其前后变化对日本的学前儿童科学教育做一简介。

日本幼儿园教育大纲中的各领域由"目标""内容""注意事项"三个部分组成。

1989 年大纲中"环境"领域的总目标是"培养幼儿与周围的自然、社会积极交往的能力，和想要把交往中学到的东西采用到生活中去的态度"，具体目标有以下三个：（1）让儿童熟悉周围环境，在与大自然的接触中，培养对各种事物和现象的关心与兴趣；（2）让儿童自主地同周围环境发生联系，并能从中发现、思考，应用到生活中；（3）在观察、思考和处理周围事物与现象中，丰富儿童对物质的性质、数量、文字等的认识。新大纲中"环境"领域的总目标则表述为"培养幼儿怀着好奇心和探究心去与周围各种各样的环境交往，并想要把交往中学到的东西采用到生活中去的能力"，具体目标方面除表述上的微调外，无大的变化。相比于 1989 年的大纲，新大纲一方面延续了科学教育生活化的方面，另一方面加强了对于好奇心和探究心的关注。

新大纲"环境"领域内容部分的修改主要是在原有的条目中增加了"在生活中""怀着兴趣""有创意地"等限定，具有内容有：（1）在与自然的接触中生活，以发现其壮观、美丽和不可思议等；（2）通过季节去发现自然与人类生活的关系；

（3）带着对自然等身边事情的关心去进行游戏；（4）对身边的动植物带着亲切感去接触并给予其怜恤或珍惜；（5）珍惜和爱护身边的东西；（6）怀着兴趣利用身边的物体玩游戏，有创意地边用边想一想、试一试；（7）在生活中注意玩具、用具的结构；（8）在日常生活中关心数量和图形等；（9）对与生活关系较大的情报和设施等具有兴趣和关心；（10）通过幼儿园内外的各种仪式活动，对国旗具有亲切感；（11）在日常生活中，对简单的标志、文字等产生关注或兴趣。

新大纲"环境"领域的注意事项部分增加了两条：一是幼儿在游戏中发展与周围环境的关系，由此产生对周围世界的好奇心、对事物的意义或操作方法的兴趣，进而逐步注意到事物的规律，并能够自己思考问题。在指导"环境"领域的活动时，成人要十分重视这一过程。二是在幼儿期，幼儿通过直接接触，体验到自然所具有的博大意义和自然的浩大、美丽、神秘等，能心灵平和、情感丰富，并为好奇心、思维能力、表现能力的发展打下基础。基于此，成人应努力去加深幼儿和自然的关系。

整体看来，日本的学前儿童科学教育有以下特点：（1）十分注重儿童与大自然的直接接触。对此，日本埼玉大学的林信二郎教授解释说，这与日本的社会变化情况有关，伴随都市化的进程，人们身边的自然越来越少，孩子进行自然体验的机会也减少了，常常是一个人在房里玩游戏机。自然不仅是人类生命的发源地，而且对于人的心智精神的健康成长具有重要意义，因此，有必要强调直接与自然交往，体验自然对于培养儿童的重要性。[①]（2）非常注重儿童情感的培养。与大自然的直接接触和交往的主要目的不是获取知识，而是丰富情感，包括体验自然的美与意义，产生对自然的好奇心以及对自然及其中的动植物的关心、怜恤、珍惜等，有关科学经验的获得反倒退居其次了。对于这种重情感轻认知的现象，有研究者从文化的角度加以解释，日本的传统认为"7岁以下的孩子是神的世界的孩子"，因此，日本父母大都对幼儿时期的孩子采取完全接纳的态度，日本有一半父母认为上小学前的儿童不需要智育。[②]（3）非常重视科学教育的生活化，既包括将学前儿童科学教育融入生活中来，又倡导将所学运用到生活中去。

（三）英国幼儿园的科学教育

英国教育与就业部于2000年9月引入了针对3—5岁儿童的《基础阶段课程

① 林信二郎. 日本《幼儿园教育要领》修订要点：变更点及其理由［J］. 杨青，王雪莉，译. 学前教育，2000（C1）：66-67.

② 参见木全晃子，霍力岩. 中日幼儿园科学教育之比较：以中日《幼儿园教育指导纲要》为分析视角［J］. 比较教育研究，2005（1）：82-86.

指南》，提供该年龄阶段儿童接受相应教育后应达到的学习标准，从而使这个阶段的教育第一次有了自己的地位和课程指南。该指南确定了六个关键学习领域，包括：人格、社会性和情感发展，交流、语言与读写，数学发展，认识和理解世界，身体发展，创造性发展。其中与科学教育相关的主要是"认识和理解世界"领域。

在"认识和理解世界"领域，儿童需掌握那些有助于他们理解世界的关键知识、技能，为他们以后在科学、设计和技术、历史、地理及信息与交流技术方面发展打基础。为了最有效地发展儿童对世界的认识和理解，《基础阶段课程指南》要求教师特别注意以下几点：要在鼓励探索、观察、问题解决、预测、批判性思维、决策和讨论的第一手经验的基础上开展活动；提供适于从事广泛的室内、室外活动的，激发儿童兴趣和好奇心的环境；提供机会帮助儿童了解、探索并提出有关性别、种族、语言、宗教和文化差异，以及有关特殊教育需要和残疾人方面的问题；成人在帮助儿童以口头或其他方式交流和记录方面提供支持；为感官受损的儿童提供补充的经验和信息。可见英国的"认识和理解世界"领域不仅包括有关自然的内容，也包括社会文化的有关内容。

"认识和理解世界"领域也像其他领域一样，有为帮助教师规划教育活动而提供的"发展阶石"，为帮助教师评估而提供的儿童表现样例，以及为帮助教师教学而提供的教师需要做什么三个方面的内容。每个"发展阶石"被分为不同水平，辅以相应的表现样例、教学建议，从而为教师提供全面的指引和支持。如表1-2所示。

表1-2　"发展阶石"的水平及表现样例、教学建议

发展阶石	表现样例	教学建议
探索物体；表现出对事情因何发生及如何运作的兴趣	Amy对万花筒着了迷，对不断变换的形状和颜色感到困惑	提供并鼓励儿童玩并且谈论各种各样的物体，它们既有相似处，又有不同的特点，如自然的和人造的，尺寸、颜色、形状、质地、功能。提供大量材料和物体给儿童玩，这些物体为着不同的目的以不同的方式发挥作用，如搅蛋器、手电筒、其他日用器具、滑轮、建构工具箱、盒式录音机
按功能给事物分类；谈论所见和正在发生的事	在玩玩具消防车的时候，Lucy把所有的水龙带和卷盘放进一层，把锤子和梯子放进另一层	鼓励儿童按不同的标准对物体进行分类，谈论工具、它们的作用和对象，以及它们怎样工作

续表

发展阶石	表现样例	教学建议
注意到并谈论模式（patterns），能意识到变化	一些儿童在一次烹饪活动中把各种成分混在一起时，谈论发生的变化。当蛋糕在微波炉里烤好时，他们观察着，被迷住了 Nadia 和 Masud 在盘里搅拌时讨论着上升的水平面和气泡的大小	给儿童提供机会注意并讨论他们身边的模式 讨论儿童经验范围内的有规律地发生的事件，如季节模式、每日常规等 考察历时的变化，例如植物的成长，儿童出生以来的照片以及那些可逆的变化，如冰溶解
密切观察相似、差异、模式和变化；提出有关事情因何发生以及如何运作的问题	Angela 探究捏闸时自行车为什么会停下来。她让她的朋友去捏闸，而她去看闸接触车轮的方式	鼓励儿童观察、谈论、记录他们活动中的相似、不同、模式和变化 示范调查行为，并提出诸如"你的看法是什么？""还有什么？""如果……会发生什么？"等问题 鼓励儿童提出问题以及找出解决方法和答案

　　总体来看，英国的学前儿童科学教育注重儿童探究兴趣与意识的培养，以及相关智慧技能，如分类、表达、提问的培育；在知识方面则比较注重一些具有包摄性和关键性的"大概念"，如模式、变化，等等。从教学角度看，英国的学前儿童科学教育注重共同提供材料和机会，鼓励儿童实践，与儿童对话等，既注重儿童的主动探究，又注意成人在儿童实践探究中应发挥积极作用。尤为值得肯定的是，《基础阶段课程指南》不仅为学前儿童科学教育提出了要求，更为实践者实施《基础阶段课程指南》提供了从课程规划到教学评估的周到细致的支持。

（四）挪威幼儿园的科学教育

　　挪威幼儿园的科学教育颇具特色，尤其是自然科学教育，在目标和方法上特色鲜明。[①]

　　挪威教育部于 2006 年颁布了《幼儿园教育纲要》，将自然科学教育称为"自然、环境和技术教育"，其学习目标包括：体验大自然的多样性和奇妙性；

---

① 参见哈曼. 挪威幼儿园的自然科学教育 [J]. 王蕾，译. 幼儿教育（教育科学版），2009（7，8）：92—95.

感受在大自然中旅行的快乐，与大自然亲密互动，了解有关大自然的基本知识，了解环境保护的知识；获取关于动物和植物生长的知识，懂得它们之间相互依存的食物链的意义；学习观察，能描述和谈论自然界的各种现象，并能提出问题、进行试验和对事物进行归类；感受人类是如何将技术应用于游戏和日常生活之中的。

在教育方法上，《幼儿园教育纲要》把儿童的学习分为正式学习和非正式学习两类，并且认为非正式学习情境中的学习更重要。正式学习是由成人发起、主持的，非正式学习则是儿童和成人自发互动形成的，往往建立在儿童对自然的好奇和探索之上。从实际实施的情况看，非正式学习在挪威学前儿童科学教育活动中占主要地位，尽管有个别幼儿园在开展一些由教师引导的很有趣的科学教育活动，但这种情况并不常见。访谈研究发现，挪威的幼儿园教师通常把社会性、情感和运动技能作为儿童在幼儿园应该学习的内容，而很少认为儿童在幼儿园应了解他们周围的世界；而且，教师多对儿童持浪漫主义的观念，即认为儿童的活动应由他们的内在动力来主导，在儿童表现出兴趣的时候才引导他们进行学习，而不是采用教师指导的学习活动。

在非正式的学习活动中，重视户外活动是挪威幼儿园自然科学教育的突出特点之一，即注重儿童在亲身接触大自然的过程中去了解自然、体验自然、探究自然。其户外活动范围包括山上、树林里、田野中、湖边、河边，等等。大多数幼儿园附近都有野外活动区，幼儿园通常每周安排一天作为"野游日"，甚至还有所谓的"户外幼儿园"。在这些户外幼儿园里，儿童大部分时间都在户外度过，在户外活动场所的选择上有一系列的注意事项，如应该有丰富多样的植物和动物，还要有能够遮风挡雨的地方，并且可以为各个年龄段的儿童提供不同的发展机会，最重要的是这个地方不会威胁到儿童的安全。教师还可以和儿童一起，对户外活动场地进行一些加工，如安装不同类型的秋千、绳索，甚至搭建小木屋或帐篷等。这类与大自然亲密接触的户外活动有着巨大的科学教育价值，例如，自然环境中丰富的动植物资源和多变的自然现象，有助于激发儿童探究自然的好奇心和兴趣，促使其产生对大自然的积极情感，这是保护环境意识的基础；有助于儿童体验自然环境中的生物多样性和生物与环境的适应及依赖关系等。除了科学教育价值外，户外活动也有助于儿童在其他领域的学习和发展，如对于儿童发展运动能力、树立自信心与培养独立性以及学习语言等，也都有帮助。

▐▐▐ 小　结 ▶▶▶

　　理解科学、儿童的科学的本质与特点，是理解科学教育、学前儿童科学教育内涵的基础。长期以来，科学被视为由不同层次的不同学科组成的庞大的"知识体系"，但随着认识的加深，人们日益发现，科学不仅是作为结果的知识体系，也包括用于获取结果的探究过程和方法，以及在从事科学活动时所体现出的精神和所应遵循的价值规范。因此，科学既是特定的知识体系，也是结果与过程、认识与价值的统一。儿童既像科学家一样，有着强烈的探索世界的愿望和能力，有着对世界的独特认识；同时，儿童对世界的探索和认识又不同于科学家，其认识结果具有朴素性、主观性，认识过程具有经验性、试误性。理解并把握儿童的科学的特点是实施学前儿童科学教育的根本，是解决学前儿童科学教育实践中诸多问题的核心。学前儿童科学教育是以学前儿童为对象（在我国主要是指3—6岁儿童），在成人教育者的引导、支持和帮助下，采用符合学前儿童学习科学特点的方式进行的，旨在提高学前儿童科学素养的科学教育。开展学前儿童科学教育无论对于儿童自身的发展，还是对于社会的发展都有重要意义。

　　我国学前儿童科学教育有着悠久的历史。20世纪20年代以来，陈鹤琴、陶行知等幼教前辈的探索，极大地推动了我国学前儿童科学教育的发展，为学前儿童科学教育的发展积累了宝贵的经验。新中国成立初期，学前儿童科学教育进入了全面学习苏联的阶段，形成了以系统知识传授和直接教学为主的特点。改革开放以来，我国学前儿童科学教育经历了三个阶段，分别是1978年改革开放至20世纪80年代中后期的"常识"课程阶段、20世纪80年代末至90年代中期的"科学"课程阶段、20世纪90年代后期至今的"科学领域"课程阶段。20世纪末21世纪初，世界各国学前儿童科学教育表现出了诸多新的发展趋势。我国学前儿童科学教育的发展在立足本土、继承传统的基础上，还需放眼世界，积极了解国外动态，吸取其中的合理要素，以深化学前儿童科学教育改革。

▐▐▐ 思考与实践 ▶▶▶

　　1. 结合具体的学前儿童科学教育活动案例，分析其中反映了哪种科学本质观。

　　2. 结合儿童在科学活动中的操作片段，描述其中体现出儿童的科学的哪些特点。

　　3. 结合我国学前儿童科学教育的历史沿革和国外学前儿童科学教育的发展趋势，谈谈你对我国学前儿童科学教育未来发展的看法。

▮▮ 延伸阅读 ▶▶▶

1. 张红霞. 科学究竟是什么 [M]. 北京：教育科学出版社，2003.

该书是介绍"科学性质"的专门著作，其最大的特点是将对科学性质的探讨放在教育背景中，根据教育实践中反映出的有关科学性质的问题组织内容，使得原本属于科学哲学或科学史学科的内容对于教师而言更易于理解，是教师了解科学本质内涵的一本很好的入门读物。

2. 施燕. 学前儿童科学教育 [M]. 北京：中央广播电视大学出版社，2007.

该书第一章对我国学前儿童科学教育的历史发展做了较为细致的梳理，资料翔实，有助于完整地把握我国学前儿童科学教育的发展。

3. 丁邦平. 国际科学教育导论 [M]. 太原：山西教育出版社，2002.

该书第二章介绍了 19 世纪至 20 世纪 80 年代西方科学教育产生、发展的历程；第八章则分 20 世纪 50 至 70 年代和 20 世纪 80 年代以来两个时间段，对西方主要国家的科学课程改革加以回顾和前瞻，为从整体上把握西方科学教育的历史发展提供了参考。

第二章

学前儿童科学的学与教

■ **内容导航** >>>

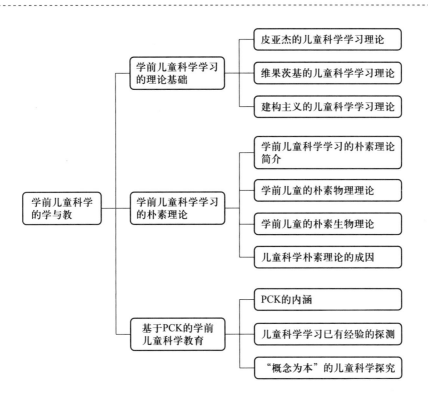

■ **学习目标** >>>

1. 掌握学前儿童科学学习的理论基础。

2. 理解学前儿童科学学习的朴素理论。

3. 了解学前儿童科学 PCK 的内涵。

4. 掌握基于 PCK 的学前儿童科学教育的基本理念。

▌▌引 言 ▶▶▶

某3岁幼儿和爸爸在海边散步的时候，海上开始起风了。阵阵海风将沿岸很多渔船上的旗帜都刮得呼呼作响。这时，幼儿大声地说："有风！"爸爸见幼儿已经注意到这一自然现象，就趁势问道："这么大的风是从哪里来的呢？"幼儿回答道："是红旗扇的。"①

面对上述案例，假如你是幼儿园教师，你会如何应对呢？

美国著名的教育心理学家奥苏伯尔有一段经典的论述："假如让我把全部教育心理学仅仅归纳为一条原理的话，我将一言以蔽之：影响学习的唯一最重要的因素就是学生以往知道了什么，要探明这一点，并应就此进行教学。"这说明"学生原有的知识和经验是教学活动的起点"，"教"是以"学"为基础的。

在学前儿童科学教育中，教师的教学必须充分考虑儿童对科学概念的已有认知（自发概念、迷思概念等），同时教师还应该拥有良好的科学学科教学知识（PCK）。本章基于学前儿童科学的学与教，主要阐述儿童科学学习的理论基础、科学学习的朴素理论，以及教师如何提升PCK以使学前儿童科学教育更有效。

学科教学知识（PCK）

---

① 张俊. 幼儿园科学教育［M］. 北京：人民教育出版社，2004：13.

学前儿童科学学习的理论基础

儿童具有的科学经验是开展幼儿园科学教育的基础，那么儿童的科学经验是如何形成的呢？针对这一问题，瑞士心理学家皮亚杰从自发概念的角度进行了深入的研究，苏联的心理学家维果茨基则从科学概念的形成角度做了丰富的研究。当代建构主义者从认知心理学层面开展了广泛的探讨。这些研究无疑都深刻地影响了教师对儿童科学学习的理解。

一、皮亚杰的儿童科学学习理论

皮亚杰声称自己既不是心理学家也不是教育学家，而是发生认识论者。他主要从认识论的角度来探索人类认识的起源，研究人类自身各类概念的发生和发展。皮亚杰对儿童科学概念的发生与发展有独到的研究。

（一）皮亚杰的儿童科学自发概念

皮亚杰认为儿童自出生的那一刻开始，就在观察、了解自然界的各种事物和现象。儿童对于自然界有他们自己独特的观念。尽管这些观念和成人的"科学"理解可能存在着很大的差异，儿童却不会轻易地放弃它们。早在 20 世纪 20 年代，皮亚杰就利用"临床法"，对"儿童的世界观"和"儿童的自然因果关系"进行了创造性的研究，并著有《儿童的世界观》和《儿童的物理因果观念》两本专著。随后他还对儿童的运动与速度、空间与时间等科学概念进行了深入的研究。通过系统地对儿童各类科学概念的研究，皮亚杰认为儿童所表现出的对自然界的各种"千奇百怪"的天真想法具有"自我中心"和"泛灵论"的特点。

皮亚杰将人的心智发展分为四个阶段，学前儿童处于前运算思维阶段，其重要的特征就是缺乏逻辑思维能力，尚未具有与逻辑思维相关的分类、序列、因果关系等概念。整体而言，儿童的思考普遍具有自我中心，注意静态而非动态转换过程，无法逆向思考，无法理解事物守恒等特征，因此科学概念尚未形成，他们对周围世界的看法往往是主观的，不会考虑其他人的看法。皮亚杰认为这个阶段的儿童只从一个角度来观察事物，集中于问题的一个方面。例如，将水从一个玻璃杯倒向一个较矮、较宽的杯子时，儿童集中于一个单一的、显著的"量度－高度"的不同，他不能脱离"中心"而同时考虑问题的两个方面、两个维度，他是借助简单的、单程的行为去感知事物的。

皮亚杰的"三山实验"

皮亚杰认为学前儿童还不能区别有生命和无生命的事物，他们的思维经常是"泛灵论"的，他们把意识和情感看作无生命物质的属性，认为每一样事物都像他们自己那样活动。如年幼儿童认为凡是运动中的物体都是有生命和有意识的，风知道它自己的吹动，太阳知道它自己的运转，等等。4—6岁的儿童把对人类有用的任何事物都看作有生命的，太阳是有生命的，因为它带来光；山没有生命，因为它不会做任何事。6—8岁的儿童认为只有活动的东西有生命，如桌子、花都没有生命，因为它们不能活动，而能活动的自行车、云是有生命的。在八岁左右，儿童才把有生命的东西限于能自己活动的东西，最后，才把有生命的东西限于动物和植物。皮亚杰指出"泛灵论"的实质：它产生于儿童把事物同化于他自己的活动之中，是由于内在的主观世界与物质的宇宙尚未分化的混沌状态的一种表现。

皮亚杰根据儿童对科学概念的认知特点，认为学前儿童更多的是以自我中心式的语言来表述自己对事物的认知和理解，他还无法接受他人的观点，也不能把自己的观点与他人观点进行协调。儿童的这些观念皮亚杰通常称其为"自发概念"。儿童的自发概念与皮亚杰对知识的分类是紧密相连的。

（二）皮亚杰的知识分类

根据知识的最终来源和获取方式不同，皮亚杰将知识划分为三种类型：社会知识、物理知识和逻辑－数理知识。

1. 社会知识

社会知识是社会约定俗成的知识。如一支粉笔上没有什么东西标明它必须被叫作"粉笔"，树就叫"树"而不叫其他也没有什么理由，农历八月十五是中秋节，这些都属于社会知识。社会知识不以人的意志为转移，由特定的文化决定，因而具有随意性。如在不同的语言体系中，同样的东西可以有不同的名称。正因为社会知识的随意性，儿童要获得社会知识，主要靠社会传递。

2. 物理知识

物理知识是事物客观存在的知识。如苹果的颜色、重量和味道，皮球的形状、质地和运动方式，等等。物理知识是事物客观存在的属性，它不因社会文化的不同而改变，具有不随意性。如一只红苹果，无论哪个社会或文化中的人看它都是红色的，不会因人而异。物理知识的获得主要依靠主体作用于客体，并对客体性质进行直接抽象，皮亚杰称之为"简单抽象"。如人们认识苹果的颜色、重量和味道，只要看一看、掂一掂和尝一尝等，对苹果施加个别动作，就可以直接获得；要认识皮球的形状、质地和运动方式，只要看一看、摸一摸、滚一滚，就可以直接了解。

3. 逻辑－数理知识

逻辑－数理知识则是有关事物间关系的知识，它不是某一事物自身独立存在的属性。如单个物体，无所谓大小。要判断其大小，一定要与其他物体进行比较，离开了参照物，它所谓大小的属性就会消失；与不同的参照物进行比较，它的大小属性也会随之发生变化。例如，与桌子比，椅子就是小的；但跟粉笔比，椅子就是大的了。再如，对"5朵花"来说，数量"5"不是任何一朵花的特征，而是5朵花共同构成的一种关系。与物理知识的获得一样，逻辑－数理知识的获得也需要主体作用于客体的动作，但是不同之处在于这种动作不是个别动作，而是一系列动作。主体需要对客体施加一系列动作，并对一系列动作加以协调和抽象，皮亚杰称之为"反省抽象"。如儿童要确定物体的数量，就需要将每一个物体与自然数列里从"1"开始的自然数之间建立起一一对应的关系，而且不能重复，也不能遗漏，数到最后一个物体所对应的数就是物体的总数。物体的总数是从具体的物体之间抽象出来的数量特征。这种数量特征不属于每一个物体，而是物体之间的一种数量关系。逻辑－数理知识不具有随意性，如"3＋2＝5""交通工具比火车多"等不管在哪个文化中都是一样的。

皮亚杰认为，在三类知识中，逻辑－数理知识最为重要，因为它是物理知识和社会知识建构与发展的基础，也是智力发展的关键。如果没有逻辑－数理知识框架的帮助，儿童不可能把所观察到的事物和已有的知识联系起来，那他就不能建构社会知识和物理知识。例如，为了表明某种鱼是红色的，儿童必须用分类法把红色和其他颜色区分开来，还要用分类法把鱼从他所知道的其他物体中区分出来。再如，要认识一个杯子是透明的，儿童需要通过与不透明的材料进行比较来识别透明。分类、比较、概括等对于物理知识的获取和增长来说都是必需的。在皮亚杰看来，物理知识的源泉"部分地"在于客体，但又不完全在于客体，它还受逻辑－数理知识的制约。同样，社会知识也不能只凭社会传递，它还需要逻辑－数理结构来吸收和组织它的内容。虽然语言中充满了对逻辑关系的表述，但词语仅仅是概念的名称，而不是概念本身。只有逻辑才能赋予词语以意义。例如，儿童要真正掌握"常绿树"和"落叶树"，需要先比较落叶树和常绿树的区别，在比较、概括和分类之后才能掌握和正确使用这些词汇。因此，社会知识的掌握也需要以相应的逻辑－数理知识作为前提。在学习社会知识时，仅仅靠社会传递这个途径是不充分的，因为儿童通过成人指导的语言或教育接受有价值信息的条件是儿童对这些信息处于能理解的状态。也就是说，要接受信息，儿童必须具有一个使他能同化这些信息的结构。

科学知识作为知识的一个重要组成部分，也必然包括这三类知识。根据皮亚杰对知识分类的论述，科学知识的学习应根据不同类型的科学知识，采取不同的学习方式，重要的不在于记住各类科学知识，而在于如何理解和形成各类科学概念。对此，皮亚杰更关注儿童是如何自发地学习和形成各类科学知识的。

（三）皮亚杰的学习与发展观对儿童科学学习的启示

因为皮亚杰的关注点在人的认识的起源，所以他更重视个体知识的发生，即儿童最初产生的自发概念。皮亚杰认为，儿童智力、思维以及心理发展的实质与原因既不是先天的成熟，也不是后天的经验，而是来源于主客体之间的相互作用。[①]认识来源于动作，客观通过动作转化为主观，为了认识物体，主体必须对它们施加动作，从而改变它们：他必须移动、连接、拆散、合并，再集拢它们。知识是经常与动作或操作联系在一起的，也就是与转化联系在一起的。他认为，婴儿正是通过动作实际摆弄物体而认知世界的。

由此可知，皮亚杰的整个理论体系的核心是强调主体与客体之间的交互作用，儿童正是通过对客体的有意义建构，才完成智力发展任务的。因此，皮亚杰强调只有儿童自己具体参与各种活动，才能获得真正的知识，才能形成自己的假设并予以证实与否定。他认为，活动与动作是主体与客体相互作用的桥梁，是儿童智力发生与发展的来源。

皮亚杰把学习看成有机体对觉察到的环境的组织与适应，在他的认知发展理论中有四个最重要的概念：图式、同化、顺应和平衡。图式是认知或心理结构，图式的变化导致认知的形成和发展，图式变化的原因在于同化和顺应。同化是人们把新的知觉要素或刺激物整合到原有的图式或行为模式中去。顺应则是新图式的创造或旧图式的修改。为了形成适量的、概括性的图式，同化与顺应之间的均衡是必要的，皮亚杰把这种均衡称为平衡。

按照皮亚杰的理论，我们可以这样来解释人的认识过程：当人感受到一个

---

① 皮亚杰. 发生认识论原理［M］. 王宪钿，等译. 北京：商务印书馆，2017：21.

新的刺激物时，他就试图把这一刺激物同化到一个原有的图式中去，如果他成功了，与特殊刺激事件有关的平衡就暂时达到了；如果他不能同化这一刺激，那么他就试图通过修改某一图式或创造一个新图式以顺应这一刺激，当完成这一顺应时，对刺激物的同化就继续进行下去，并达到了平衡。因此，可以把顺应过程看作认知或心理结构（图式）的质变，而同化仅仅是把刺激物增加到原有的结构中去，这是一种量的变化。这种质量互变，即同化与顺应的协调与整合是认知结构生长与发展的原因。

皮亚杰认为，儿童学习能否加速儿童认知发展，关键在于学习活动是成人教导下儿童被动地学习知识，还是儿童在其生活情境中自行探索主动学到知识。教育真正的目的不是增加儿童的知识，而是设置充满智慧刺激的环境，让儿童自行探索，主动学到知识。如果在儿童发展尚未达到适当水平之前提早教给他知识，对儿童自行探索、主动求知的行为反倒会产生不利影响。皮亚杰认为每次过早地教给儿童一些日后能够发现的知识，这样会使他不能有所创造，结果也不能对这种知识有真正的理解。

这一论述意味着儿童科学学习必须考虑儿童原有的科学经验，教学必须以此为基点，提供与此相适应的支持，激发儿童自主学习科学，尤其是自主探索事物之间的关系。但由于皮亚杰过分强调逻辑－数理知识的形成，而忽视了社会知识对逻辑－数理知识的习得所产生的交互作用，从而导致其往往低估了儿童的能力。维果茨基正是意识到了这一点，对皮亚杰的理论进行批判吸收，提出了社会文化－历史理论。

二、维果茨基的儿童科学学习理论

维果茨基是苏联著名的心理学家，社会文化－历史学派的创始人。他深入研究了儿童的日常概念与科学概念的形成。

（一）维果茨基关于日常概念和科学概念的研究

维果茨基指出：儿童从日常生活经验与观察中发展而来的自发性概念，具有情境性、实证性与实用性，代表儿童现阶段的发展层次，而学校正式科学概念则为未来发展层次，二者间的差距即所谓"最近发展区"。自发性概念发展至某种程度后，儿童必须把它融入正式科学概念体系中，以他的经验来思考科学概念，并且在具体（自发性概念）与抽象（正式科学概念）间来回思索，二者相互影响、紧密交织成长，最后才凝聚发展成一个稳固的概念系统。换言之，儿童是以生活中的自发性概念为中介，促其科学概念逐渐迈向成熟与系统发展之路，教师则必须了解儿童的自发性概念与"最近发展区"，为其搭建学习的鹰架，以提升其认知发展的层次。

维果茨基运用"因果发生分析法"，研究了各年龄期儿童人工概念①的形成过程，区分出"概括"的三个基本阶段，它们在发生中彼此联系而又具有各自的特质。这三个概括阶段是：含混思维、复合思维、概念思维。学前儿童主要的思维形式是复合思维，此时直接的实践经验和记忆起着主导作用，它与"真正的"概念思维是有区别的。为此维果茨基对儿童通过经验和独立思考形成的"日常概念"和在学校里所学到的"科学概念"进行了比较研究。研究表明，在儿童现实概念的形成过程中，科学概念的发展途径不同于日常概念。日常概念产生于儿童与现实的事物及实物特性的接触，在经过长时间的对照后，儿童发现某些相类似的特点并借助此将它们归入某一对象范围。这是从具体到抽象的途径。科学概念的发展则开始于对概念本身的了解，开始于语词定义，即开始于对待客体的间接的关系，而不是开始于直接接触事物。这是从抽象到具体的途径。研究表明，在儿童科学概念的形成中，应确定概念之间的依存关系，形成概念系统，这与儿童对自身思维过程的理解不可分割地联系着。因而，理解性和系统性对于科学概念完全是同义词，正是由于理解性和系统性，儿童才有可能深刻了解客体的实质，而这是日常概念无法达到的。由此可见，是否存在理解性和系统性，是科学概念与日常概念就心理本质而言最根本的区别。

维果茨基指出，日常概念基于特殊的事例，它并不是一个具有内聚性的思想体系的一个部分，而科学概念则是某一个系统（里边有着各种各样的关系）的一部分。在教师的帮助和引导下，儿童能够掌握关于某些概念的词汇和一些相应的操作，但却常常不能将这些概念运用到日常生活情境当中。通过一些实证研究之后，维果茨基得出结论说，儿童日常概念的发展是从具体、情境到抽象，而科学概念的发展则正好相反。为了能够理解科学概念，科学概念必须要被儿童运用到具体的事例之中；儿童必须思考这些科学概念如果用他们的日常经验来解释究竟意味着什么，同时，儿童必须使他们的日常概念适合学校所学的系统。从抽象到具体，从具体到抽象，这两个方向的思维运动都是必要的。儿童的理解呈"之"字形向前发展，在将日常概念适合于科学概念系统和将科学概念运用到日常经验之间不断来回与反复。

在维果茨基之前的心理学家认为儿童的科学概念来自成人的思维领域，因而

---

① "人工概念"是指儿童在实验情境中，针对原先没有意义的音的组合所形成的词的意义。

在他们的内部并不存在一个概念发展的历史过程。与这些心理学家不同的是，维果茨基认为科学概念和日常概念都不是一次性获得的，它们的获得在时间上有一个较长的过程。他还指出，学校里教儿童科学概念并不意味着概念发展的结束，而是开始。在日常概念和科学概念之间有着无数次的反复，直至它们成为一个同一的系统。对于儿童来说，将科学概念应用到真实的生活情境和将真实经验合并入科学概念框架是同等困难的任务。除非儿童能将学校所学的概念应用到他在日常生活中就能碰到的现象或情境之中，否则这些概念就可能一直停留在语词、陈述意义上而没有成为真正的概念。

问题思考

观察、记录某一儿童日常的科学学习，分析其中的"日常概念"和"科学概念"，以及两者的关系。

（二）维果茨基的教学与发展观对儿童科学学习的启示

维果茨基十分重视心理科学的基础理论研究与应用研究的密切结合。他认为，只有通过在生活中各个领域的应用，心理学才能获得真正的科学依据。这一观点引导他在深化心理学研究的过程中，最终进入了儿童智力与学校教学的关系问题的研究领域。他针对当时已有的有关教学与发展互不相干的观点、将教学与发展混为一谈的观点以及对上述观点简单地兼收并蓄等现象，提出了在教学与发展之间存在着复杂的关系。在以这种复杂关系为对象的研究中，维果茨基指出，儿童的全部心理过程是在交往过程中发展的，而表现为合作的教学正是最具有计划性与系统性的交往形式，因此，正是这种教学可以促进儿童心理的发展，并创造出儿童全新的心理活动形式。这是因为，儿童今天不能独立完成的事，往往有可能在教师与伙伴的帮助下完成，而明天他就能自己独立完成。由此，他首先确定了儿童心理发展中的两种水平："现有发展水平"和"最近发展区"。由维果茨基首先确认和提出的"最近发展区"概念，强调着眼于"最近发展区"的教学在发展中的主导性作用，揭示了教学的本质特征不在于"训练""强化"儿童业已形成的心理机能，而在于激发、形成儿童目前尚未成熟的心理机能。因此，教学应该成为促进儿童心理机能发展的决定性动力，只有走在发展前面的教学才是好的教学。以有关儿童的日常概念与科学概念的研究为例，有关"最近发展区"的概念表明，儿童是在摆脱日常概念和科学概念的"张力"中学习科学概念的。如果仅仅将源于现实世界的预成的概念呈现给儿童，那么他就只能记忆和背诵有关这一想法所说的一切。为了将这一想法占为己有，成为自己的财富，儿童利用这一概念并将它与首次呈现给他的想法联系起来。同时，日常概念和科学概念之间的关系并不是一种线性发展的关系。取代前概念以及引入科学概念是交织在一起、彼此影响的，它们发生在儿童从自己早已有的概括和他人早已介绍给他的概括中产生出自己的想法的过程中。

三、建构主义的儿童科学学习理论

20 世纪 80 年代以来，建构主义学习理论在科学教学领域中逐渐流行起来，成为科学教育全面革新的一股主要力量。澳大利亚著名科学教育家马修斯指出："建构主义是当代科学和数学教育中的一种主要影响。"从建构主义理论出发，世界各国都掀起了一阵科学教育改革的热潮。它促使人们对科学知识、科学学习和科学教学的本质进行重新认识，由此导致了科学知识观、科学学习观和科学教学观的深刻变化。

（一）建构主义的科学知识观

建构主义的科学知识观认为，科学知识应当明确被看作个人和社会建构的。理论被视为临时性的，不是绝对的。这和在其他教学方法中把科学知识绝对化为客观的、没有疑问、一成不变的观点不同。建构主义者强调，知识不是对现实的纯粹客观反映，它只是一种解释、一种假设，并不是问题的最终答案，它会随着人类的进步而不断地被更新；知识不可能以实体的形式存在于具体个体之外，尽管我们通过语言符号赋予了知识一定的外在形式，甚至这些命题还得到了较普遍的认可，但这并不意味着学习者会对这些命题有同样的理解，因为这些理解只能由个体学习者基于自己的经验背景而建构起来，这取决于特定情境下的学习历程。

科学知识包含真理性，但不是绝对正确的最终答案，它只是对现实的一种更可能正确的解释。另外，知识在各种情况下的应用并不是简单套用，具体情境总有自己的特异性。所以，学习知识不能满足于教条式的掌握，而是需要不断深化，把握它在具体情境中的复杂变化，使学习者走向"思维中的具体"。建构主义理论启示我们，每一种理论与法则的建立都隐含着科学家们的科学探索精神和科学方法的运用（知识的建构过程）。无论科学知识发生怎样的变化，这种精神和科学方法的运用是始终如一的，它们才是科学的本质。

（二）建构主义的科学学习观

知识观与学习观是相互关联的。建构主义理论认为，知识不是通过教师传授得到的，而是学习者在一定的情境即社会文化背景下，借助其他人（包括教师和学习伙伴）的帮助，利用必要的学习资料，通过意义建构的方式获得的。因此"情境""协作""会话""意义建构"成为建构主义学习理论的四大要素。

（1）情境。学习环境中的情境必须有利于学生对所学内容的意义建构。这就对教学设计提出了新的要求，也就是说，在建构主义学习环境下，教学设计不仅要考虑教学目标分析，还要考虑有利于学生建构意义的情境的创设问题，并把情境创设看作教学设计的最重要内容之一。

（2）协作。协作贯穿学习过程的始终。协作对学习资料的收集与分析、假设的提出与验证、学习成果的评价直至意义的最终建构均有重要作用。

（3）会话。会话是协作过程中不可缺少的环节。学习小组成员之间必须通过会话商讨如何完成规定的学习任务；此外，协作学习过程也是会话过程，在此过程中，每个学习者的思维成果（智慧）为整个学习群体所共享，因此会话是达到意义建构的重要手段之一。

（4）意义建构。意义建构是整个学习过程的最终目标，所要建构的意义是指：事物的性质、规律以及事物之间的内在联系。在学习过程中帮助学生建构意义就是要帮助学生对当前学习内容所反映的事物的性质、规律以及该事物与其他事物之间的内在联系达到较深刻的理解。这种理解在大脑中的长期存储形式就是前面提到的"图式"，也就是关于当前所学内容的认知结构。由以上所述"学习"的含义可知，学习的质量是学习者建构意义能力的函数，而不是学习者重现教师思维过程能力的函数。换句话说，获得知识的多少取决于学习者根据自身经验去建构有关知识的意义的能力，而不取决于学习者记忆和背诵教师讲授内容的能力。

建构主义的学习观认为：（1）儿童的科学学习不是从零开始，而是基于原有知识经验背景的建构。（2）科学学习不是接受现成的知识信息，而是基于原有经验的概念转变。（3）科学学习既是个体建构过程，也是社会建构过程。

（三）建构主义的科学教学观

建构主义的科学学习观认为科学学习不是接受知识的过程，与此相应，科学教学就不应是传递知识的过程，而是创设一定的情境和支持条件，促进学习者主动建构知识的意义。建构主义的科学教学观是对传统教学观的批判和发展，认为学习不仅受外界因素的影响，更主要的是受学习者本身的认知方式、学习动机、情感、价值观等的影响，而这些因素却往往被传统教学观忽略。

建构主义理论提倡在教师指导下的、以学习者为中心的学习，也就是说，既强调学习者的认知主体作用，又不忽视教师的指导作用，教师是意义建构的帮助者、促进者，而不是知识的传授者与灌输者。学生是信息加工的主体和意义的主动建构者，而不是外部刺激的被动接受者和被灌输的对象。

建构主义理论认为，教师要成为学生建构意义的帮助者，就要在教学过程中从以下几个方面发挥指导作用：

（1）激发学生的学习兴趣，帮助学生形成学习动机。

（2）通过创设符合教学内容要求的情境和提示新旧知识之间联系的线索，帮助学生建构当前所学知识的意义。

（3）为了使意义建构更有效，教师应在可能的条件下组织协作学习（开展讨论与交流），并对协作学习过程进行引导，使之朝有利于意义建构的方向发展。

建构主义理论将人视为置身于文化生态中的生命体，从而更为逼真地揭示了人与世界、人与知识之间的关系，为教育者提供了解释人类理解性学习的新观点：知识是发展的，是内在建构的，是以社会和文化的方式为中介的；学习者在认识、解释、理解世界的过程中建构自己的知识，在人际互动中通过社会性的协商进行知识的社会建构。

由此可见，无论是皮亚杰、维果茨基的儿童科学学习观，还是由此发展而来的建构主义学习理论，都认为学习是学习者基于原有知识主动建构的过程，强调学习者原有知识对新知识学习的影响。教师要关注儿童已有的知识经验，并将其作为科学教学的出发点。

学前儿童科学学习的朴素理论

儿童对事物的看法有一套自己的逻辑体系，有着对世界的独特认识，每个儿童都有自己的"朴素理论"，但是现实生活中因为儿童交流能力有限，我们将儿童的这些认识定性为错误概念，可实际上他们能根据这套逻辑体系解释、预测事物的发生发展过程，并且儿童随着自身经验的日趋丰富，会不断地发展变化以完善自身的理论。

一、学前儿童科学学习的朴素理论简介

朴素理论是与科学理论、成熟的理论、正规的理论相对而言的，是指人们对某一组信息、事物、现象等的日常理解，或者更准确地描述为"相互关联的概念体系且该体系能对某一特定领域的经验产生预测和解释"。因而，该理论存在于每一个人身上，并且随年龄阶段不同而不断变化。学前儿童正是通过自主地构建自己的内部理论——朴素理论，来解释周围的事物，认识自己生活的环境的。但这并不是说儿童随意的思想认知都可以称为朴素理论，它需要满足一定的条件：第一，能够在这个领域和那个领域之间做出本体论的区分；第二，含有一套因果解释机制；第三，概念具有内聚性、连贯性，它们相互关联地使用。朴素理论是一种框架性的理论，在具体细节和内容上并不一定具有文化认同的科学性。因而它虽是一种理论，但有别于科学家的理论。

儿童朴素理论认为儿童的认知发展遵循"依赖内容"的特殊性发展，儿童早期就对某一领域内的理解发生一致的变化，并对不同的领域有着不同的理解和解释机制。而这些早期获得的对自己的周围环境和世界的非正式的、非科学的"朴素理论"是儿童用以解释周围环境和世界的知识框架和基础结构。研究者们通过研究发现，儿童对周围环境和世界的认识是理论性的，与科学家的理论相类比的，具有以下三点共性。

1. 儿童的认识具有理论的性质

这主要表现在儿童能够在各个领域之间做出本体论的区分，如儿童知道诸如"思想"之类与"课桌"之类在质量上是不可比的；儿童的概念具有内聚性、连贯性，即某一理论需要一组相互关联的概念；儿童拥有一套因果解释机制，其涉及理论的预测、解释以及说明的功能。

2. 儿童的认识具有理论发展的特点

例如，儿童在运用自己的朴素理论解释世界时会不自觉地排除"反例"，并通过自己的经验来验证自己理论的正确性。

3. 儿童同伴群体之间形成了朴素理论的"科学共同体"

如在儿童同伴群体的相互作用下，儿童各自的朴素理论会在儿童所在的群体中经过"讨论"以及检验，最终会达成一种"共识"，儿童会利用这种"共识"来检验或形成自己的朴素理论。

诚然，儿童朴素理论的研究者们也认为儿童的朴素理论与科学理论之间存在着明显的差异，但他们更多地关注这二者之间的相似性与内在的一致性，即二者之间具有的相似的性质、相似的功能、相似的发展过程，正是儿童朴素理论与科学理论之间的相似性与内在的一致性为儿童科学学习理论提供了新的视野。

儿童朴素理论视角下的科学教育并不是要以一种科学概念或理论去取代日常概念或儿童的朴素理论（在此可统称为儿童原有的知识体系或原有的观念），而是要让儿童意识到在一定的情境中科学理论比他们原有的知识体系更加有效、更加具有解释力、更易于检验、更加真实以及更加简单。

基于朴素理论的科学教育过程模式必然是为了儿童原有观念的进化与发展而展开，其目的不是消除原有的观念，而是通过自己的选择，生态性地发展与进化自己原有的理论，同时让儿童在科学学习的过程中理解科学理论的形成过程，理解科学的本质，并进一步形成诸如怀疑、批判等重要的科学精神，从而真正提高儿童的科学素养。

因此对教师来说，了解儿童科学学习的朴素理论，理解儿童的科学学习是非常重要和迫切的。

目前国内外学者对儿童的各类朴素理论做了有益的探索，格尔曼等明确地将朴素物理学、朴素心理学和朴素生物学列为三大"核心领域"。与学前儿童科学学习紧密相关的朴素理论主要是学前儿童的朴素物理理论和朴素生物理论。

二、学前儿童的朴素物理理论

儿童对周围的物理（物质）世界有着什么样的认识？这些认识又有何特点？有关儿童朴素物理理论的研究主要针对以下主题：物质和物体，内部和外部，现象与本质，力和运动，声音，光与影，地球，电，天文现象，天气现象等。其中又以对力和运动、声音、光与影、地球的研究最为详尽。

（一）儿童对力和运动的迷思概念

皮亚杰认为"力"和"运动"在儿童理解周围世界中起着重要的作用。他的研究指出，儿童对"力"的认识存在六种类型：（1）力就是运动，凡是运动的就是力（有力）；（2）力是自己能够动的物体才有的；（3）力通常是一种活动，特别是有用的活动；（4）力是搬运某物的动作（活动）；（5）力就是持久不坏（破）；（6）力与大小和重量有关。

国内外研究者针对牛顿三大定律对学前儿童开展了大量的"力的合成""抛物运动""匀速圆周运动"的研究。研究表明，5—6岁的学前儿童还未能科学地把握"力"和"运动"的概念，他们对于影响物体运动的三个要素——力的方向、力的大小以及初速度的大小方向之间的关系还没有清晰的认识。这个年龄段的儿童在考虑物体运动方向时往往只考虑到这三个要素中的一个或者两个，但是研究者同时也发现他们已经能够认识到一部分物理规律，并且他们关于"力和运动"的心理模型也是按照这些规律构建而成的。

（二）儿童对声音的迷思概念

通常可以通过以下问题来了解儿童对声音的认识：声音是什么？为什么会有声音？如果我们把一个发出声音的东西放到一个盒子里，并把这个盒子盖好，我们能听到它的声音吗？一个小朋友在教室外面说话，门、窗都是关好了的，我们为什么还能听到那个小朋友的声音呢？声音可以拐弯吗？声音都到哪里去了呢？一个物体发出了一个声音，这个声音会一直存在吗？面对这些问题，儿童可能会怎么回答？又是怎么理解的？

皮亚杰用"临床法"研究发现儿童对声音的认识经历以下阶段：4—5岁的儿童认为，在发出声音的物体与听到声音的耳朵之间，并没有传递着什么。对6岁儿童来说，他们认为即使我们并没有听到声音，但声音也是"在"物体里的，声音可能会传到耳朵里或者其他任何地方，然后又回到它们的"家"里。7岁时，儿童开始认为，声音向各个方向的传播都是直线的。在11岁以后，声音被理解为一种由振动引起的、通过空气介质而传播（有时被认为是空气本身）的东西。

资料链接

　　有研究者在重点考察了"儿童会把声音当作一种物质或物质的属性吗？"这个问题后，发现儿童关于声音认识的发展具有以下三个理论、五个模型（图2-1）。

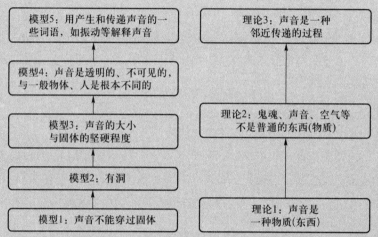

图2-1　儿童关于声音的心理模型与理论①

　　拥有理论1的大多数儿童认为，声音是一种东西（物质），它是不能穿越其他的固体的。但是，他们在日常生活中却经常会经历隔着一些东西，也能听到声音的事情。对此儿童并没有调整他们的理论，而是在"固体"上找原因，即认为挡的东西上有洞，声音正是穿过这些洞，来到了耳朵面前。对拥有这样的理论的儿童，即使看不到"洞"，他们也可能创造证据以支持自己的理论，比如可能说"洞很小，你看不到"。要是听不到声音，有的儿童就认为是阻挡物的原因，如果阻挡物是木头的，就可以听到更多的声音；如果阻挡物是铁的，那听到的声音就更少，因为木头的比铁的轻，铁的比木头的硬。至此他们的理论产生了一些微变化。

　　拥有理论2的大多数儿童已经放弃了"声音是一种物质"的理论。对他们来说，声音是如同灵魂、空气之类的神奇之物。比如儿童会认为，即使没有洞，声音也能过去，声音像灵魂一样，是不可见的；声音跟我们人不一样，它可以穿过任何东西。

---

① 鄢超云. 朴素物理理论与儿童科学教育［M］. 南京：江苏教育出版社，2007：80.

拥有理论 3 的儿童似乎更加接近科学的解释，即儿童会提到"振动"甚至"共鸣"这样的词语，用与声音的产生、传递有关的科学术语解释声音。

此外，研究者还从其他视角探究了儿童对声音的认识。如关于声音的传播方向，儿童认为声音是只传向人呢，还是会向四周的任何方向传呢？声音是从一个地方传向下一个地方，还是同时传向所有的地方？对于年幼儿童，他们更倾向于认为声音只是传向人，而不会同时传向其他的方向；他们还倾向于认为，声音是先传到一个地方，然后再到第二个地方、第三个地方，而不是同时传向多个地方。

（三）儿童对光与影的迷思概念

年幼儿童经常会开展"影子游戏"之类的活动。研究他们对影子的认识，便可较为真实、生动地展现其对光的朴素认识。

皮亚杰曾在不同的历史时期对儿童关于"影子"的概念（认识）进行过研究。在早期，皮亚杰着重探究儿童对"影子产生的原因"及"影子的位置"等的理解；在后期，皮亚杰与英海尔德的研究主要集中在物体大小与影子大小的关系，影子的大小与物体—光源距离、物体—屏幕距离之间的关系等。

随后德弗里斯等人对影子问题进行了深入的研究。她用"临床法"重复了皮亚杰的研究，也用"积极访谈法"进行了深入探究。这种积极访谈法，强调为儿童创造一个他能理解、能积极操作的环境，尽可能减少对儿童的误解（低估或高估）。研究者在教室的中间设置一束较强的光，使儿童一进教室就能很明显地看到自己的影子，研究者在这种情况下再与儿童积极对话，以此了解儿童对影子概念的认识。

研究表明，在儿童对光的认知中，大多数儿童将"光"与"光源""光照射的效果"等同，认为光不会移动。另外，多数儿童将光视为形成影子的主要原因，而不认为影子是光被物体阻挡而形成的。

在儿童对影子的认知中，多数儿童认为影子是光所激发产生的，未能意识到影子是物体挡住光的行进而成的；同时他们还认为影子是属于物体的，是从物体身上再生投射出去的具体东西，因此影子具有物体的影像外形。有的儿童也常将"影子"与"镜子反射"现象混淆，他们认为任何实体只要能产生物体形象的，都是反射现象，因此影子也是一种反射，它具有物体的影像。

另有研究也获得了一致的结论：无论是解释"光是什么"还是回答"房间里哪有光"时，大部分儿童均将光视为发光物（如灯、太阳等静态光源或发亮物体）或光照射所产生的效果，"光是在空间中移动的实体"的概念尚未形成。① 研究表明，20% 以上的学前儿童可以意识到影子形成的情境要素——光源、阻挡物；30% 的学前儿童能理解物体挡住了光，以"物阻光成影"合理解释影子的形成；50% 以上的学前儿童具有影子的迷思概念：光对物作用成影，对光绕、穿物体的谬思，反射成影。

（四）儿童对地球的迷思概念

一方面，儿童知道人类生活在地球上，他们对地球有着直观的认识。另一方面，儿童常被告知地球是圆的，但在儿童的认识之中，"圆"很可能就是皮球、足球。当然，他们也可能看到过地球仪，看到过电视里正在旋转的"地球"。儿童这两个方面的认识与经验可能存在一定的冲突。因此，研究者的研究往往集中于事实性问题"地球的形状是什么？人是居住在地球的哪里呢？"以及生成性问题"如果你沿着一条直线走很多很多天，你将走到什么地方？你是否到过地球的边缘？"

沃斯尼亚的经典研究发现，儿童对地球的认识经历着一个漫长的过程（图2-2）。儿童最初的认识是地球是平的（图 2-2 中的"初始模型"），这与他们的日常经验相符。而且，地球是平的可以支持"一个东西如果下面没有支撑物，就会掉下去"的朴素理论。但是，儿童经常听到的却是"地球是一个球"的"科学的、正确的"说法。这时，他们的头脑中经历着什么样的变化呢？他们并不是一下就完全懂得了"地球是一个球"的科学含义，而是要经历一个"人工模型"阶段。在这一阶段的儿童，一方面开始接受"地球是一个球"，一方面却又固执地坚守着他们"地球是平的，否则人就站不住""没有支撑就会掉下去"的朴素理论。因此，儿童就人为地造出一些"地球"，比如双地球——真正人站的地球是平的，平时人们讲的地球、成人问的地球、教师讲的地球是像皮球一样，挂在天上的；中空地球——地球中间是空的，而且有一个水平面（线），人是站在地球里边的这一水平面上的；压扁地球——站人的地方是平的，而且最初往往地球上面是压扁的、平的。

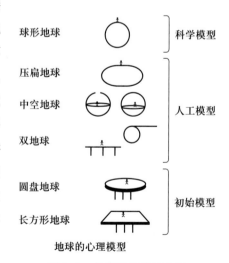
地球的心理模型

图 2-2 儿童对地球的认识

① 参见周淑惠. 幼儿自然科学概念与思维［M］. 台北：心理出版社，2003：84-95.

在经历这些不断地调整、修正后，儿童的认识逐渐地接近科学的解释。

其他研究者利用相应的访谈及儿童的绘画和手工作品来探究儿童对地球的认识，发现儿童还具有如图 2-3 所示的地球心理模型。

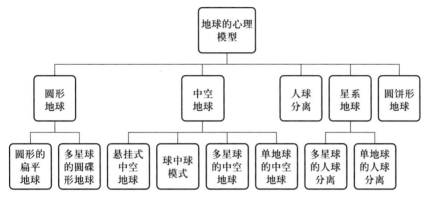

图 2-3　3—5 岁儿童的地球心理模型 [①]

总之，从儿童对地球概念的认知我们可以看出，3—5 岁儿童的认识还处于图 2-2 中的初始模型和人工模型阶段。儿童对概念的认识根据自己生活经验的不同而有所不同，无论是从语言描述还是从对儿童的作品分析来看，不同的儿童对相同概念都会有自己独特的见解。

三、学前儿童的朴素生物理论

儿童自出生后就与周围世界紧密接触，儿童在与自然界的互动中建构起了丰富的朴素生物理论。

（一）儿童对生物与非生物的认识

生物区别于非生物的基本特征有很多，如应激性、新陈代谢、生殖和发育、生长、遗传、变异等。皮亚杰对儿童的生物概念进行了开创性研究，并以此为基础，提出了著名的"泛灵论"概念。皮亚杰认为，学前儿童不能在生物和非生物之间进行明确的区分。儿童常将有生命物体的特征归之于无生命物体，如儿童认为自行车是活的，岩石会感到疼痛，风知道自己的吹动等。皮亚杰将儿童对生命的认识归纳为四个阶段：第一阶段（3—7 岁），儿童把生命赋予有用的、活动的或未损坏的事物，如下落的石头、有声响的玩具等。第二阶段（7—8 岁），生命只被赋予能动的东西，如汽车、摇椅。第三阶段（9—11 岁），生命被限制为能自

---

① 龙洁. 3—5 岁儿童的"地球"概念及其学前教育意义研究［D］. 成都：四川师范大学，2010.

发运动的物体,如河流、太阳。第四阶段(11—12岁),生命就是植物和动物。在皮亚杰看来,11—12岁的儿童才能区分生物和非生物。

但也有学者提出学前儿童能够做出生物和非生物的区分。如24个月的儿童在看到一把椅子向他移来时,表现得非常惊讶。研究者据此推断,24个月的儿童已经认识到生物和非生物的区别。

另有研究者从与生物有关的其他核心概念的角度,探讨了学前儿童的认识问题。研究者告诉儿童,一些动物、植物和非生物被损坏了,然后问哪些东西能自己愈合,哪些东西不能自己愈合。结果发现,4岁儿童就能认识到,当身体受轻伤时,动物(包括人)和植物可以自己长好,而人造物只能由其他人把它修好。这表明,学前儿童能够认识到生物和非生物的显著区别(能否具有自愈的能力)。

有学者通过学前儿童对生物、动物和植物的认知研究指出,学前儿童心目中的动物以哺乳类动物为典型代表,如虎、狮、鹿;植物以蔬菜、草、树为典型代表;生物以住在海里的生物为典型代表。生物指认正确率最高的是各种动物;动物指认正确率最高的是狗、蛇,最低的是小孩;植物指认正确率最高的是稻子、高丽菜等,最低的是种子。学前儿童指认生物的标准以"动"为主,其次为死亡、成长、有用途;指认动物的标准也以"动"为主,其次为器官组织、居住;指认植物的标准为器官外形、营养与种植状况、固定不动为主。学前儿童对生物、动物、植物的迷思概念有:植物不是生物,小孩不是动物,种子不是植物,汽车、球、火、云是生物。[①]

(二)儿童对遗传和繁殖的认识

有研究者对学前儿童对遗传方式的理解进行了研究。研究者告诉儿童:某个孩子的父母有一个很特别的异常特征。如布尔太太和布尔先生天生就有一个粉红色的心脏。然后让儿童预测布尔夫妇的孩子是否有正常的特征(如心脏的颜色是正常的红色还是异常的粉红色)。结果非常有趣:当告诉儿童异常的生理特征能引起生物学的结果(如粉红色的心脏使布尔夫妇非常有力、非常强健),而非引起社会的或心理的结果(如粉红色的心脏使他们非常气愤)时,儿童往往认为这个特征是可遗传的。斯普林格因此认为,儿童对此拥有一个一致的、不变的信念,那就是:能引起动物的机能性结果而非社会的、心理的结果的特征都可能是遗传的,即可遗传的特征只限于生物学领域内。

卡格博等人发现,一些孩子认为在遗传问题上,母亲比父亲的作用更大。同

---

① 参见周淑惠. 幼儿自然科学概念与思维[M]. 台北:心理出版社,2003:13-40.

时，许多儿童认为某些特征，如身高，是由父亲决定的；而另外一些特征，如头发和眼睛的颜色，则来自母亲。

格尔曼等人研究了儿童对由遗传而获得的发展潜势的认识。他们以讲故事的方式告诉 4 岁儿童一个刚出生的小动物或一粒种子由于某种意外与另外一类动物或植物生活（长）在一起，如一头刚出生的小牛犊，被带到猪圈里和猪生活在一起，小牛犊从未见过其他的牛。然后让儿童判断这头牛长大后会显示什么样的行为特征和身体特征。结果发现，4 岁儿童就能认识到，虽然牛与猪一同饲养，但牛长大后将会"哞哞"地叫，将会有一条直直的尾巴。他们似乎知道，牛在身体特征上更像牛，而在行为特征上更像猪。对植物也有类似的反应。

繁殖是指动植物生育后代的现象，它是生命得以延续的唯一手段，是生物体最基本的特征之一。学前儿童是否发展了对繁殖的朴素认知并据此区分生物和非生物是考查学前儿童是否形成和发展了朴素生物理论的重要指标之一。

学前儿童对繁殖问题有一定的认识。比如，他们经常提出"我是从哪里来的"这样让成人头痛、尴尬的问题，也逐渐开始理解繁殖的一些基本原理。由于成人觉得"我是从哪里来的"这样的问题羞于启齿，或者讲了孩子也不明白，所以这方面的话题往往刚一开启，就草草收场。

皮亚杰提出"繁殖"概念的形成需要经历以下几个阶段：第一，先人为阶段，在此阶段中儿童对于自己从哪儿来缺少正确的概念。第二，人为阶段，在此阶段中儿童对于人之由来已有一定的认识，但却不清楚父母的作用。第三，自然阶段，在此阶段中儿童首先明白了母亲在繁殖问题上的重要作用，然后才是父亲。

我国研究者以"临床访谈"和"图片选择任务"考查了 4—7 岁儿童对植物繁殖的朴素认知。依据儿童对植物来源于种子、种子来源于亲本植物的理解程度，以及在繁殖维度上对植物和非生物的区分，将儿童对植物繁殖的朴素认知划分为 3 个水平：

水平Ⅰ，完全不理解。4 岁的大部分儿童和 5 岁的部分儿童处于这个水平。这个阶段的儿童还没有形成关于种子的概念，不知道植物来自种子，只知道植物是种的、长的，至于是用什么种的、怎么长的则很含糊，有的说是用土、用水长的，甚至还有的回答是用蚯蚓或化肥长的。

水平Ⅱ，部分理解，即儿童只认识到植物来源于种子，但还不知道种子的来源。约有一半的 5 岁儿童和 2/3 以上的 6 岁儿童处在这个水平。这个阶段的儿童知道植物来源于种子，但对种子的认识还十分模糊。如 5 岁儿童倾向于用人工主义的观点进行解释，认为种子是卖种子的人或机器做出来的。如果是对熟悉的植物，如向日葵，就是用"向日葵籽"长的。

水平Ⅲ，处在这个水平的儿童达到了对繁殖的朴素理解，表现为不仅认识到植物来源于种子，而且知道种子来源于亲本植物。研究表明，大多数的 7 岁儿童处于这一水平。

（三）儿童对生长的认识

在众多区分生物和非生物的特征中，"生长"被认为是儿童朴素生物学的核心概念，生长特征对学前儿童而言比较直观，相对比较容易认识。

生长的能力是生命的一个辨别特征。所有的生命体都要生长，生物的生长是合乎自然规则的，并且是能够加以预测的。有机体的大小随年龄的增长变大而不是变小，尽管它们的外形可能发生巨大的变化，但它们的基本生物特征不变。

罗森格伦等人研究了儿童对动物、植物和人造物在生长特征上的区别。他们发现，儿童认为动物和植物都会表现出生长特征而人造物不会。他们给儿童看一个中等大小的标准刺激，然后给儿童看与标准刺激相似的大、中、小三种图片，让儿童选择最能代表经历一段时间后标准刺激的图片。结果表明，儿童认为人造物是不会随时间推移而有所改变的，经历一段时间后，人造物仍保持原来的大小，而动物和植物会随时间推移而发生变化：不会变小，可能会变大。

采用基本相同的方法，我国学者对不同教育条件下的 3—6 岁儿童对生长现象的认识进行了研究。结果发现，学前儿童对生长现象已经有所认识，表现在他们已经开始认识到，只有生物体才能生长，而且将不可逆、由小变大，而不是颜色、形状等，作为生长的重要特征。他们对生长的原因进行了解释，动物生长的原因是：吃饭、喝水；因为像人一样，有妈妈；因为它是动物，有生命；等等。植物生长的原因是：因为浇水、施肥；因为是人种的；因为是让人吃的。非生物不生长的原因是：因为没有嘴巴，没有眼睛；因为不能吃饭，不能喝水；因为是人造出来的。这说明，学前儿童已经表现出对生长的一定的认识，但这些认识还较为粗浅。

（四）儿童对衰老的认识

我国学者朱莉琪和方富熹按照"朴素理论"的要素设计研究任务，研究学前儿童对生物衰老特性的认识。结果发现：学前儿童判断植物衰老的原因多是缺水或没下雨。判断非生物不能衰老多是陈述其属性或用途，如因为石头是硬的或可以搭房子，桌子是木头的或是吃饭用的。解释人、动物、植物会衰老的原因是因为他们能长大或有岁数，而非生物不能衰老的原因是不能长大或没有岁数。儿童对"人衰老"的解释较丰富：（人）长大了就老了；人都有岁数，岁数大了就老了；慢慢过，一天一天就老了；小朋友长大了，然后上班，然后退休，然后长皱纹，就老了；长大了，结婚后，生孩子，就老了；过好多生日以后就老了。还有的说这是地狱规定的；或因为没有长生不老之术。儿童对动物、非生物的解释往往采用与人类对比的方式，如（动物）因为有眼睛、有鼻子；（非生物）因为没有眼睛，没有心，没有肺。

由此可以看出儿童对"衰老"的判断直接与他们的"生长"概念有关，儿童往往把"生长"作为判断能否"衰老"的理由。几乎所有年龄组的被试都很好地理解衰老的不可逆性，但较多4岁的儿童认为自己不会变老，或小孩子不会变老，而所有大人则都要变老；一些4岁儿童同样认为小牛不会变老，小树不会变老，而大牛和大树会变老。还有一些儿童认为松树和柏树不会老，因为他们一年到头都是绿的。这些可能与学前儿童的生物认知受到其生活经验和日常词汇的影响有关。例如，我们生活中经常遇到"老人""老牛""老树"之类的词，很少遇到"老鸟""老鱼""老草"的说法，因此，研究中发现儿童对人、牛、树这三种刺激物解释衰老理由时，回答是：因为有老人、老牛、老树。

（五）儿童对死亡的认识

儿童具有的"死亡"概念是儿童对死亡现象的认知，其内涵因研究角度不同而有所差别，但研究者都比较认同"死亡"概念并非一个简单概念。

资料链接

成熟的"死亡"概念有九成分说、五成分说、三成分说等。"死亡"概念一直都在发展、丰富。

1979年，凯恩根据自己的研究，将儿童的"死亡"概念分为九种成分：真实感、分离性、不可移动性、不可逆性、原因性、无机能性、普遍性、无感觉性、外貌。1984年，斯皮思和布伦特通过分析四十多篇相关研究，将"死亡"概念归纳为三个次概念：死亡普遍性、死亡不可逆性、死亡无机能性。真正理解了死亡，就应该认识到：凡生物体一旦死亡，则其肉体无法再复活，所有界定生命的机能均停止；所有生物体都会死亡。霍夫曼和施特劳斯于1985年对以色列的一些3—7岁儿童进行研究后，提出了大家比较熟悉的"死亡"概念：死亡普遍性，即每一个人都会死；死亡不可逆性，即人死不能复生；死亡无机能性，即身体器官失去一切机能，停止一切生命活动；

死亡诱发性，即死亡的原因是什么；死亡延续性，即物质的躯体死亡后会以另一种形式继续存在等。

有关儿童"死亡"概念发展的研究很多，结果也不尽相同。纳吉于1948年对378名3—10岁儿童进行研究，提出了"死亡"概念发展模式的三个阶段，对以后的研究颇有影响。

第一阶段（3—5岁）：否认死亡是一定的、最终的过程。此阶段的儿童视死亡是可逆的过程，是一种离去；死亡是暂时的。

第二阶段（5—9岁）：这一阶段是拟人化的阶段，此阶段的儿童认为死亡是一个"人"，叫作"死亡先生"（deathman），只有被"死亡先生"抓走的人才会死。所以儿童已知道死亡是生命的终止，但不是普遍的，不希望自己会死。他们认为死亡不是经常发生的，而是神奇的事，死亡和死者被认为是相同的。儿童认为死亡是可以避免的，如聪明的人、幸运的人、特殊的人不会被"死亡先生"抓走。

第三阶段（9岁以后）：儿童知道死亡是普遍的，是真实而不可避免的。

我国学者对3.5—6.5岁儿童对死亡的认知进行了研究，报告了我国儿童认识死亡的三个水平。

水平Ⅰ：儿童对死亡特征的四个维度（不可逆性、必然性、功能丧失性和情绪性）不能清楚认识，即使在主试的启发下，儿童也不能理解人（如奶奶、爸爸、妈妈、小朋友等）会死的问题，尤其不能理解动物（如老虎、大象、小花猫等）和植物（大树、花、小草等）会死的问题。儿童认为，奶奶要是生病了，上医院打一针、吃点儿药，就会好的，不会死；老虎凶猛，人打不过它，它永远也不会死；大树、花和小草是直立的东西，不会死。儿童还认为，就是奶奶死了，也会给他讲故事、买好吃的，还会在梦中想念他。他不害怕奶奶死，因为奶奶太老了，走不动，死了也不会起来抓人等。

水平Ⅱ：儿童能够根据某些具体的原因，比较清楚地解释死亡特征的四个维度，但是，表现出强烈的自我中心意识和情感色彩。就前者而言，儿童认为，老爷爷、老奶奶生病治不好会死，因为他们太老了。他自己生病能治好，因为他还太小，太年轻，还没上学，是永远不会死的。就后者而言，儿童认为他喜爱的人、动物和植物不会死，如爸爸、妈妈、小朋友、小花猫、小松鼠和小草不会死，坏蛋、爱打人的人、大老虎、大灰狼、大树、高大的草等会死。

水平Ⅲ：儿童能够依据一定的自然原因、疾病原因和意外原因来解释死亡，认为死亡是生命的结束，人死了不能复活；任何人、动物和植物都会死；死去的人、动物和植物既不能走，也不能想问题，并使人感到伤心。这意味着，儿童对死亡特征的四个维度和外延的认知达到较高水平。例如，儿童认为，人会老死，得病治不好会死，车祸、中毒、电击、水淹和被害等事故都可能致死；动物由于生病、没东西吃、没水喝也会死；植物因没有阳光、水分和土壤或被人砍伐、毁坏也会死。儿童还对死亡事件普遍地表示出伤心、恐惧、难过和惋惜等情感。

综上所述，学前儿童对生物现象是有一定认识的，而且这些认识并非零散的知识点，而是相互联系的。除了上面介绍的，学前儿童对疾病、消化、血液、营养、内部器官，甚至光合作用都有一定的认识。当然，就像前面提到过的一样，这些认识还仅仅是一些朴素理论，与科学的认识还存在一定的距离。

四、学前儿童科学朴素理论的成因

学前儿童科学朴素理论的形成主要有以下几个方面的原因。

（一）儿童自身认知水平的局限

儿童在生活中观察与体验诸多现象与事物，由于其注意力及自身认知水平的限制，儿童的知觉与观察往往聚焦于表象或是事物的外部显著特征，忽略了现象与事物的整体性与全面性。如儿童对"地球"概念的了解非常贫乏，自身经验的不足，再加上对地球的认识可能也来自"皮球""乒乓球"的经验，因此就出现了一些前概念。从对获取的资料的分析来看，仅仅从"球体"这个层面来理解地球的孩子，他们内心还是很矛盾：如果是圆球的话，那人站在上面肯定是要滚下来的，因此，既要满足地球是圆的，又要保证人能平稳地站着，某些孩子就进行了折中，认为人生活在球体地球中间的平坦的位置。再如，在阳光底下玩影子游戏，儿童仅注意有太阳出现就会有影子出现，太阳若被云遮住就没有影子，因此引发儿童"光对物作用成影"的天真观点，认为只要有光源就会有影子出现，忽略了影子形成还必须要有"物体挡住光的行进"的条件。

（二）儿童日常生活经验的影响

大量研究显示，儿童深受日常生活经验的影响，从生活经验中建构各种概念。如学前期的儿童大多认为地球是圆圆的、平坦的，这依赖于他们的日常经验。他们在进行概念的思考时，会经常性地与具体的对象联系在一起。例如：

教师：你画的地球是什么形状的？

儿童：圆形的。（手工做了一个圆形的像盘子一样的地球。）

教师：地球的下面是什么？

儿童：是草。

教师：人能把地球走完吗？

儿童：不能，因为没有箭头。

教师：如果有箭头能走完吗？

儿童：能。

教师：走完会掉下去吗？

儿童：会。

教师：掉到哪里？

儿童：会掉到小草上面。

（三）家庭环境及成人世界的影响

在幼儿早期，儿童的大部分生活时间都是与家人一起度过的，他们在与家人的相处中，获取了很多来自家人的直接经验。这些直接经验潜藏在儿童的头脑里，它对儿童将来的概念学习起到非常重要的作用，并且有可能潜移默化地影响儿童对于概念的认识。如儿童曾听大人说过"植物人"，因此误认为人是植物；大人曾说人是"人类"，因此儿童认为人属于人类，不是动物。再如，大人常说衣服被太阳晒干了，导致儿童误认为太阳把衣服的水吸干了，而产生"水跑到太阳里"的错误概念。

（四）外界媒体的影响

研究者让儿童对"地球"概念进行描述，在通过问题地球是什么？"来追问儿童得到这些信息的来源时发现，有很多孩子都回答："曾经在电视上看过。"下面是某个儿童的谈话记录。

教师：地球的形状是什么呢？

儿童：圆形的，像个球球。

教师：人们居住在地球的什么地方？

儿童：地球的上面。

教师：你觉得地球有尽头吗？

儿童：有。

教师：人在那里会不会掉下来？

儿童：不会。

教师：为什么不会掉呢？

儿童：因为它有腿腿。

教师：地球会转动吗？

儿童：会（一圈一圈地用手比画）。

教师：你是怎么知道的？

儿童：蓝猫和米老鼠里面看到的。

从谈话记录中得知，该儿童对地球概念的认识，主要来源于动画片对其产生的影响。研究者在整理资料时发现，当研究者问及儿童关于其经验的获取途径时，有许多儿童都谈到了电子媒体。如今的电视节目，无论是儿童科教片还是动漫作品等，都会或多或少地涉及相关的科学概念，而从这些渠道中儿童直接获取的信息，也对儿童掌握科学概念产生一定的影响。

（五）本土文化的影响

学者沃斯尼亚道针对"地球"概念曾进行了跨文化的研究活动，如印度 6—7 岁的儿童认为地球受到海洋或水的支撑；而萨摩亚群岛的儿童还呈现了独特的环状地球模型，这种模型反映了萨摩亚群岛村庄中以环状组织自然的或社会的事物的典型特征。我国的研究发现，有的儿童会认为人沿着地球一直走会掉到河里、掉到下面去（地球的下面是花或草）、掉到地球外面去等；有的儿童认为地球是像灯笼一样挂在杆子上的。由此可见，在中国文化背景下的儿童的概念形成也要受到中国本土文化的影响。儿童形成概念既有普遍性，但是在不同的文化背景下所形成的概念又有自己的独特性。

总之，学前儿童既在思考自己和他人的心理状态，也在思考世间万物存在与运行的方式。他们的这些思考，绝不仅仅是一些知识点的零碎的堆积，也不仅仅是只能看到表象的、不能超越知觉相似性的肤浅认识。他们的思考是"理论"：既具有理论的性质，也具有理论的功能。

问题思考

观察儿童的日常科学学习，尝试分析儿童所拥有的朴素理论。

第三节　基于 PCK 的学前儿童科学教育

在当前学前儿童科学教育活动的实践中，大部分教师害怕组织、开展科学教育活动，不知道怎样设计合理有效的活动，并且在活动的实施过程中，缺乏有效的引导策略。在制订教育目标与计划时，科学活动所占的比例越来越小；[①] 并且教师在开展科学活动时常存在一些不适宜的指导行为，如不能适时引导儿童的兴趣点，给予儿童自己探索的时间较短，指导评价方式单一，常为了维持常规而制止儿童的一些操作等。幼儿园科学活动的开展现状不容乐观，对此我们结合 PCK 来探讨学前儿童的科学教育，帮助幼儿园教师有效开展科学活动。

一、PCK 的内涵

舒尔曼于 1986 年提出了"学科教学知识"（pedagogical content knowledge，PCK）的概念，将其定义为"教师个人教学经验、教师学科内容知识和教育学的特殊整合"。他将教师的知识分为三类：学科内容知识、学科教学知识（PCK）、课程知识，PCK 是来源于学科内容知识的。他指出 PCK 是"对于一个人的学科领域中最一般的要教授的内容，表达那些概念的最有用的形式，最有效的比喻、说明、例子、解释以及演示——一句话，就是使人易于理解该学科内容的表达和阐述方式"，以及"知道不同年龄和背景的学生在学习那些最经常教授的课题时已具有的一些日常概念和先入之见，这些日常概念和先入之见会使具体内容的学习变得容易或困难"。

随后科克伦等人从建构主义的教与学的观点出发，对舒尔曼的"学科教学知识"（PCK）概念进行了反思并提出质疑。根据建构主义的观点，知识不是通过传授或移植得到的，而是认知个体在一定的学习情境和社会文化背景下，利

---

① 刘占兰. 幼儿科学教育［M］. 北京：北京师范大学出版社，2000：11.

用必要的学习资源和工具，通过积极的意义建构的方式获得的。换言之，知识是认知个体与外在情境交互作用而建构出的产物。如果说舒尔曼等人的 PCK 是从静态的观点来界定学科教学知识的话，那么从建构主义观点论述学科教学知识的研究者则更倾向于"动态生成"这一角度。前者所指向的是认识的结果，忽视了主体在认知和理解学科以及教学知识过程中的主动性；后者则从动态性质的角度对 PCK 进行了修正，即在 PCK 的基础上，融合、合成了另外两种知识成分——关于学生的知识和教育情境知识。这样提出了一个更为综合性的概念，即"学科教学认知"（pedagogical content knowing，PCKg），如图 2-4 所示。

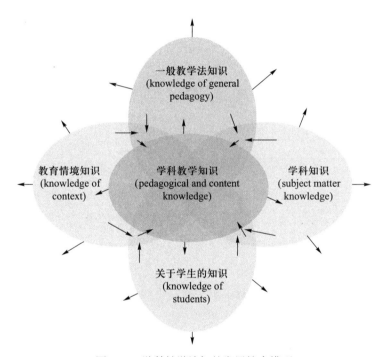

图 2-4　学科教学认知的发展综合模型

图 2-4 显示，PCKg 的核心内涵是 PCK，它显示了四种知识成分——学科知识、一般教学法知识、关于学生的知识和教育情境知识如何动态地合成为 PCK。其中，关于学生的知识包括学生的能力、学习策略、年龄、发展水平、态度、动机和知识基础等。教育情境知识是指有关社会、政治、文化和周围环境等方面的知识。在图 2-4 中，外面四个圆圈的箭头分别指向外面，意在表明这是一个开放动态的系统，教师这四种知识成分是在不断发展和变化的。每两个圆圈的交叉部分揭示了每一种知识成分不是孤立游离的，而是相互交融、有机结合的，并始终

指向处于核心地位的学科教学知识。图中心圆圈的箭头分别指向外圈所示的四种知识成分，说明教师的学科教学知识就是在不断地与这四种知识成分综合的过程中建构起来的，由少积多，由生疏到娴熟，并伴随四种知识成分的变化而变化。图 2-4 不仅表明了一个教师在其成长过程中究竟需要掌握哪些知识，更为重要的是它指明了教师是以什么样的方式和途径习得这些知识的，即教师的知识是怎样建构的。

这一论述对幼儿园教师开展科学教育提出了新的要求，即教师要掌握必要的学科知识、一般教学法知识、关于儿童的知识及教育情境知识。通常一般教学法知识在学前教育专业通过"学前教育学""儿童心理学"及"幼儿园课程"等课程获得，但教师对有关学科知识、关于儿童的知识等的学习的认识相对较弱。

如果教师自身的科学知识素养欠缺，对儿童的科学学习不理解，很难想象他能将抽象的科学概念转化成儿童能理解和接受的概念，因此，教师要加强对学科知识的学习，并通过实践观察、记录、理解儿童的科学学习。

资料链接

从一个针对幼儿师范学校、职业中学幼师班毕业的幼儿园教师科学素养的调查研究来看，幼儿园教师原有的知识结构不合理，这与幼师或职业中学幼师班所开设课程主要为文化课、专业课、艺体课有关。虽然目前幼儿师范学校为了学生进一步高考深造的应试需要，增设了英语课，数学内容也有所增加，相应地削减了物理和化学课的比重，但这样的课程设置培养出来的幼儿园教师的文化基础与普通高中生相比仍有差距，在科学素养方面的欠缺仍然存在。目前，幼儿园教师中虽然已有了相当比例的专科或本科毕业生，但他们几乎都是文科毕业生，尤其是学前教育专业的毕业生，在科学素养方面的基础仍很薄弱。幼儿园教师参加的继续教育也鲜有科学素养类课程的专门培训，再加上幼儿园在评价教师的过程中，并未有与教师科学素养相关的指标，这些都影响了教师主动学习科学知识的积极性。

在实施"做中学"科学教育实验计划的法国，幼儿园教师和小学教师一样，都必须具有"3+2"的基本学历。即首先通过 3 年的大学本科学习获得学士学位，然后经过严格的考试进入教育专业进行 2 年的学习与教学实习，再经过严格的考试获得教师资格。这种具有"3+2"学历的幼儿园教师不仅具备教育方面的专业知识与能力，而且还具有物理、化学、生物、天文等方面的专业背景，具备了基本的科学素养。幼儿园教师所具备的多种专业背景将为其科学、适宜地实施科学教育提供条件与保障。

我国在实施"做中学"科学教育实验时，可以说有着先天的不足，幼儿园教师基础学历低，缺乏基本的科学素养。因此寻求一个既能为幼儿园教师开展科学教育活动提供科学背景支持又能提高幼儿园教师科学素养的途径迫在眉睫。

教育行政主管部门和幼儿园师资培养、培训部门要互相联手，切实提高幼儿园教师的科学知识素养，如改革现行教师招考和评价体系，把科学素养纳入考核和评价范围；加强教师的在职培训工作，把科学素养作为重要的培训内容；更新幼儿园教师的知识和能力结构，提高幼儿园教师的综合素质，实现幼儿园教师的可持续发展；高师院校要加强师范类学生的科学教育，让毕业生具备初步的科学素养；幼儿园要把提高教师科学素养作为园本培训的内容，让一线教师积极参与教科研工作和科学教育活动。

二、儿童科学学习已有经验的探测

儿童的日常生活对儿童科学学习具有重要的价值，儿童已有经验不同，他所建构的科学朴素理论也是不一样的。幼儿园教师必须了解儿童学习科学的一些普遍规律，更为重要的是要学会尊重儿童，在充分理解儿童的朴素科学理论后开展教学。为此教师要学会探测儿童科学学习的已有经验。表 2-1 展现了教师了解儿童初始想法的策略。[①]

表 2-1　探测儿童科学学习的朴素理论的策略

策略	教师 / 儿童活动	案例
画图	让儿童画图画，表达他们对某个事件的看法	我们是如何听见鼓声的？当种子开始生长时发生了什么？
画网状图	教师协助儿童画一个网状图，显示想到的与活动主题有关的所有内容（教师根据儿童口述写词汇）	

---

① 韦钰，P. Rowell. 探究式科学教育教学指导［M］. 北京：科学教育出版社，2005：88.

续表

策略	教师/儿童活动	案例
KWLH图: 我们已经知道什么（know） 我们想知道什么（want） 我们学习了什么（Learn） 我们是如何学习的（How）	教师将儿童带入一些活动，然后准备一个分成四个栏目的KWLH图表，儿童为每个栏目提供自己的观点	我们对漂浮的物体有什么了解? 我们了解到一些不含空气的东西也会漂浮 我们想知道是否所有漂浮的物体都有空气在里面 我们学习了物体的形状对于它们漂浮的状况十分重要 我们用黏土和锡箔纸进行实验，可以演示这一点
就某个事件或现象选择一项解释	教师在卡片上提供一系列带有插图的解释，让儿童分组讨论	提供解释形成白昼和黑夜的一些绘画
进行预测	儿童用图画或简单文字说明当某个事件的条件改变时会出现什么情况	如果将物体移近光源，影子会变小吗?
提问	儿童对教师提出的关键问题进行回答	教师展示一系列有生命物体和无生命物体的照片后，提问:哪些是活的? 为什么?

教师可以根据上述策略，有意识地去探测儿童已有的科学朴素理论，也可以通过在实际活动情境中的观察、分析来了解儿童的科学朴素理论，但要注意的是儿童的科学朴素理论是一个情境性的、动态演进的概念，每一个儿童掌握的科学朴素理论是不尽相同的，教师要根据儿童的实际生活经验（经历）尝试着去理解儿童的科学朴素理论。只有这样才有可能使之成为开展科学教育的基础。

例如，教师可以通过让儿童画影子来探测儿童有关影子的朴素理论（图2-5）。

儿童眼中的影子:

影子是黑色的，尽管我穿的衣服是有颜色和条纹的，但影子是一团黑的;

有太阳就会有影子;

影子是我的好朋友，与我形影不离;

(1)　　　　　　　　　(2)　　　　　　　　　(3)

(4)　　　　　　　　　(5)　　　　　　　　　(6)

图 2-5　儿童关于"影子"的绘画 [①]

我动影子跟着我动；

影子与我是连着的；

影子是躺在地上的；

…………

从中可以发现儿童对影子的核心概念——对光源、物体和呈现影子的表面及其三者距离之间的关系之中的某一方面有所了解，但还不能理解影子与三个元素及其距离变化之间的关系。由此教师就可以针对儿童的已有经验来搭建鹰架开展相应的活动。

三、"概念为本"的儿童科学探究

在当下的幼儿园科学教育中，科学探究是被普遍认同的一种科学教育方法。

探究是科学研究的基本方法。探究是一种多层面的活动，包括：进行观察；提出问题；通过浏览书籍和其他信息资源来了解什么是已经知道的知识；制订调查研究计划；根据实验方面的证据，评价已经知道的知识；用多种手段来搜索、分析和解释数据；提出解答、阐述和预测；交流结果。探究需要对假设进行证明，需要运用批判和逻辑思维，并考虑其他可供选择的解释。

有学者指出，探究式科学教育是在教师和儿童共同组成的学习环境中，让儿童亲历科学探究的学习过程。它大致包括：根据实际情况、观察到的现象和可以

① 图片来自杭州市申花路幼儿园。

获得的信息，从儿童已有的知识、对问题的了解和已有科学概念（想法）出发，提出问题；对问题的解答进行推测；为证实推测而设计实验或进行观察；收集和整理数据；得出结论和进行交流；提出新问题。探究既是科学学习的目的，又是科学学习的方式。探究式科学教育的步骤如图 2-6。

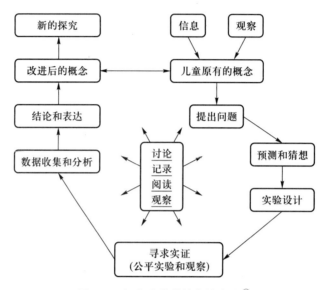

图 2-6 探究式科学教育的步骤 [①]

与一般的探究步骤不同，图 2-6 强调了要从儿童原有的科学概念出发来提出问题，探究的内容是围绕有组织的知识进行的，是围绕儿童科学概念的建立和改善来进行的。当教师熟悉了探究式科学教育的方式后，就不必拘泥于这些步骤，可以灵活运用，自然衔接。探究式科学教育强调探究的过程应尽可能贴近儿童的生活，满足儿童生存和发展的需要，并应以儿童的原有基础为出发点。探究过程应是在教师指导下的儿童主动建构的过程，既强调过程也强调探究的内容；既强调儿童在探究过程中要动手，又强调要动脑。

探究式科学学习应该是一个完整的过程。在此过程中，儿童应该学习进行探究的方法、掌握核心的科学知识和概念，同时培养批判性思维及尊重事实、尊重别人、合作而主动积极的科学态度等。

通常学前儿童科学教育被认为只承担科学启蒙的任务，不追求知识的完整性和系统性；教师更多的是根据幼儿园主题的安排或自身的爱好来选择内容开展科学探究活动。学前儿童科学教育通常关注的是科学事实，侧重于知识结构中的知识理解

① 韦钰，P. Rowell. 探究式科学教育教学指导 ［M］. 北京：科学教育出版社，2005：43.

层面，未上升到概念性理解，见图 2-7。[①] 教师在教学中总感到有传授知识的压力，不得不去"覆盖"大量的科学知识，这势必大大减少提供给儿童用来解决问题和进行抽象思维的时间，也必然助长了"教条式"的授课方式，而无法激发儿童的积极思维，这就违背了学前儿童科学教育的目标。科学教育应该致力于帮助学生：理解一些科学上有关的大概念，包括科学概念以及关于科学本身和科学在社会中所起作用的概念；培养学生收集和运用实证的科学能力和科学态度。所有科学课程都应该致力于深化儿童对科学概念的理解的同时考虑其他可能的目标，如科学态度和能力的培养。如果教师不是在遵循儿童的认知发展规律和儿童已有的科学经验基础上精心选择和组织儿童探究的内容，而只是在教学中采用零碎的、杂乱的案例，那么这样的探究式科学教育会是效率很低的教育，达不到培养儿童探究能力的目的。

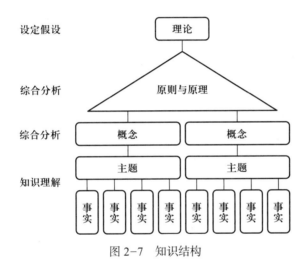

图 2-7　知识结构

下面两个活动充分显示了基于事实与基于概念的学前儿童科学教育的差异。

案例 2-1

活动一：腌　萝　卜

活动目标：

　知道萝卜可以腌制成萝卜干，尝试自己腌制萝卜。

活动过程：

　1. 观看奶奶腌制萝卜的录像；

　2. 让儿童自己说说怎样腌制萝卜，应该注意哪些问题；

---

① 艾里克森. 概念为本的课程与教学［M］. 兰英，译. 北京：中国轻工业出版社，2003：7.

3. 尝试自己腌制萝卜。

活动二：种 植 萝 卜

活动目标：

1. 了解萝卜从种子到萝卜的生长过程；

2. 了解萝卜的多样性。

活动过程：

1. 观察认识几种不同的萝卜籽；

2. 分组种植不同的萝卜；

3. 照料、观察、比较、记录，在适当的时间讨论萝卜的生长变化，比较耕种萝卜的相同与不同；

4. 收获萝卜并回顾萝卜生长变化的全过程；

5. 品尝各种萝卜制品。①

分析比较上述两个活动，可以看出活动二指向的是植物（生物）的核心概念，而活动一更强调的是一般事实，通常不一定需要组织集体或小组的专门活动。然而在当前的儿童科学教育实践中，更多的科学活动是与活动一相类似的。

在探究式科学教育中，教师需要把让儿童建立新的科学概念（想法），改善和纠正已有的概念与培养探究能力、科学态度结合起来考虑。教师应坚持"概念为本"的探究式科学教育。如果没有一个知识的概念图式，就如同建房子而没有规划图一样，不知道每一部分应放在什么位置。如果直到高中、大学阶段才把主要概念和概念性理解"倾倒"给学生，那就太晚了。概念的发展是与人的一生并行前进的过程。概念性理解要求高水平的、综合的思维能力，它需要各级学校加以系统的训练。综合思维是一种能够洞察出相关事实、思想和事例之间的联系方式与模式，并在概念水平下整合知识的能力。在 2003 年国际数学科学研究会（TIMSS）进行的数学科学国际比较研究中发现，日本、新加坡及其他得分较高的国家的课程和教学是围绕各学科的基本概念和原则进行的，把主题和事实作为工具来帮助学生发展深层的理解力。

教师要开展好幼儿园科学教育，需要有良好的科学 PCK，但科学 PCK 不是上述论述的各个元素的简单组合，PCK 的生成和发展是一个不断建构的过程，它需要教师在教育情境中通过不断的实践才能生长，有学者提出：经历和历练是第

---

① 刘占兰. 幼儿科学探究中的科学概念［J］. 学前教育（幼教版），2007（10）：35-37.

一把重要的尺度，包括教师的学习经历、课堂教学实践、同事间的观摩和交流、领导和专家的听课、自主的理论学习等。反思是第二把重要的尺度，通过反思能积累和积淀经验。教师在行动前、行动中和行动后的反思，能有效地促进教师PCK的扩展。因此，从事幼儿园科学教育的教师，不仅要掌握相关的科学PCK的元素性知识，更重要的是要积极开展幼儿园科学教育实践活动，并不断反思自身的教育教学行为，不断建构自身的科学PCK。

▌▌▌ 小　结 ▶▶▶

　　本章主要论述学前儿童科学的学与教。教是以学为基础的，学前儿童科学学习的心理基础和朴素理论是教师开展幼儿园科学教育的基础，本章以此为基点，论述了与儿童科学学习相关的重要理论，以期能让教师从中举一反三，充分理解儿童科学学习的特点。儿童的科学学习不是简单科学知识的灌输，也不是与客体的简单互动，而是在与客体的互动中，儿童通过自身的已有经验来理解科学，形成科学的朴素理论。教师在教学过程中要重视儿童的科学朴素理论，要理解儿童的科学学习。探究的具体内容不应只着眼于主题或科学事实，而应围绕科学的基本概念和原则进行，把主题和事实作为工具来帮助儿童发展科学的理解力。

　　本章从PCK的视角探讨了学前儿童科学教育。PCK通常是由学科知识、一般教学法知识、关于学生的知识和教育情境知识四种知识成分合成的，但PCK不是四种成分的简单混合。未来的幼儿园教师必须理解和掌握PCK的各种成分，并在此基础上通过在实践情境中不断地实践与反思，逐步积累和形成科学PCK。

▌▌▌ 思考与实践 ▶▶▶

1. 比较皮亚杰与维果茨基的儿童科学学习理论的异同。
2. 试述"概念为本"的探究式科学教育的内涵。
3. 尝试探究儿童对于某一主题的科学朴素理论。
4. 设计一个基于"概念为本"的科学探究活动。

▌▌▌延伸阅读 ▶▶▶

1. 鄢超云. 朴素物理理论与儿童科学教育 [M]. 南京：江苏教育出版社，2007.

该书是国内第一本详细研究儿童朴素科学概念的著作，它以与儿童日常生活密切相关的力和运动为例，通过质、量相结合的研究方法探讨了儿童朴素物理理论的发展，并提出了科学教育应基于经验并挑战经验，应在直接教和间接教之间保持必要的张力，应在广度的基础上追求深度，应在"做科学"的基础上"谈科学"。这对教师了解儿童科学学习的本质及如何理解儿童的科学具有很好的启示。

2. 韦钰，P. Rowell. 探究式科学教育教学指导 [M]. 北京：教育科学出版社，2005.

该书对探究式科学教育的内涵及步骤进行了详细的论述，并强调了教师与学生在探究式科学教育中的作用，同时就探究式科学教育实践中存在的若干问题进行了探讨，可作为教师开展幼儿园探究式科学教育的指南。

3. 艾里克森. 概念为本的课程与教学 [M]. 兰英，译. 北京：中国轻工业出版社，2003.

该书介绍了课程与教学研究的新思想、新模式、新做法。它既能带给理论研究者课程设计的灵感和启迪，也能帮助教育实践者实现最佳的教学。它在课程设计和教学实践之间架设了一座桥梁，实现了理论与实践的亲密接触和沟通，为理论研究和教学实践人员的相互理解和合作，探索出了一套切实可行的方法。

4. 瑞吉欧儿童国际中心. 除了蚂蚁，什么东西都有影子 [M]. 周菁，译. 南京：南京师范大学出版社，2014.

该书记载了儿童与影子有关的朴素理论，可以让我们深刻体会儿童是如何建构影子概念的，使我们能更好地重新发现儿童、理解儿童，也有助于幼儿园教师更好地学习如何观察纪录。

第三章

学前儿童科学教育的目标

■■ 内容导航 ▶▶▶

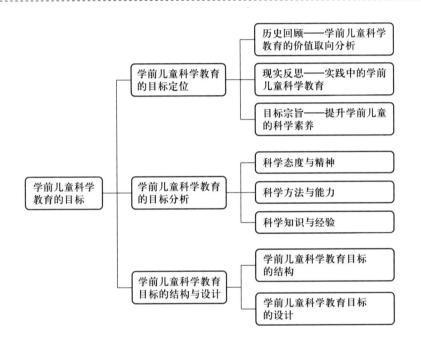

■■ 学习目标 ▶▶▶

1. 描述学前儿童科学教育的目标定位，说明科学素养的内涵及其构成要素。

2. 解释学前儿童科学教育的目标取向及内涵。

3. 理解学前儿童科学教育目标的结构，能够初步进行学前儿童科学教育目标的设计。

4. 运用学前儿童科学教育目标的相关知识，对实践中的学前儿童科学教育活动进行分析与诊断。

▍▍ 引 言 ▶▶▶

随着学前教育的不断改革，学前儿童科学教育也处于观念和实践的变革阶段，人们开始摒弃陈旧的以科学知识、技能为单一目标的科学教育，尝试实施以儿童的探究为核心的科学教育活动。然而，学前儿童科学教育的价值定位如何？学前儿童科学教育的目标是什么？在学前儿童的科学学习中我们应该关注什么？应该如何设计和生成科学教育目标、活动？这些都是我们必须首先明确的问题。

本章首先从对学前儿童科学教育价值取向的历史回顾及对实践中学前儿童科学教育的现实反思出发，提出学前儿童科学教育的目标宗旨；其次详细分析学前儿童科学教育目标的内涵；最后呈现学前儿童科学教育目标的结构和目标的设计。

第一节　学前儿童科学教育的目标定位

在学前儿童科学教育中，我们应当追求什么，把握什么，都取决于学前儿童科学教育的价值取向或目标。在此我们将通过历史回顾与现实反思[①]来进一步思考学前儿童科学教育的目标定位。

问题思考

1. 你认为在学前儿童科学教育中，儿童获得什么最重要？

2. 结合平常你在幼儿园教育实践中的发现，你认为当前学前儿童科学教育存在哪些问题？

一、历史回顾——学前儿童科学教育的价值取向分析

价值取向问题是学前儿童科学教育改革的关键所在，价值取向直接影响着学前儿童科学教育的目标定位、内容选择、活动方式以及教师的角色意识。在我国，专门设置学前儿童科学教育课程是在 20 世纪二三十年代。到现在，学前教育经历了三次大的变革，究其根源主要是由于教育价值取向不同。

20 世纪 20 至 30 年代，以陈鹤琴为代表的学前教育改革者使幼儿园课程向中国化、科学化的道路上迈进了一步：诞生了我国第一个幼儿园课程标准——《幼稚园课程标准》。该标准正式规定了有关学前儿童科学教育的课程——"社会与常识"，把科学教育的目标分为观察和审美、初步经验、态度和精神三部分。该标准强调从学前儿童生长发展的需要出发，在引导学前儿童获得关于自然、社会、人的初步经验的基础上，促进学前儿童健康快乐地成长。然而，尽管当时的科学

---

① 王春燕，秦元东，黎安林. 探究·体验·发现：幼儿园科学教育理论与实践［M］. 南京：南京师范大学出版社，2010：3-7.

教育注重培养学前儿童对自然环境的热爱，注重教师的"引导"作用，但科学教育较多地停留在观察与欣赏的方法方面，虽然提出了"态度和精神"的目标，但倾向于公正、仁爱、和平等道德品质，并未涉及对学前儿童好奇心、探索欲等科学品质的培养。

新中国成立后，我国借鉴苏联的模式进行了学前教育改革，1952年3月与7月分别颁布了《幼儿园暂行规程》和《幼儿园暂行教学纲要（草案）》，《幼儿园暂行教学纲要（草案）》将学前儿童科学教育的内容定为"认识环境"，包括日常生活环境、社会环境和自然环境。该纲要重视系统的由浅入深的科学知识教育，例如，在时间观念上，中班儿童要会正确使用昨天、今天、明天、早上、白天、晚上等名词，记住星期、月、日的名称，如星期几、几月、几日；到了大班，则要求在中班的基础上提高程度，增加会正确使用上午、下午等名词。再如，小班要"经常观察常见的果实——按颜色、形状、滋味认识常见的果实，如樱桃、桃、杏、李、梨、苹果、香蕉、柿子、核桃、枣、瓜、花生、栗子等"；到了中班，则要"经常观察常见的农作物并认识其果实，如稻、麦、高粱、谷、花生、豆类、棉花、麻等"；到了大班，就必须"更系统地认识农作物和果实：继续中班，提高其程度"。此外，科学教育课程比较多地强调运用宏大叙事，以伟大人物、历史人物的事迹和故事，来培养学前儿童热爱祖国、为祖国做贡献的情感，而忽略学前儿童身边或生活中的事件。所以，20世纪50年代科学教育"认识环境"的教育价值在于通过对学前儿童进行自然常识、社会建设、最鲜明有趣的事件以及优秀人物事迹等系统"环境"知识的传授，促进学前儿童的发展，并为学前儿童升入小学做好准备。

1981年10月，在继承《幼儿园暂行教学纲要（草案）》思想的基础上，教育部颁发了《幼儿园教育纲要（试行草案）》。此纲要规定幼儿园继续采用分科教育模式，设置体育、语言、常识、计算、音乐、美术六科。"常识"成为学前儿童科学教育课程，目标由知识、态度、能力组成，突出强调知识的传授与掌握，并强调培养学前儿童对自然、社会的兴趣及发展学前儿童的能力，隐含了对学前儿童全面发展的价值追求。但"常识"的内容中却反映了一个核心价值，即重视学前儿童获得关于社会和自然方面的粗浅知识，知识被放在了首要地位，从总目标到各个年龄段分目标中，众多知识点构成了庞大的知识体系。从中不难看出，科学教育课程强调的是从简单到复杂、从具体到一般、从近到远地掌握系统的知识。至于培养学前儿童的能力及激发学前儿童的探究兴趣、好奇心、求知欲的目标，在各年龄班的具体教育内容和要求中则没有明显的表述。

自20世纪80年代中期以来，国际学术交流日益频繁，西方一些先进的教育理论、课程理论逐渐被引入我国，对传统的学前教育观念产生了极大的冲击。同时，现代科学技术的迅猛发展，信息更新速度的大幅度加快，都使人们认识到仅仅掌握、拥有知识是远远不够的。科学教育必须关注学前儿童对科学知识的主动探究及对科学探究方法的掌握，"过程比知识更重要"。因此在 20 世纪 80 年代中期，尤其是 90 年代以后，学前儿童科学教育的目标与内容发生了重大的变化。这可以从一些相关的研究及国家颁布的《幼儿园教育指导纲要（试行）》（以下简称《纲要》）《3~6 岁儿童学习与发展指南》（以下简称《指南》）中反映出来。

自 20 世纪 90 年代以来，学前儿童科学教育目标包括相互联系的三个方面：科学态度和精神、科学方法和能力、科学知识和经验。也就是说，科学教育目标不仅仅强调知识，也开始重视过程与方法，同时也强调培养学前儿童的科学态度与精神。例如，《纲要》在科学领域明确规定"对周围的事物、现象感兴趣，有好奇心和求知欲""能运用各种感官，动手动脑，探究问题""能从生活和游戏中感受事物的数量关系并体验到数学的重要和有趣"。《指南》中也强调幼儿科学学习的核心是激发探究兴趣，体验探究过程，发展初步的探究能力。所以 20 世纪 90 年代以后尤其是进入 21 世纪以来，学前儿童科学教育强调激发学前儿童的好奇心、探究欲，强调学前儿童在探究过程中动手动脑，主动获取科学知识与经验，建构科学概念。同时，科学教育注重引导学前儿童通过直接感知、实际操作、亲身体验获得具体、直观的科学经验，而不是给学前儿童灌输系统的学科知识，并且把掌握科学的方法、能力也作为重要的目标。应该说，《纲要》从理念层面上反映了以尊重、满足学前儿童身心发展需要为主要目标，促进学前儿童全面和谐发展的价值取向。

科学教育的中心是"过程"还是"内容"

回顾我国学前儿童科学教育的历程，思考学前儿童科学教育所隐含的价值，我们可以发现，多年来学前儿童科学教育的价值取向主要是褊狭的理性主义价值观与工具主义价值观，具体表现为以下两个方面：

（1）从 20 世纪 20、30 年代的"社会与常识"到 20 世纪 50 年代的"认识环境"，再到 20 世纪 80 年代的"常识"，学前儿童科学教育强调知识与经验的获得，强调对科学知识与经验的记忆与迁移，忽视了科学方法与能力、科学态度与精神的培养。人们对科学理性的把握仅从静态的结果上去理解，而没有从动态的角度去理解在科学探究过程中科学方法与能力、科学态度与精神的重要性。尽管自 20 世纪 90 年代以来在理念层面科学方法与能力、科学态度与精神的重要性有所提升，但在实践层面的进步不是很大。

（2）20 世纪科学的突飞猛进极大地改变了人类的生产方式与生活方式，也使科学技术水平成为国家之间竞争的一个焦点。对学前儿童进行科学教育成为"科教兴国"的一个重要手段。20世纪50年代学前儿童科学教育的社会需要取向、80年代科学教育系统的学科知识体系倾向，都反映出当时的学前儿童科学教育忽略儿童自身，更多地关注社会的需要。科学教育的目的是为了培养科学家和为社会的发展培养专业人才。科学教育首先不是关注培养学前儿童作为一个全面发展的人所应具备的科学素养，而是更多地关注"成才""成器"。科学教育在一定程度上成为满足社会需要的工具。

二、现实反思——实践中的学前儿童科学教育

下面这个案例是一个典型的学前儿童科学教育活动案例。

案例 3-1

蔬果的沉浮（中班）[①]

师：这里有很多蔬菜、水果，有什么呢？

众幼：（七嘴八舌）西红柿、香蕉、苹果、土豆、葡萄……

师：现在老师让小朋友动动脑筋，这些东西放到水里，会怎么样？是沉下去，还是浮起来？猜猜看！

幼1：会沉下去。

幼2：会浮起来。

幼3：沉下去。

…………

师：先猜猜这些东西放到水里会怎么样。看，这里有这些蔬菜、水果的照片，请你去拿一张，如果觉得会沉下去，就把照片贴到这个黑板上画的大鱼缸下面；如果觉得是浮起来的，就贴到大鱼缸的水面上。

（幼儿纷纷猜测并粘贴。）

师：后面的桌子上放了很多蔬菜、水果，你选一种放到旁边的水桶里，看看会是什么样子。

（幼儿去尝试，但幼儿对东西扔到水桶里溅起水花的样子比较感兴趣，并没有仔细观察，也没有尝试验证每种蔬果放到水桶里的沉浮情况。）

师：来，老师再试一次。（教师的座位前放着一个透明玻璃水缸和五种蔬

---

① 笔者在幼儿园的听课记录。

果，教师先往水缸里放了一串葡萄）小朋友们看到了什么？

众幼：沉下去了。

师：一起跟老师说"葡萄是沉下去的"。

众幼：（重复教师的话）葡萄是沉下去的。

师：（一一试验五种蔬果在水缸中的沉浮情况）现在知道了吧，西红柿是浮上来的，土豆是沉下去的，葡萄是沉下去的，苹果是浮上来的，香蕉是沉下去的。

师：这些东西到底是沉下去还是浮上来？你们再拿一张照片去贴到另一块黑板上画的鱼缸上。

（幼儿纷纷再次粘贴。）

师：有没有贴错的？

幼 5：没有。

师：再仔细看看。

幼 6：有错的。（有幼儿上去纠正。）

师：我们再看看刚才没有试之前贴的照片有没有错。

众幼：有错的。

（教师请幼儿上去一一改正。）

师：好，现在再看看有没有错的？

众幼：没有。

师：（总结）苹果是浮上来的，葡萄是沉下去的，土豆是沉下去的，西红柿是浮上来的……

师：现在我们做一个游戏，用你的动作表现一下蔬菜、水果的沉浮。苹果是浮上来的，一起站起来，把手举得高高的；土豆是沉下去的，一起收起手臂，蹲下去……

这个案例比较典型地体现了当今学前儿童科学教育活动存在的不足[①]：

1. 注重科学知识的灌输，忽视科学方法与能力的掌握及科学态度与精神的培养

尽管教师在科学教育的观念上已开始从单纯注重科学知识体系的教学转移到全面注重学前儿童科学素养的早期培养上，在活动进行的过程中也开始注重学前

[①]　王春燕，秦元东，黎安林. 探究·体验·发现：幼儿园科学教育理论与实践［M］. 南京：南京师范大学出版社，2010：9-11.

儿童的操作、探究、发现，但实际操作却往往流于形式。从活动过程来看，"知识中心"的价值取向比较明显。在科学教育活动中，教师关注较多的还是知识点：什么蔬菜、水果在水里是会沉下去的，什么蔬菜、水果在水里是会浮起来的。学前儿童科学方法与能力及科学态度与精神的培养在教育活动中没有真正地体现。

2. 教师不自觉地处于主导地位，学前儿童的主动性、积极性受到压抑

实践中的科学教育活动由于过多地把知识的学习与掌握作为首要目标，教师为了完成既定目标，没有时间和条件去考虑尊重儿童的兴趣、需要及学习发展的特点，教师不知道学前儿童喜欢探究什么、能探究什么、怎么探究。因此，教师总是不自觉地用自己的主导地位去压抑儿童探究的主动性、积极性。就如在这个活动中，教师虽然给学前儿童创设了探究学习的环境，但活动基本是在教师的带领、控制下进行的。教师告诉学前儿童蔬果的沉浮结论。"教师鼓励学前儿童将他们自己的答案（可能是正确的，也可能是错误的）与教师的答案（总是正确的）相比较，这样就给学前儿童一个明确的暗示，即他们的任务就是提供教师想要的答案。教师拥有知识的自主权，起指导作用，受到重视的是教师的思考。在那种答案已知的动手实验活动中，情况也一样：学前儿童的任务就是得出教师所期望的结果。教师的指导常常是'我认为这不太正确''再试一试，看看能得到什么'，它的含义就是'你还没有得到我希望你得出的结论'"。[1] 在科学探究活动中，学前儿童没有处于真正的探究主体地位。

3. 教师缺乏给学前儿童搭建探究、认知支点的策略

学前儿童的思维具有具体形象的特点，学前儿童必须通过教师的引导才能理解一些简单的科学原理。但在实践中，我们发现不少教师在教学中只关注活动的形式，热衷于在丰富多彩的形式上下功夫以吸引学前儿童，而很少关注教学语言的使用和教学情境的创设，致使学前儿童在科学活动中往往出现"启而不发""不感不悟"的现象。

例如，在中班"神奇水油瓶"活动中，儿童通过操作、实验发现了当油与水混在一个瓶子里时，油与水是分开的，油在上面，水在下面。继而教师又提出了另一问题，即：油与水能融合"抱"在一起吗？孩子们纷纷回答，不能融合"抱"在一起，油还是在上面，因为他们不是好朋友，不喜欢"拥抱"在一起。这时教师出示了三种材料：糖、盐、洗衣粉，请小朋友从这三种材料中依次各选一种材料，装一平勺到瓶子里，拧紧瓶盖，用力摇晃，然后静置20秒后进行观察，并

案例：吸收水

---

① 马丁. 建构儿童的科学：探究过程导向的科学教育［M］. 杨彩霞，等译. 北京：北京师范大学出版社，2006：28.

交流结果。儿童依次操作后并交流结果。最后教师这样总结："原来，油和水是可以成为好朋友的哦！洗衣粉就可以把水和油变成好朋友融合在一起，这种现象叫作乳化。"儿童听了，一脸茫然。

在这一活动案例中，我们发现幼儿园教师越来越认识到让儿童进行科学探究的重要性，也能通过创设科学探究的环境支持儿童的探究与发现，但不能链接儿童的经验、链接儿童的思维，缺乏语言的支持与策略的支持，致使儿童无法将原有的认知经验运用到理解当前的问题上，儿童只能被动地接受他们不能理解的概念与知识。

三、目标宗旨——提升学前儿童的科学素养

从上面的历史回顾和现实反思中可以发现，我国学前儿童科学教育的目标还较多地停留在科学知识获得的层面，没有从更本质的角度去思考学前儿童科学教育的目标取向。在现代社会中，科技已经成为人们生活的重要组成部分，它直接关系到一个国家在国际竞争中的成败与地位。因此科技发达的国家都十分注重国民科学素养的培养，因为它关系到人才的综合素质和创造能力高低。尽管人们对"科学素养"概念的内涵还未达成共识，但把科学素养的培养作为科学教育目标已在世界各国取得共识。

（一）提升学前儿童的科学素养应是学前儿童科学教育的宗旨

2018年9月中国科协发布的第十次中国公民科学素养调查显示，2018年我国具备基本科学素养的公民比例达到8.47%，较2015年的6.2%和2010年的3.27%，有大幅、快速提升，距2020年"公民具备科学素养的比例达到10%"的目标仅有1.53%的差距，为"十三五"公民科学素养发展目标的实现奠定了坚实基础。但目前我国公民的科学素养水平相对于美国、日本等主要发达国家还有较大的差距。我国提高公众科学素养的任务任重而道远。

由于学前儿童自身的生理、心理发展水平，及其面临的发展任务，学前儿童科学教育不能被理解为片面的纯科学知识的教育，也不能被理解为仅仅是科学方法、科学精神的教育，更不能被理解为培养少数科学家的教育。对于学前儿童来讲，科学教育虽然不能帮助他们养成一生所需的科学素养，但却可以为他们终身科学素养的养成奠定基础。

美国、英国的科学教育给了我们诸多的启示。美国《国家科学教育标准》就明确把培养公民的科学素养放在首位："在科学探究的产物触目皆是的世界，具

有良好的科学素养是每个人必不可少的需要。每个人每一天都有不少事情需要运用科学知识做出适当决策。每个人都需要有能力、有见地地参加就牵涉科学技术的重大问题举行的公开讨论和辩论。每个人都应该有机会去领略一番因领悟和探明自然界的事理可能产生的那种兴奋之情和自我满足感……现在，不少国家都正在大力投资，为培养自己的有良好科学技术素养的劳动大军而努力。美国要想在全球市场上不至于落在后面，就需要设法使自己的公民也同样具有良好的科学技术素养。"① 美国《国家科学教育标准》也特别指出，学校（包括从幼儿园到 12 年级）科学教育的目标是培养"具有高度科学素质"的人。② 与之相应，全美幼教协会（NAEYC）制订的《幼儿科学教育标准》也将科学教育目标确定为：发展每个学前儿童对周围世界的好奇心，使每个孩子对新鲜事物与事件有兴趣，有探究的欲望，热爱生命；发展学前儿童发现问题、解决问题和做出决定的能力（科学探究的能力）；增进对自然界的认识，使每个孩子积极参与可以丰富各种科学经验的活动，经历各种不同的科学领域的活动，了解与基本科学概念有关的技术，表现和交流科学知识。我们从英国的学校科学教育课程目标中也可以明显看出相同的方面：科学教育的价值不仅是促进学前儿童的理性发展，如理智、批判性的思考力等，也促进学前儿童的非理性发展，如求知欲、好奇心、合作精神、负责的态度、情感的体验等；不仅使学前儿童理解科学，运用科学改善人的生活，而且通过理解人与自然的关系来保持人类的可持续发展。③ 据此，我们认为学前儿童科学教育是科学的启蒙教育，应以提升学前儿童的科学素养为其宗旨，或者说是为培养具有科学素养的人打基础。

（二）科学素养的内涵及构成要素

"科学素养"的英文对应词汇有两个：scientific literacy 和 science literacy，这两个词在含义上是有区别的。scientific literacy 指的是一种长期积淀下来的习惯、素养，是一种内在的品质，其重点在于对科学的态度、观察和思考问题的科学性以及批判精神。而 science literacy 指的是一种短期的使用技能、解决实际问题的具体知识和方法。它的重点在于获得知识、技能而非抽象的批判精神和科学的思维习惯。与中文"科学素养"含义对应的应是 scientific literacy，但通常也包括

案例：棱镜游戏

---

① 美国国家研究理事会. 美国国家科学教育标准［M］. 戢守志，等译. 北京：科学技术文献出版社，1999：1.

② 美国国家研究理事会. 美国国家科学教育标准［M］. 戢守志，等译. 北京：科学技术文献出版社，1999：17.

③ 参见刘德华. 西方科学教育价值取向的历史演变［J］. 教育探索，2003（10）：38-40.

science literacy 所指的内容，这样更符合我国对科学素养的理解。[①]

从相关的文献中我们发现虽然人们对科学素养的表述不同，但科学素养却存在四个核心的共同因素：（1）对科学技术的理解，包括理解科学技术的性质、概念、原理、过程；（2）对科学、技术、社会三者关系的理解；（3）科学的精神和态度；（4）运用科学技术解决日常生活及社会问题的能力。

正因为如此，美国学者乔·米勒认为，科学素养是一个与时俱进的概念，时代不同，科学素养的内涵也会发生变化，他在"当代情景下"定义了"科学素养"概念的三个维度：

（1）对科学原理和方法（即科学本质）的理解；

（2）对重要科学术语和概念（即科学知识）的理解；

（3）对科技的社会影响的意识和理解。[②]

由于这个定义概括、精练，包容性强，因此为世界所公认。科学素养包括对科学知识的理解、对科学研究方法和过程的理解及对科技的社会影响的理解，这与我们对科学本质的理解是一致的，因而学前儿童科学教育的目标将致力于实现上述任务。

---

① 金兼斌. 科学素养的概念及其测量［C］// 中国科技新闻学会第七次学术年会暨第五届全国科技传播研讨会论文集《科技传播与社会发展》.

② 金兼斌. 科学素养的概念及其测量［C］// 中国科技新闻学会第七次学术年会暨第五届全国科技传播研讨会论文集《科技传播与社会发展》.

第二节　学前儿童科学教育的目标分析

《纲要》所规定的幼儿园科学领域的目标体现了当前学前儿童科学教育发展的目标取向。《纲要》明确指出幼儿园科学领域的目标是：

（1）对周围的事物、现象感兴趣，有好奇心和求知欲；

（2）能运用各种感官，动手动脑，探究问题；

（3）能用适当的方式表达、交流探索的过程和结果；

（4）能从生活和游戏中感受事物的数量关系并体验到数学的重要和有趣；

（5）爱护动植物，关心周围环境，亲近大自然，珍惜自然资源，有初步的环保意识。

而《指南》更明确指出："幼儿科学学习的核心是激发探究兴趣，体验探究过程，发展初步的探究能力。成人要善于发现和保护幼儿的好奇心，充分利用自然与实际生活机会，引导幼儿通过观察、比较、操作、实验等方法，学习发现问题、分析问题和解决问题；帮助幼儿不断积累经验，并运用于新的学习活动，形成受益终身的学习态度和能力。"

对《纲要》《指南》中关于科学教育及科学学习的分析，可以看出它包括与科学素养内涵要素相一致的三个方面：科学态度与精神、科学方法与能力、科学知识与经验。为此，我们认为学前儿童科学教育目标应如图3-1所示。

一、科学态度与精神

人类从事任何活动都会持一定的态度与价值观。科学不是一个冷冰冰的知识体系，它是人类在好奇心的驱使下和求知欲的指引下，对大自然长期不懈的探究过程。科学探究过程中实质上就有一种态度与价值追求，这种追求就是我们所说的科学态度与精神。学前儿童科学态度与精神的培养具体包括以下几个方面。

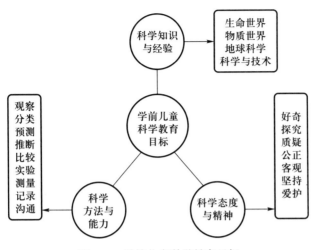

图 3-1 学前儿童科学教育目标

（一）保护与激发学前儿童的好奇心、探究欲

儿童是天生的"科学家"，他们一出生就对世界充满了好奇并开始了探究。在日常生活中，我们经常会发现孩子不停地向成人提出各种各样的问题，如"为什么人要吃肉，牛要吃草？""为什么用放大镜看东西更清楚？""为什么我们穿着五颜六色的衣服，可我们的影子却都是黑乎乎的呢？""为什么地球会地震，火山要爆发呢？""为什么树叶两面的颜色不一样呢？""为什么天会下雨呢？"……这些问题绝大部分是与科学有关的问题，也是可能促使儿童探究学习的问题，所以儿童的好奇心、探究欲对儿童学习科学及热爱科学的情感有着极大的影响。但儿童天生具有的好奇心、探究欲是柔弱的，特别容易受到不恰当的教育的压制，甚至逐渐被磨灭。一旦他们对周围世界的态度越来越冷漠，科学对他们也就不会再有什么吸引力了，这将极大地影响儿童一生的发展，所以学前儿童科学教育极为珍视儿童所具有的进行科学学习的好奇心与探究欲望，把保护与有效地激发相结合，激励儿童发挥想象，包容儿童"天真理论""迷思观念"的存在，允许儿童对科学的诗意理解，使儿童的科学学习成为他们自主探究的过程，成为满足儿童好奇心、激发其探究欲的学习过程。"儿童的两个特点，即好奇和困惑，使理论建构成为一个连续且不断往复的过程、一个成功与失败并存的过程。""将注意力关注到这种好奇感，我们就能给孩子提供支持和鼓励，也能够为儿童提供更多的工具，因为他们是小小科学家。"[①]

[①] 夏洛，布里坦. 儿童像科学家一样：儿童科学教育的建构主义方法［M］. 高潇怡，梁玉华，孙瑾，译. 北京：北京师范大学出版社，2006：33.

（二）培养学前儿童关爱生命、珍爱自然的积极情感，建立人与自然的和谐关系

苏联著名教育家苏霍姆林斯基针对个别儿童中出现的对生物生命的"冷漠、冷酷、无情、凶狠、残酷"的表现，指出："经验证明，善良之情应当在童年扎下根来，而人性、仁慈、抚爱、同情心则在劳动中、在爱护和关怀周围世界的美中产生。善良情感、情绪素养——这是人性的核心……善良情感如果在童年培养不起来，那就永远也培养不起来了，人在童年时期应当经历一个培养情感的学校（教育）——培养善良情感的学校（教育）。"[①] 的确如此，儿童对大自然中生命的情感不是从天而降的。学前儿童科学教育过程是一个培养儿童关爱生命的过程。如"可爱的小乌龟"探究活动，不仅要让孩子们认识、了解乌龟的外形特征和生活习性，而且，要逐渐消除孩子们对乌龟的惧怕心理，培养他们亲近乌龟、饲养乌龟、关爱乌龟的情感。

珍爱自然的积极情感是学前儿童科学教育的重要目标之一。良好的生态环境是人类生存和发展的必要条件，由于人们缺乏环境意识，生态逐渐失去平衡，环境遭到严重破坏，因此，增强公民的环境意识，教育公民热爱自然、保护环境已成为全球性的共识。所以"珍爱自然"这一目标的提出意义尤为重大，因为自然环境不仅仅是儿童科学学习与认识的对象，也是儿童审美的对象。在学前儿童科学教育中，培养他们关心、热爱自然以及保护环境的积极情感，对于人与自然的和谐相处、人类社会的可持续发展具有深远的意义。因此，学前儿童科学教育在强调儿童探究自然的同时，还要陶冶儿童热爱大自然的情感，使他们懂得保护与珍爱我们的生活环境。

（三）奠定学前儿童的科学价值观

科学不仅仅是知识，也是一种过程，更是一种世界观，它包含人们对世界（包括对科学本身）的基本看法与态度。也就是说，人们无论是进行科学探究，还是对待具体的事物，都会表现出科学态度、价值观。美国学者第得利曾列举了18 种科学态度、价值观：

（1）怀疑；

（2）信任解决问题的可能性；

（3）渴望实验的证实；

大班科学活动：纸桥大力士

---

① 蔡汀，王义高，祖晶. 苏霍姆林斯基选集·我把心给了孩子们［M］. 北京：教育科学出版社，2001：80.

（4）精确；

（5）喜欢新事物；

（6）愿意改变意见；

（7）谦虚；

（8）忠于真理；

（9）客观；

（10）不迷信；

（11）渴望知识的完整性；

（12）保留判断力；

（13）区分假设和解决问题；

（14）假设的觉悟；

（15）判断的普遍性；

（16）尊重理论；

（17）量化的习惯；

（18）接受概率的观念。

有美国学者认为从事科学活动应该具备的态度与价值观主要包括以下六个方面：

（1）真实。由于科学家追求的是真实地认识和了解世界，他们寻求发现的不是"应该怎样"，而是"它是什么样的"，所以真实是进行科学活动最基本的价值观。

（2）自由。寻求真实必然会重视另一个价值观——自由，只有当研究者能够在环境中自由探索时，真正的科学才能产生。

（3）质疑。允许科学家自由探索必然产生质疑这一态度和鼓励向传统挑战、向权威挑战的价值观。

（4）独创性。科学研究需要不断深入和拓宽，这便能激发科学家独创性或创造性思维的产生，归纳法和演绎法能激活创造性思维，属于科学的组成部分。

（5）顺序。科学的内容与探究过程均以顺序为特征，科学家不仅要收集知识，而且要组织知识，没有组织的知识是没有价值的。科学家不仅重视知识本身，而且还重视知识的组织。

（6）交流。没有广泛的交流，科学的进步将受到限制。人们只有掌握了由他人发展起来的知识，理解了信息和概念，才能进步。交流不仅指科学家之间的交流，还指科学团体之间的交流，科学家们有责任向公众传播他们的研究成果。

爱因斯坦指出：科学对于人类事物的影响有两种方式，第一种方式是大家都熟悉的，科学直接地并且在更大的程度上间接地产生出完全改变了人类生活的工具。第二种方式是教育性质的——它作用于心灵。尽管草率看来，这种方式好像不大明显，但至少同第一种方式一样锐利。[①] 对于年幼的孩子来说，虽然他们进行的科学学习比较浅显，科学探究比较简单，但他们仍然需要像科学家进行科学研究一样具备必备的态度、品质等。因此，学前儿童科学教育强调培养儿童进行科学探究的态度、价值观，期望通过科学学习，使儿童从小就能形成对待科学，甚至是对待世界的基本的科学态度和价值观，如公正客观、尊重事实、敢于怀疑、独立创造、愿意接受新思想、自由交流等，尽管这些态度和价值观不是科学本身所特有的，但它们在儿童的科学学习中会比较充分地体现与展示出来，这是科学教育独有的培养优势。正因为如此，科学态度、价值观的培养构成了科学教育不可或缺的内涵，成为学前儿童科学教育的一项重要目标。

二、科学方法与能力

学前儿童科学教育是以培养、提升学前儿童的科学素养为宗旨的科学启蒙教育，那么就有必要积极倡导让儿童亲身经历以探究为主的学习活动，呵护儿童与生俱来的好奇心和探究欲，发展他们对科学本质的理解，使他们初步学会探究解决问题的方法和策略，为其终身可持续发展奠定基础。儿童要形成这种科学探究素养，掌握科学方法与能力是基础。

科学方法与能力是指儿童在科学探究过程中运用的方法或技能，它更多强调的是"手动"兼"心动"，即在探究过程中儿童动手操作与动脑思考并重的精神。古语讲"授人以鱼，不如授人以渔"，这充分说明了方法、技能的重要性，在学前儿童科学教育中也是如此。儿童只有学会了方法和技能，才有可能主动参与科学活动，在活动过程中独立、积极地探究、操作、发现，充分地体现自己的主体力量，体验探究的过程，从而获取对周围物质世界丰富而广泛的经验，摆脱被动接受科学知识的状态。

美国《国家科学教育标准》曾明确提出："学习科学是学生们要亲自动手做而不是要别人做给他们看的事情。"[②] "探究是一种多侧面的活动，需要做观察；需要提出问题……需要运用各种手段来搜集、分析和解读数据；需要提出答案、

---

① 转引自刘德华. 西方科学教育价值取向的历史演变［J］. 教育探索，2003（10）：38-40.
② 美国国家研究理事会. 美国国家科学教育标准［M］. 戢守志，等译. 北京：科学技术文献出版社，1999：26.

解释和预测；需要把研究结果告之于人。"① 因此，进行科学探究学习需要具备一定的科学程序能力，如观察、描述、实验、解释、检验、交流等。在美国科学促进会所认定的 11 项科学程序能力中，较适合学前儿童的有 6 项：观察、分类、测量、计算、实验、预测。结合我国学前儿童科学教育的实际情况，我们认为，在科学方法和能力上应着重培养观察、分类、预测与推断、操作与实验、测量、沟通。

1. 观察

观察是科学探究的开始，是儿童运用感官摄取外界信息、获取第一手资料最直接的方法，更是进一步作推论的基础。对于儿童来说，由于其逻辑推理能力比较有限，他们获取科学经验的途径就更多地依赖直接的观察。因此，教师应鼓励儿童运用多种感官（视觉、听觉、触觉、味觉、嗅觉等）主动地去感知，积极地作用于周围世界。教师应给予儿童观察的焦点问题来引导他们获取各方面的信息，如"蚱蜢是怎样移动身体的？""虫宝宝的身体是什么样的？由几个部分组成？""蚯蚓是怎么爬行的？蚯蚓身上有没有骨头？""蚂蚁有几对足、几对触角？"此外，教师也可以鼓励儿童从不同角度、方位来观察事物，通过观察获得大量的感性材料，为下一步的科学探究打基础。"所有科学的本质都在于观察。最终，通过观察，人们才能提出可供调查的问题和现象。所以我们必须发展儿童的观察能力，以使儿童能够准确、全面地进行观察，尤其使他们能够发现非预期的结果。幼儿园教师必须为儿童创造尽可能多的观察机会，必须把观察渗透到每日计划的各个方面，并且我们有责任帮助儿童发展、增强、深化和掌握他们的观察能力。"②

2. 分类

分类是科学探究中不可缺少的一种基本技能，分类是观察活动的延续，也是儿童形成初步的科学概念的途径。所谓分类就是把一组物体按照特定的标准加以区分的过程。它能帮助儿童把周围事物组织成一个部分或集合，有助于儿童在认识事物多样性的同时，认识它们的共性；有助于提高儿童初步概括的能力；也有助于儿童探究事物之间的关系。有关研究表明，五岁半左右的儿童已经开始有能力看出事物内在的一些相似之处。由此，儿童完全可以进行一些初步的分类活动，如按照物体的某一或某些外部特征进行分类（一维或多维分类），也可以对

---

① 美国国家研究理事会. 美国国家科学教育标准［M］. 戢守志，等译. 北京：科学技术文献出版社，1999：30.

② 参见马丁. 建构儿童的科学：探究过程导向的科学教育［M］. 杨彩霞，等译. 北京：北京师范大学出版社，2006：41-42.

较为熟悉的物体按其本质属性（如是否是昆虫）等来分类。

"分类是贯穿整个科学活动过程的一种能力。儿童根据观察某一事件的多个样例得出结论，需要分类能力；儿童在形成假设和设计实验的过程中要识别变量，也离不开这一能力……随着你不断地进行科学探究活动，你就会越来越认识到熟练的分类在掌握科学过程相关能力中的作用。"[①]

3. 预测与推断

预测是预先猜想可能会发生的情况；推断是人们根据个人经验对观察结果的理解与解释。预测与推断有所不同，一个是基于目前现象预思未来状态，一个则是对目前的现象根据自己的经验提出形成之因及理由。例如，儿童午睡醒来，发现室内十分黑暗，推断可能是屋外乌云密布所致，预测不久可能会下大雨。再如，教师给儿童提供一些物品，如弹力球、小纸片、弹簧、猴皮筋、橡皮泥等，让儿童先猜测一下这些物品中哪些有弹性，哪些没有弹性，这就属于预测。接下来，教师让儿童逐个尝试操作每个物体，根据自己所观察到的现象来推断这些物体中哪些有弹性，哪些没有弹性。通过教师与儿童的讨论，儿童基本明确了所谓"弹性"就是给物体本身一个力，物体会变形；当这个力消失时，物体会恢复原样。如此进行思考、分析得出结论，就属于推断。预测与推断是科学探究中思维活动的开始，也是人最基本的思维能力，帮助与引导儿童掌握预测与推断的能力也是科学教育的根本任务之一。

在帮助儿童正确地掌握预测与推断能力时，要注意以下几点。

（1）预测与推断要有事实依据

虽然预测、推断是儿童的主观思维活动，但这并不是说儿童可以漫无边际地猜想。作为科学探究活动的技能，预测与推断必须是以一定的事实（如观察结果）或经验（在日常生活中积累的经验或所见现象）为依据。

（2）注意学前儿童经验的积累

预测与推断一般以人们过去的生活经验及所具有的知识为出发点，对观察结果及一些科学现象做出解释与理解。由于经验不足，或所依据的经验错误，儿童往往出现不合理或错误的推断，这除了要注意训练儿童的思维能力外，更为重要的是帮助儿童积累丰富的日常生活经验，避免由于经验的缺乏出现"想当然"的推断现象。

---

① 参见马丁. 建构儿童的科学：探究过程导向的科学教育［M］. 杨彩霞，等译. 北京：北京师范大学出版社，2006：56-57.

（3）预测、推断是一种学习过程

由于预测、推断不仅取决于儿童当前的观察结果，而且也取决于儿童过去的经验，因此从某种程度上说，预测、推断就是一种"学习"过程。在学前儿童科学教育中，教师要有意识地通过提问引发儿童旧有经验与当前经验的有机联系，尤其要注意帮助儿童解开认知的症结，从而引导儿童学会思考，对事物、现象做出合理的符合逻辑的解释，最终学会预测和推断。

4. 操作与实验

儿童的实验与操作虽然不像科学家那么精确，也不是建立在严密的逻辑推理基础之上，但也是儿童通过控制一些变量来观测发生的现象，从而揭示或验证某一科学结论的过程。例如，两个相同的物体在不同的斜坡上同时向下滚，其速度的差异如何？两个不同质量的物体在相同的斜坡上同时向下滚，其速度的差异如何？再如，有三种不同的溶剂——盐、味精、糖，在一个盛满水的瓶子里放上哪一种溶剂，放多少就可以使鸡蛋不沉下去而浮起来？这些都会涉及操作与实验。儿童的实验比较简单，只要是以行动或其他方式（如画图、口头表达等）发现、验证或推断结论的过程都是实验。儿童的实验不涉及假设、控制变量与严密实验结果分析等要素，重要的是通过尝试不同的操作方法，揭示操作与实验现象之间的关系。另外，儿童的科技制作活动往往涉及操作的技能，即儿童运用某些工具或材料，对客观对象或材料进行操作加工，或制作某一新产品的技能。例如，怎样使用电池、灯泡与电线，使灯泡发亮？如何制作小喷水壶？如何用榨汁机榨果汁？……需要注意的是，儿童的操作不同于平常的无目的的摆弄，因为操作作为一种科学活动，是有目的的，是为了制作、加工或改造新产品。操作也是有程序，先做什么，后做什么是有一定的步骤的，不是想做什么就做什么的单个动作，因为程序会直接关系到操作活动的成败。所以让儿童进行操作，是要培养儿童在科学活动中动脑与动手的能力，使儿童在动脑的基础上动手，在动手操作中不断地动脑，进而学会不断思考与修正自己的操作过程与结果。

5. 测量

"测量是帮助我们认识事物大小、重量、体积、冷热和时间等的科学方法。通过测量我们可以发现物体和事件的量化信息；通过测量我们可以了解自己的行为结果；通过测量我们还可以对不同物体或事件进行比较。"[①]

测量是借助各种不同类型的工具对周围世界的一种定量观察，是测定物体数

---

① 马丁. 建构儿童的科学：探究过程导向的科学教育 [M]. 杨彩霞，等译. 北京：北京师范大学出版社，2006：86.

量特征（长度、体积、重量、温度、时间等）的过程。在科学研究中使用的测量方法和内容是多样的，但对于儿童来说，物体多长（长度）、多大（体积）、多重（重量）、多少（数量）以及事件进行多久（时间）等是他们在日常生活中经常需要解决的问题，也是发展他们的测量技能的主要方面。学习运用数量描述事物能使儿童认识事物量的特征，对于儿童数量概念的发展有一定作用，同时也是儿童科学探究活动中的必备能力。儿童的测量能力比较多地应用在粗略估计的非正式测量中，即用一些简单的工具，如自己的手掌、尺子、一段绳子等进行自然测量，在获得量化信息的基础上，了解物体所具有的长短、大小、轻重、多少、时间等方面的属性，学会一些简单的测量方法。

6. 沟通

沟通是一项很重要的科学能力。在科学研究中，科学家通常以口头及书面报告、图表、公式等方式来与外界沟通，展现研究成果或表达疑问。通过这种沟通，科学家不仅可以向别人介绍自己的科学发现，阐明在科学活动中所遇到的问题，更重要的是可以从别人那里得到启发，帮助自己确诊问题，为进一步的研究打下基础。对于儿童来说，沟通也是科学探究活动中的一项重要能力。通过探究操作和实验，每个人都有自己的感受、体验和发现，头脑中会有许多刺激点、动觉经验和一些含糊或者处于半意识状态的东西。儿童需要通过思考形成想法，并通过与别人的沟通，澄清各种关系，把头脑里的模糊想法加工成有意义的解释。沟通能促使儿童不断思考，厘清所发现的事物特征和关系，明确自己的探究经历。同时，沟通还有助于儿童之间互相启发，为进一步的科学探究打下基础。

但要注意的是，儿童的沟通方式不同于科学家的沟通方式，儿童的沟通更多的是通过口头语言、肢体动作、图画、文字（涂鸦）、产品等来进行的。例如，当教师要求观察蚯蚓的儿童讲讲蚯蚓是怎样走路时，很多儿童就画出了蚯蚓蠕动的路线，也有的儿童趴在地上蠕动身体等。这些都是可以接受的，也是值得鼓励的，因为儿童展示了他对科学现象或概念的理解，只有理解了，他才能表达出来；通过儿童的沟通表达，教师才能了解儿童到底理解了没有，理解到什么程度。所以教师不仅要鼓励儿童勇于沟通，而且要仔细观察儿童的各种具体表现，以作为改进教学与进行评价的依据。

三、科学知识与经验

在科学知识与经验方面，学前儿童科学教育与以往有所不同，并不追求那种系统的科学知识体系，也不追求抽象水平的科学概念，而更多强调让儿童通过亲身经历科学探究和发现的过程来获得有关的经验与体验，在此基础上，形成表象水平的初级的科学概念。知识层面的目标就是引导儿童获取关于周围物质世界的广泛而丰富的科学、技术经验和具体知识，并以感性经验为基础，建立表象水平的初级的科学概念。

（一）引导学前儿童获取周围物质世界的广泛而丰富的科学、技术经验

儿童早期获得的科学、技术经验是指儿童在科学探究活动中，通过自己的观察、操作，直接感知和接触周围世界的事物而取得的经验。这些经验一般都来源于幼儿园的科学探究与操作活动，也包括儿童在日常生活中的各种活动，反映了儿童所接触的环境和他们感兴趣的事物。对于儿童来说，这种科学、技术经验就是他们经历的事件和操作的体验，是他们所感知的事物、现象给他们留下的印象。

关于科学教育的误解

儿童自出生起，就已开始从自身的周围环境中自发地获取一定的科学经验。然而，由于儿童生活经历的短暂、认识能力的局限，他们所获得的科学经验是贫乏的，而且往往是孤立零散的，甚至是幼稚可笑的。例如，儿童看到水壶里的水沸腾而冒出大量蒸汽时，就大喊"水壶冒烟了，冒烟了"，把蒸汽与烟雾混为一团，缺乏有关蒸汽的具体经验。但让知识经验及智力水平受限的儿童学习高度概括的科学知识，或仅仅通过对文字、符号的阅读理解来获取已概括的科学经验，显然是不可取的。为此教师应为儿童选择适合他们发展水平的科学活动和材料，为他们获取广泛的、丰富的科学经验创造良好的条件。在学前儿童科学教育中，教师需要不断地引导儿童通过亲自操作、探究、尝试，以自身的感觉器官获得具体的事实与第一手经验，从而达到对事物外部特征的感知或对一些科学现象的理解。因此，教师要帮助儿童修正自己已有的经验，使儿童原初的经验条理化、系统化。例如，教师想让儿童获得比较正确的"水果"概念，就必须引导儿童首先获取丰富的有关苹果、橘子、梨、香蕉、桃等的直接经验，在感知这些水果的大小、颜色、形状、品种、口味等不同特征的基础上，概括出大量相关的表象，进而初步建构"水果"的概念。儿童有关科学的感性知识和经验，可以在有计划的教学活动中获得，也可以在儿童自发的学习或游戏活动中获得。生活经验是否广泛、丰富、多样，将影响到儿童思维的发展及其对科学现象、科学概念的理解与解释。儿童科学、技术经验的获得不仅有助于其获得初级的科学概念，有助于其智力的发展，而且在某种意义上还能丰富其生活内容，使其生活更加充满生机与活力。

（二）引导学前儿童在操作探究活动中形成初级的科学概念

丰富儿童关于周围物质世界的科学、技术经验是学前儿童科学教育的重要方面，但更重要的还是要引导儿童形成初级的科学概念。如果学前儿童科学教育仅仅满足于儿童获得点滴、片段的具体事实与经验，会不利于儿童科学思维的发展，不能为儿童今后学习科学奠定基础。

科学经验是科学知识最低的层次，它不同于科学概念的地方在于科学经验是和具体的事物、现象联系在一起的；而科学概念则是对事物本质、抽象的认识，是对具体事物概括的结果。皮亚杰认为，概念是人把通过感知所获取的具体事物与经验就其相同点而组成的类的认识结构，所以概念是对事物或现象的共同本质特征的概括。学前儿童的思维以直观动作和具体形象为主，其思维发展程度决定了他们不可能获得抽象理论水平的科学概念，而只能获得一些具体表象支持的初级的科学概念，即学前儿童通过各种科学探究活动，在以看、听、触摸、尝、嗅等方式直接感知事物所获得的感性经验和具体事实的基础上，对所积累的科学经验组合、概括而得出的结论。它一般是由符号（词）代表的具有共同关键属性的一类物体、事情、情境等。它不同于科学经验的地方就在于初级的科学概念不是直接的具体事实，而是代表一类事物或现象所具有的属性。例如，"我手上的冰化了"，这是儿童获得的科学经验；"冰遇热会化成水"，就是儿童在感知水平上形成的初级概念。这里的"冰"已不仅仅是指儿童手上的那块冰，而是一般意义上的所有的"冰"，是指代表具有共同关键属性的一种固体物质，是对所有"冰"的外在、明显的共同特征和属性的概括，是一种概括化的表象。它既区别于具体的经验，也区别于真正抽象的概念。表象水平的初级概念有助于对科学概念的理解。一位老教育工作者曾回忆自己小时候生活在农村，经常接触各种田间作物，尽管不知道什么"单子叶植物"和"双子叶植物"，但它们的形象都印刻在脑中了。后来在大学里学习生物学课程，老师讲到"单子叶植物"和"双子叶植物"的概念，那些生活在城里的同学觉得非常抽象，而自己马上就联想到儿时的经历，就觉得很容易理解。可以说，儿童在具体的科学经验的基础上形成的初级的科学概念对于儿童的科学学习具有非常重要的作用。

1. 归纳、概括经验转化为概念性认知

表象水平的初级的科学概念可以把儿童在具体的科学探究活动中所获得的具体丰富而又孤立零散的科学经验归纳、概括出来，并以简化的方式，把具体的信息转化为概念性的认知结构，储存在儿童的大脑中，以便于记忆。

2. 增强所学知识的适用性与迁移性

儿童分散、片段的经验很难迁移到新的情境中帮助儿童理解新的经验，而初级概念是对一类事物或现象的类的认知结构，是对这一类事物和现象的概括，所以可以帮助儿童去理解新的经验，帮助他们将所获得的新经验同化到已有的概念、结构中，便于他们理解与接受新知识。

3. 促进智力的发展

儿童初级科学概念的形成，可以促进其智力的发展，尤其是有利于儿童从具体形象思维向抽象思维的过渡与发展，可以帮助儿童逐渐从以具体事物为对象的思考进入较为抽象的符号的、词语的思考。儿童初级科学概念的形成过程，实质上就是儿童思维的发展过程。

总之，学前儿童科学教育不仅要让儿童获得科学的经验与知识，更重要的是要让儿童在探究中发现与掌握科学探究的技能、方法，形成一些初级的科学概念，同时不断地体验科学的神奇、伟大，体验科学与人们生活的关系，体验科学对社会发展的意义，进而理解科学，热爱科学；在此过程中，提升儿童整体的科学素养，发展儿童良好的个性品质，促进儿童的全面发展。

问题思考

　　去幼儿园观摩和收集一个科学教育活动案例，分析这个活动涉及儿童哪些方面的科学知识与经验和相关的科学方法与能力、科学态度与精神。

第三节 学前儿童科学教育目标的结构与设计

提升学前儿童科学素养是需要通过一系列的活动来实现的。从目标到活动，期间经历了目标的层层细化与分解，也体现了学前儿童科学素养的形成需要在不同形式的活动中加以完成。

一、学前儿童科学教育目标的结构

学前儿童科学教育目标有不同的层次，从高到低，从远到近，从概括到具体，形成了如图 3-2 所示的结构：

图 3-2　学前儿童科学教育目标的结构图

（一）学前儿童科学教育的总目标

《纲要》明确指出科学领域的目标，即科学教育的总目标是：

（1）对周围的事物、现象感兴趣，有好奇心和求知欲；

（2）能运用各种感官，动手动脑，探究问题；

（3）能用适当的方式表达、交流探索的过程和结果；

（4）能从生活和游戏中感受事物的数量关系并体验到数学的重要和有趣；

（5）爱护动植物，关心周围环境，亲近大自然，珍惜自然资源，有初步的环保意识。

总目标原则性地指出了学前儿童科学教育的方向，是学前儿童三年科学学习所要达成的结果，是学前教育目标的重要组成部分，具有相对的独立性和较强的特殊性。学前儿童科学教育的总目标强调儿童的探究，强调保护儿童的好奇心和求知欲，强调动手动脑，强调在探索中获取科学的经验和知识，彻底改变了传统的学前儿童科学教育只注重系统的科学知识传授的取向，凸显了科学态度和精神、科学方法和能力、科学知识和经验三位并重的趋势。

（二）学前儿童科学教育的年龄阶段目标

年龄阶段目标是总目标在学前教育各年龄阶段的具体体现，是总目标的具体化，是中观的目标。《纲要》中关于学前儿童科学教育的总目标比较概括，比较长远，是学前儿童三年科学学习要实现的目标。年龄阶段目标按不同年龄儿童的发展水平作具体的划分和分解，以使目标更为清晰、短近、具体。

过程导向的指导探究教学法说明

下面呈现《指南》中关于科学探究三个年龄段的发展目标。

目标 1　亲近自然，喜欢探究

3~4 岁	4~5 岁	5~6 岁
1. 喜欢接触大自然，对周围的很多事物和现象感兴趣 2. 经常问各种问题，或好奇地摆弄物品	1. 喜欢接触新事物，经常问一些与新事物有关的问题 2. 常常动手动脑探索物体和材料，并乐在其中	1. 对自己感兴趣的问题总是刨根问底 2. 能经常动手动脑寻找问题的答案 3. 探索中有所发现时感到兴奋和满足

目标 2　具有初步的探究能力

3~4 岁	4~5 岁	5~6 岁
1. 对感兴趣的事物能仔细观察，发现其明显特征 2. 能用多种感官或动作去探索物体，关注动作所产生的结果	1. 能对事物或现象进行观察比较，发现其相同与不同 2. 能根据观察结果提出问题，并大胆猜测答案 3. 能通过简单的调查收集信息	1. 能通过观察、比较与分析，发现并描述不同种类物体的特征或某个事物前后的变化 2. 能用一定的方法验证自己的猜测

续表

3~4岁	4~5岁	5~6岁
	4. 能用图画或其他符号进行记录	3. 在成人的帮助下能制定简单的调查计划并执行 4. 能用数字、图画、图表或其他符号记录 5. 探究中能与他人合作与交流

目标3　在探究中认识周围事物和现象

3~4岁	4~5岁	5~6岁
1. 认识常见的动植物，能注意并发现周围的动植物是多种多样的 2. 能感知和发现物体和材料的软硬、光滑和粗糙等特性 3. 能感知和体验天气对自己生活和活动的影响 4. 初步了解和体会动植物和人们生活的关系	1. 能感知和发现动植物的生长变化及其基本条件 2. 能感知和发现常见材料的溶解、传热等性质或用途 3. 能感知和发现简单物理现象，如物体形态或位置变化等 4. 能感知和发现不同季节的特点，体验季节对动植物和人的影响 5. 初步感知常用科技产品与自己生活的关系，知道科技产品有利也有弊	1. 能察觉到动植物的外形特征、习性与生存环境的适应关系 2. 能发现常见物体的结构与功能之间的关系 3. 能探索并发现常见的物理现象产生的条件或影响因素，如影子、沉浮等 4. 感知并了解季节变化的周期性，知道变化的顺序 5. 初步了解人们的生活与自然环境的密切关系，知道尊重和珍惜生命，保护环境

　　但《指南》中关于幼儿科学探究的三个年龄段的目标还略显宽泛，有学者根据学前儿童不同年龄阶段身心发展特点及科学经验水平的不同，把学前儿童科学教育目标按年龄阶段进行了分解，如表3-1所示。

表 3-1 学前儿童科学教育的年龄阶段目标 [①]

	3~4 岁	4~5 岁	5~6 岁
科学态度与情感	（1）乐意参加科学活动 （2）喜爱动植物，能注意周围的自然环境 （3）开始表现出探索自然现象和参与制作活动的兴趣	（1）能主动参加科学活动 （2）喜欢探究周围的自然界 （3）关心、爱护动植物和周围的自然环境 （4）愿意参加制作活动	（1）喜欢并能较长时间参与科学活动 （2）能主动探索周围自然界并能发现问题、提出问题、寻求答案 （3）能关心、爱护自然环境 （4）能集中于自己的制作活动
科学方法与能力	（1）了解各种感官在感知中的作用，学习运用各种感官感知的方法，发展感知能力 （2）能从一组物体中根据一个或两个特征，挑出物体，归入一类 （3）能通过观察知道物体数量的差别 （4）能以词汇或简单的句子以及非语言的方式描述事物的特征或自己的发现，与成人或同伴进行交流 （5）学习使用日常生活中常用科技产品的简单方法，参与简单的制作活动	（1）能综合运用多种感官感知事物的特征，发展观察力 （2）能按照指定的标准对物体进行简单分类 （3）学习运用简单的工具进行测量的方法 （4）能以自己的语言及符号、图像等方式描述自己的发现，并与成人或同伴进行交流 （5）学习使用常见科技产品的方法，运用简单工具进行制作活动	（1）能主动运用多种感官观察事物，学习观察的方法，发展观察力 （2）能按照自己规定的不同标准对物体进行分类 （3）学习使用标准量具进行测量，并学习正确的测量方法 （4）能以语言与符号、图像、数字等方式与成人或同伴交流自己的发现、探索过程和方法，表达存在的问题和自己的愿望 （5）继续学习使用常见科技产品的方法，运用简单工具、多种材料进行制作活动，并能发现物品和材料的多种功能
科学知识与经验	（1）观察周围自然现象的明显特征，并获取粗浅的科学经验 （2）观察常见的几种动植物，并初步了解它们与人、环境的关系 （3）观察常见的几种无	（1）了解四季的特征及其与人们生活的关系 （2）观察简单的理化现象，获取感性经验 （3）获取有关自然环境中有生命物质、无生命物质及其与人类有关的	（1）获取有关季节与人类、动植物、环境等关系的感性经验，形成春、夏、秋、冬四季更换的初步概念 （2）探索周围生活中常见的理化现象，获取有关的科学经验

---

① 整理自：施燕. 学前儿童科学教育［M］. 北京：中央广播电视大学出版社，2007：57-58.

续表

	3~4 岁	4~5 岁	5~6 岁
科学知识与经验	生命物质，并初步了解它们与人、环境的关系 （4）观察日常生活中几种人造物品的特征及其用途	具体经验 （4）了解不同环境中某些动植物的形态特征、生活习性、生长过程 （5）了解周围生活中的某些科技产品及其与人们的关系	（3）初步了解各种环境中的动植物及其与环境的相互关系 （4）了解能理解的或能接触到的现代社会生活中的科技产品及其对人类的影响

（三）学前儿童科学教育的单元目标

学前儿童科学教育的单元目标是指一个单元的教育目标。所谓单元目标一般有两种：一种是时间单元目标，即在一段时间内所要达到的科学教育目标，如在一个月或一周内要达到的目标，这时的单元目标相当于月计划或周计划中的目标。另一种是主题活动单元目标，即内容单元目标，是以一个主题为核心而开展的科学教育活动所要达成的目标，例如"有趣的磁铁"或"光与影"等。目前大多数幼儿园科学教育的活动是通过主题活动来完成的，所以年龄阶段的科学教育目标需要分解到一个个主题活动中来落实。下面列举 3 个主题活动的目标。

1. 大班主题活动"小水滴旅行记"的目标

（1）积累有关水的特性（无色、无味、透明、流动的液体，有浮力、张力、渗透、溶解等现象）的感性经验。

（2）感受水的三态变化，产生探索欲望。

（3）联系生活经验，初步了解在不同的天气状况下水的不同状态，了解它们与人们生活的关系。

（4）了解水与人类的关系，增强节约用水、保护水资源等环保意识。

2. 中班主题活动"小蝌蚪找妈妈"的目标

（1）了解蝌蚪的外形特征，获得有关青蛙生长过程的经验。

（2）知道做事要坚持、认真、有责任，萌发关爱及保护动物的情感。

3. 小班主题活动"酸酸甜甜的水果"的目标

（1）观察常见水果的特征，引发探究水果的兴趣。

（2）尝试用多种方式表达对水果的认识和喜爱之情。

（3）了解水果和人们生活的关系，知道水果的多种吃法。

（4）知道多吃水果有益健康。

（四）学前儿童科学教育活动目标

学前儿童科学教育活动目标，是指一次具体的科学教育活动所要达到的目标，是科学教育中最下位、最具体的目标。它必须根据科学教育的总目标、年龄阶段目标，结合科学教育单元目标及具体科学活动的内容和特点制订，是比较微观、具体、可操作的目标。例如：

1. 大班科学教育活动"让影子消失"的目标

（1）尝试用各种方法让影子消失，反向了解影子产生的条件，发现"形影不离"的现象。

（2）体验大胆猜测、亲自验证的探究过程，萌发尊重事实的科学态度。

2. 中班科学教育活动"磁铁本领大"的目标

（1）尝试利用磁铁吸铁的特性辨别铁制物体和非铁制物体。

（2）大胆探索并尝试用简单的方式记录自己的发现。

3. 区域活动"做风车"的目标[①]

（1）能通过观察拆开做好的风车，学习选择合适的材料做风车。

（2）会用自己的方法玩风车，发现让风车转起来、转得快的方法。

4. 区域活动"新年礼物"的目标

（1）知道碎纸泡在水里一段时间后会变软。

（2）知道纸浆可以塑形。

（3）能用纸浆做自己喜欢的造型，并进行装饰。

以上四个层次的科学教育目标，从高到低，从远到近，从概括到具体，构成了一个金字塔形的目标层次结构。各目标之间相互衔接、相互联系，体现了学前儿童心理发展及科学经验获得的层次递进性。

二、学前儿童科学教育目标的设计

目标是教育活动的灵魂，也是教育活动的方向。学前儿童科学教育目标需要通过有计划的设计来加以实现。当然，教师也要关注学前儿童在学习科学过程中的偶发契机，在适当的情境下及时生成目标。下面主要以科学教育的主题活动目标和单个科学教育活动目标的设计为例加以说明。

声音：振动，咯咯声，隆隆声

---

① 张俊. 幼儿园科学教育［M］. 北京：人民教育出版社，2004：131-132.

（一）科学教育主题活动目标设计

主题活动是指在一段时间内（如可以是一周或三周，也可以是一个月），围绕事先选择的主题组织的教育活动。它改变了传统的单学科设计，围绕主题，通过系列活动完整地将儿童要学习的某一科学内容有机地整合和联系在一起。教师在制订科学教育主题活动目标时要注意以下三点。

（1）目标的表述要明确、简洁，与上层目标（年龄阶段目标或学期目标、月目标）的关系要密切、直接。

（2）科学教育主题活动目标涵盖面要全，既要有科学知识和经验的学习，也要包括能力的培养、操作技能的形成，还要包括科学态度、情感的养成。当然，目标要有所侧重，但必须兼顾各方。因为科学教育主题活动是在一段时间内进行的，所以与单个科学教育活动不同，必须保证目标的全面性。

（3）科学教育主题活动的每一个目标都要有代表性，每一个目标都应是单独的内容，目标之间不交叉重叠。

如主题活动"消逝的恐龙"的目标为：

（1）学习用查阅资料、观察比较、测量、讨论等方式探究恐龙，萌发探究恐龙秘密的兴趣。

（2）获得对恐龙外形、种类、生活习性等方面的认识，积累关于恐龙与人类关系的相关经验。

（3）尝试与同伴合作，运用多种艺术形式表达对恐龙的认识与感受。

在这个主题活动中，儿童通过系列的活动，在教师的引导下，通过"城里来了大恐龙"的观察欣赏，"我知道的恐龙"的谈话，"恐龙有多高"的自然测量，"恐龙喜欢吃什么"的调查，"恐龙名片"的制作，以绘画、泥塑、拼插、纸箱造型表现"我眼中的恐龙"，以及"恐龙到哪里去了"的分享交流，"搭建恐龙家园"的建构活动，了解了恐龙的外形、种类、生活习性及其与人类的关系等相关的科学经验，也在活动中发展了观察、交流、测量、制作等科学方法和能力，同时萌发了探究恐龙的兴趣，也方式多样地表达了对恐龙的认识和感受。具体活动见表3-2。

表3-2　大班主题活动——消逝的恐龙

1	城里来了大恐龙
2	我知道的恐龙
3	恐龙有多高
4	恐龙喜欢吃什么

续表

5	恐龙名片
6	我眼中的恐龙
7	恐龙到哪里去了
8	搭建恐龙家园

（二）单个科学教育活动目标设计

单个科学教育活动目标是指一次具体的科学教育活动所要达成的目标，即在一次幼儿园集体教学或小组活动单位时间内进行的科学教育活动所要达成的目标。一般来说，在我国特有的教育背景下，幼儿园很注重这种以集体或小组形式开展的科学教育活动。这种科学教育活动目标明确，内容精选，教学设计也较严密。但在实践中科学教育活动仍存在很多问题，其中目标设计方面的问题是不容忽视的。下面结合幼儿园具体的科学教育活动对其目标设计方面存在的问题加以分析。

1. 科学教育活动目标的制订要具体，凸显科学活动的关键经验

案例 3-2

变变变俱乐部（大班）①

活动目标：

（1）通过材料的操作懂得事物是可以变化的。

（2）大胆尝试用各种方法变化事物，体验变化的乐趣。

活动准备：

各种纸（报纸、皱纹纸、A4打印纸等）、回形针、吸管、夹子、绳子、剪刀、固体胶等。

活动过程：

（1）引出课题：教师示范用报纸揉成纸球和用回形针弯成小钩子的过程，激发儿童产生变的兴趣。

（2）儿童分组操作，尝试使物体发生变化。

（3）交流分享：介绍变化的过程，展示变化的结果。

---

① 笔者在幼儿园的听课记录。

案例：管道研究

这个活动的目标制订得过于宽泛，不具体。教师没有抓住科学教学活动的关键经验，因而就出现了儿童在活动中有操作、有交流，但无关键经验（或核心经验）获得的情况，活动过程成了走环节。问题的核心就在于目标设计没有清晰地凸显儿童通过一个活动必须获得的具体的科学经验，如果目标设计得再具体一些，教师的指导及儿童的学习会更为有效。教师可以在目标上做这样的调整：

（1）尝试通过改变材料的形状、大小、功能等（揉、剪、贴、折）而使事物发生变化。

（2）感受事物是可以变化的，体验变化的乐趣。

再如，下面的这个科学教育活动，在目标的制订上也同样犯有不具体、泛化和关键经验不凸显的问题。

案例 3-3

顶纸板（大班）①

活动目标：

（1）感知不同形状的纸板都有一个能顶起来的点，体验顶起纸板的成功喜悦。

（2）探索哪些物体能更容易顶起纸板，积累使物体平衡的有益经验。

（3）体验交流、分享经验的乐趣。

活动准备：

（1）顶盘杂技表演图片。

（2）每组一套正方形、正三角形、圆形、长方形纸板，记号笔，固体胶，铅笔，牙签。

活动过程：

（1）欣赏杂技顶盘图片，引起儿童的操作兴趣。

（2）试一试，用记号笔顶纸板。

第一次实验：儿童自由尝试顶纸板，讨论成败的原因。（顶在中间，找到平衡点。）

展示、讨论实验结果。

小结：原来在这些不同形状的纸板上，都能找到一个能顶起来的点。

（3）比一比，用什么更容易顶起纸板。

---

① 笔者在幼儿园的听课记录。

> 分别用固体胶、铅笔、牙签顶不同形状的纸板。儿童操作，并记录。
>
> 交流探索结果：顶的面是平平的，而且这个平面越大就越能方便地、稳稳地顶起纸板。
>
> 儿童与教师一起用一只手指顶起纸板走出活动室。

在这个活动中，科学的关键经验应是：（1）学习找到平面纸板中心点的方法（有规则图形对折找中心点的方法）；（2）感知物体的平面越大，越容易顶起来。然而，该活动目标设计中却没有明确这个关键经验，导致目标模糊、泛化。

2. 科学教育活动目标的制订要注意年龄的适宜性

幼儿园科学教育活动目标的制订除了要关照一个单位时间内活动目标是否具体、可操作外，还要依据儿童的科学教育水平，考虑目标的年龄适宜性，使目标既建立在儿童的已有经验水平上，同时又具有一定的挑战性。

如小班科学教育活动"空气在这里"[①]的目标：

（1）体会空气就在我们周围，我们看不见也摸不着它，但也离不开它。

（2）运用多种身体感官感知空气的存在，通过探索提高对周围事物的兴趣。

在活动中教师企图通过给气球充气和放气来让儿童知道空气看不见、摸不着，但空气就在我们身边。空气靠眼睛看不到，靠小手也摸不到，尽管儿童做了很多探索感知活动，但当儿童与教师交流时，儿童始终认为气球放气了，空气就没有了。儿童也很难理解空的瓶子里是有空气的。因而这样的内容对于小班儿童是不适宜的。在让小班儿童感知探索要选择具体形象的、可以感知的、可以直接体验的内容来进行。空气看不见、摸不着，是无形的，儿童无法感知，因而也就无法理解。

下面的这个科学教育活动目标定位就很准确，比较适合小班儿童。

小班科学教育活动"圆圆的肚脐"[②]的目标：

（1）感知每个人的肚脐是不一样的。

（2）进一步认识肚脐，了解肚脐的由来。

3. 注意科学教育活动目标的表述方式

表述活动目标一般有两种方式：从教师角度表述和从儿童角度表述。从教师角度表述，发出动作的主体是教师，如"引导儿童在操作、探究中发现并理解三脚架稳定的特性"；从儿童角度表述，发出动作的主体是儿童，如"观察、猜想

---

① 笔者在幼儿园的听课记录。

② 资料由杭州师范大学附属幼儿园徐艳老师提供。

和比较常见物体在放大镜下奇妙的视觉效果"。目前，多倾向于从儿童角度来加以表述，因为课程是儿童的课程，儿童是学习的主体，从儿童角度表述更能体现尊重儿童的理念。另外，科学教育活动提倡在活动目标表述上，加上一些具体的手段。因为科学学习与其他领域的学习有很大的不同，即儿童是在观察、比较、操作、探究等活动中获得科学知识和经验，掌握科学方法和能力，形成科学态度和精神的。离开了具体活动手段的支撑，科学学习很难达到理想的效果。下面的大班科学教育活动—认识啄木鸟 [①] 的目标表述就缺少具体活动手段：

（1）乐意观看啄木鸟的视频，了解啄木鸟的身体结构和生活习性及与环境的关系。

（2）观察、发现啄木鸟独特的生活方式，并与同伴积极互动，表达自己的看法。

4. 活动目标与活动内容不要混淆

幼儿园科学教育活动在目标制订上还有一个普遍的问题，即很多教师经常把目标与内容混淆。如中班科学教育活动"放大镜"的目标：

（1）观察、猜想和比较常见物体在放大镜中的视觉效果。

（2）尝试使用放大镜进行细致的观察。

在这个活动目标中，目标（2）表述的不是活动结束时儿童要达到的水平，而是活动的基本内容。我们都知道，活动目标是活动结束后儿童应该能够达到的水平、获得的经验，而活动内容则表明的是活动所要进行的具体方面，二者是不等同的。上述这个目标就把"活动目标"和"活动内容"混淆了。

▮▮▮ 小　结 ▶▶▶

本章主要讨论了以下几个问题：学前儿童科学教育的目标定位、学前儿童科学教育的目标分析、学前儿童科学教育目标的结构及活动目标的设计。

基于对学前儿童科学教育历史的回顾及对现实中学前儿童科学教育实践的反思，我们得出：学前儿童科学教育的目标定位或宗旨是提升学前儿童的科学素养。

学前儿童科学教育目标包含与科学素养内涵一致的三个方面，即科学态度与精神、科学方法与能力、科学知识与经验。具体是指，在科学态度与精神方面，保护与激发学前儿童的好奇心、探究欲；培养学前儿童关爱生命、珍爱自然的积极情感，建立人与自然的和谐关系；奠定学前儿童的科学价值观。在科学方法与

---

① 资料由浙江省特级教师朱静怡老师提供。

能力方面，要逐渐提升学前儿童的观察、分类、预测与推断、操作与实验、测量、沟通等能力。在科学知识与经验方面，要引导学前儿童获取周围物质世界的广泛而丰富的科学、技术经验；引导学前儿童在操作探究活动中形成初级的科学概念。

学前儿童科学教育目标包括学前儿童科学教育的总目标（科学领域目标）、年龄阶段目标、单元目标及具体的活动目标，目标层次从高到低、从远到近、从概括到具体。单个科学教育活动目标的设计要注意：目标的制订要具体，要凸显科学活动的关键经验；要注意年龄的适宜性；注意科学教育活动目标的表述方式；活动目标与活动内容不要混淆。

▍▍▍思考与实践 ▶▶▶

1. 为什么说学前儿童科学教育的目标或宗旨是提升学前儿童的科学素养？

2. 请分析学前儿童科学教育目标的具体内容。

3. 请依据《纲要》分析学前儿童科学教育的总目标并进行解读。

▍▍▍延伸阅读 ▶▶▶

1. 马丁. 建构儿童的科学：探究过程导向的科学教育［M］. 杨彩霞，等译. 北京：北京师范大学出版社，2006.

该书主要帮助人们了解如何利用建构主义的方法开展早期儿童的科学教育。在呈现了早期儿童科学教育的目标基础上，阐释了建构主义的本质及探究作为建构主义学习的一个基本标志。此外还介绍了 12 种基本科学过程。

2. 夏洛，布里坦. 儿童像科学家一样：儿童科学教育的建构主义方法［M］. 高潇怡，梁玉华，孙瑾，译. 北京：北京师范大学出版社，2006.

该书的第一、二章主要分析了两个方面的内容：儿童是理论建构者和科学的建构主义课程模式，对于我们理解科学的概念，理解儿童是理论建构者，理解建构主义与科学教育很有启发。

3. 王志明. 学前儿童科学教育［M］. 南京：南京师范大学出版社，2001.

该书第二章详细介绍了学前儿童科学教育目标制订的依据，对学前儿童科学教育总目标做了分析，也具体阐明了学前儿童科学教育三个方面目标的关系，最后详细分析了幼儿园各年龄阶段科学教育的目标及各目标层次之间的关系。

4. 施燕. 学前儿童科学教育［M］. 北京：中国广播电视大学出版社，2007.

该书第二章详细阐述了学前儿童科学教育目标的层次结构和分类结构，并具体分析了学前儿童科学教育的总目标、年龄阶段目标及单元目标、活动目标，最后论述了学前儿童科学教育目标确立的依据及原则，对于我们理解学前儿童科学教育的目标有一定的参考作用。

第四章

学前儿童科学教育的内容

■■ 内容导航 ▶▶▶

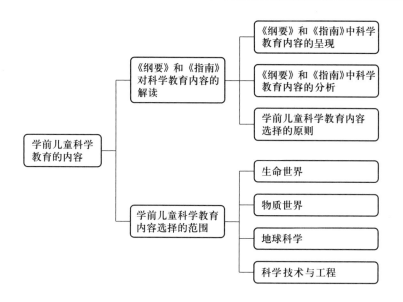

■■ 学习目标 ▶▶▶

1. 正确理解《纲要》和《指南》中的科学教育内容。

2. 理解学前儿童科学教育内容选择的原则，并能利用这些原则分析、指导实践。

3. 正确理解与初步掌握学前儿童科学教育内容选择的范围。

▌▌引 言 ▶▶▶

一个中班教师组织幼儿参观了当地的天体博物馆后，发现幼儿对宇宙、星球表现出了浓厚兴趣。经常有幼儿问"火星上有火吗？""水星上是不是全是水啊？"……为此，教师便考虑组织开展一个有关宇宙方面的主题活动，将太阳、月亮与地球之间的关系渗透其中。

你认为这个教师的想法是否可行？如果在中班开展宇宙方面的主题活动，切入点与重点应放在哪些方面？这就涉及学前儿童科学教育内容选择的问题了。

学前儿童科学教育的内容是实现学前儿童科学教育目标的重要载体和媒介。学前儿童科学教育内容选择的原则与范围是保证学前儿童科学教育顺利、有效开展的基础。本章在深入解读和分析《纲要》与《指南》中学前儿童科学教育内容的基础上，提出具有指导性与操作性的学前儿童科学教育内容选择的基本原则，进而确定学前儿童科学教育内容选择的范围。

第一节 《纲要》和《指南》对科学教育内容的解读

《纲要》和《指南》虽然没有对学前儿童科学教育的内容范围作出明确规定，但《纲要》的"内容与要求"部分和《指南》的"教育建议"部分暗含相关内容，其中蕴含与体现了诸多新理念，这对学前儿童科学教育内容的选择具有指导意义。

一、《纲要》和《指南》中科学教育内容的呈现

《纲要》并没有明确规定学前儿童科学教育的内容范围，只是提出了七条"内容与要求"，具体如下：

（1）引导幼儿对身边常见事物和现象的特点、变化规律产生兴趣和探究的欲望。

（2）为幼儿的探究活动创造宽松的环境，让每个幼儿都有机会参与尝试，支持、鼓励他们大胆提出问题，发表不同意见，学会尊重别人的观点和经验。

（3）提供丰富的可操作的材料，为每个幼儿都能运用多种感官、多种方式进行探索提供活动的条件。

（4）通过引导幼儿积极参加小组讨论、探索等方式，培养幼儿合作学习的意识和能力，学习用多种方式表现、交流、分享探索的过程和结果。

（5）引导幼儿对周围环境中的数、量、形、时间和空间等现象产生兴趣，建构初步的数概念，并学习用简单的数学方法解决生活和游戏中某些简单的问题。

（6）从生活或媒体中幼儿熟悉的科技成果入手，引导幼儿感受科学技术对生活的影响，培养他们对科学的兴趣和对科学家的崇敬。

（7）在幼儿生活经验的基础上，帮助幼儿了解自然、环境与人类生活的关系。从身边的小事入手，培养初步的环保意识和行为。

《指南》也没有明确规定学前儿童科学教育的内容范围，但从科学探究目标之后的"教育建议"部分可见一斑，总结如下：

（1）通过户外活动、参观考察、种植和饲养活动，感知生物的多样性和独特性，以及生长发育、繁殖和死亡的过程。

（2）支持幼儿在游戏过程中探索并感知常见物质、材料的特性和物体的结构特点。

（3）引导幼儿关注和思考动植物的外部特征、习性与生活环境对动植物生存的意义。

（4）引导幼儿根据常见物质、材料的特性和物休的结构特点，推测和证实它们的用途。

（5）引导幼儿体会动植物、季节变化与人们生活的关系、常见灾害性天气给人们生产和生活带来的影响等。

（6）和幼儿一起讨论常见科技产品的用途和弊端。

二、《纲要》和《指南》中科学教育内容的分析

《纲要》中科学领域的"内容与要求"以及《指南》科学探究中的"教育建议"，较之以前我国幼儿园中常识课的内容不仅在范围上有了很大拓展，更重要的是在理念方面有了提升、发展与更新，主要表现在以下几个方面：

（一）生活取向

幼儿园课程的一个基本特点是生活性，强调课程内容源于、高于进而回归幼儿的生活，这在《纲要》和《指南》所提的科学教育内容中得到了充分体现，多处强调"身边常见事物和现象""周围环境""季节变化和常见天气与生活的关系和影响""生活或媒体中幼儿熟悉的科技成果""在幼儿生活经验的基础上"。

（二）儿童取向

儿童独特的心理发展水平，决定了其学习与建构科学的过程与结果具有许多不同于成人的特点。有学者明确指出，"儿童有自己的科学""从儿童对周围的环境好奇、（出声或不出声的）发问、观察并对现象进行解释，这一过程我称为

'儿童的科学'"[①]。周淑惠指出学前儿童的科学概念与思考具有四个特点：天真直觉性、脆弱不稳性、建构思考性、个别差异性。[②]

《纲要》和《指南》提出的科学教育内容体现了对"儿童的科学"的尊重与强调，倡导儿童积极主动地建构科学而非被动接受科学的理念，明确提出"让每个幼儿都有机会参与尝试""引导幼儿积极参加小组讨论、探索""应注重引导幼儿通过直接感知、亲身体验和实际操作进行科学学习"。

（三）多维取向

我国曾在很长一段时间内将幼儿园科学教育称为"常识课"，主要向儿童传授最基本、最常见、最常用的知识或者称为常识，将常识课的内容局限于知识，即"知识中心"。随着常识课被科学活动、科学教育所取代，学术界与实践领域均对幼儿园科学教育中的"知识中心"倾向进行了不同程度的批判。

正是在此背景下，《纲要》和《指南》并未直接明确规定科学教育内容的范围，突破了"知识中心"的窠臼，在科学教育内容中关注科学知识（动植物、常见物体材料、事物的关联性、自然与生活、科技与生活等）的同时，更突出强调了科学态度与科学能力，明确提出"产生兴趣和探究的欲望""支持、鼓励他们大胆提出问题""学习用多种方式表现、交流、分享探索的过程和结果""培养他们对科学的兴趣和对科学家的崇敬"等，实现了从科学知识、科学态度、科学技能等不同维度理解学前儿童科学教育内容的飞跃。

资料链接

　　幼儿园课程内容的范围包括三个方面：（1）有助于幼儿发展的基本知识；（2）有助于幼儿发展的基本态度；（3）有助于幼儿发展的基本行为。[③]

（四）生态取向

"生态"一词最初见于生态学，是指在一定地域（或空间）内生存的所有生物之间、生物与其所处环境之间的相互关系，强调系统中各个因素之间的相互联系、相互作用以及功能上的统一，含有系统、整体、联系、和谐、共生和动态平

---

① 刘晓东. 儿童精神哲学［M］. 南京：南京师范大学出版社，1999：115，116.
② 参见周淑惠. 幼儿自然科学概念与思维［M］. 台北：心理出版社，2003：187-189.
③ 王春燕. 幼儿园课程概论［M］. 3 版. 北京：高等教育出版社，2019：68-69.

衡之意。①"生态"的核心实质是强调联系，包括不同生物、生物与环境等彼此之间的联系。这种生态取向在《纲要》和《指南》提出的科学教育内容中得到了体现，明确提出了"引导幼儿感受科学技术对生活的影响""帮助幼儿了解自然、环境与人类生活的关系"，"逐渐懂得热爱、尊重、保护自然""讨论常见科技产品对环境的污染"等，以及强调幼儿与同伴之间的合作与尊重。

三、学前儿童科学教育内容选择的原则

在知识爆炸的今天，纷繁复杂的科学内容充斥于生活的各个方面。那么，在学前儿童科学教育中，教师如何从众多科学内容中选取适宜的内容呢？根据学前儿童学习科学的特点以及科学内容本身的特点，借鉴《纲要》和《指南》提出的科学内容蕴含与体现的新理念，我们提出选择学前儿童科学教育内容应遵循以下四个原则。②

（一）科学性与启蒙性

科学性与启蒙性是学前儿童科学教育内容选择的首要原则。其中科学性是指科学教育内容应符合科学原理，不违背科学事实；启蒙性是指科学教育内容应粗浅，符合学前儿童的发展水平与理解能力，是激发学前儿童好奇心与科学探索、启示学前儿童科学学习的媒介。

这一原则要求教师在选择科学教育内容时，应尽量选择儿童生活中熟悉的、可以直接探索的并且是儿童可以理解的粗浅的内容。如中班可以选取磁铁、声音、镜子等作为科学教育的内容。这些内容便于儿童通过直接探索积极主动地建构科学经验，同时诸如观察、分类、测量等科学技能也会在此过程中得以发展与提升。

问题思考

大班开展"宇宙""天体""星球"方面的活动，请问：
（1）太阳、地球与月亮之间关系的内容是否适宜？为什么？
（2）"月相的变化"是否适宜？为什么？

---

① 秦元东. 生态式幼儿园区域活动初探 [J]. 学前教育（幼教版），2006（3）：12.
② 参见张俊. 幼儿园科学教育 [M]. 北京：人民教育出版社，2004：86-95.

（二）广泛性与代表性

广泛性指选择的内容应尽量涉及多方面，确保儿童获得广泛的科学经验，进而认识到世界的多样性和多变性，这也是幼儿园课程内容均衡性的内在要求。代表性指选择的内容应能典型反映某一领域的基本知识结构，进而为儿童今后系统的科学学习打下基础，如"物质不同存在状态"方面可以选取儿童常见且便于探索的水。

这一原则要求教师在选择科学教育内容的过程中，首先要从广泛的范围（包括儿童的日常生活、学科知识等）中选择内容。其次教师要衡量所选内容的代表性，特别是当可供选择的内容很多时，更要选取具有代表性的内容。最后教师还要衡量各部分内容之间的均衡性。

问题思考

> 在中班开展"交通工具"主题活动时，请问：
> （1）城市幼儿园教师应重点选取哪些内容？为什么？
> （2）偏僻农村幼儿园教师又应如何选取和确定内容呢？为什么？

（三）地方性与季节性

地方性与季节性是指内容选择应因地、因时制宜，结合当地的自然条件和季节特点。这就决定了即使相同的主题，如同样是在冬季开展有关"冬天"的主题活动，北方的教师选择诸如打雪仗、堆雪人、滑冰、滑雪等方面的内容是适宜的，但这些内容对生活在南方的儿童而言就未必适宜。

这一原则要求教师在选择科学教育内容的过程中，要立足当地，从当地儿童生活中常见的、熟悉的内容中选择，并且在开展时机方面要顺应季节的变化，如杭州的幼儿园在丹桂飘香的秋季开展认识桂花的内容就是适宜的，同样的内容放在北方的幼儿园开展就不适宜。

问题思考

> 东北某幼儿园中班教师围绕"梅雨"选择与确定了雨（水的循环、雨水的酸碱度）、梅雨（梅雨的形成、产生梅雨的地区、梅雨与生活的关系）。请问：
> （1）这些内容的选取合理吗？为什么？
> （2）如果是你，你会为哪里的哪个年龄层次的幼儿开展有关梅雨的主题活动？又会选取哪些方面的内容？为什么？

（四）时代性与民族性

时代性与民族性是指科学教育内容既要体现现代科技的发展，又要体现传统文化的特色。这一原则要求教师在选择科学教育内容的过程中，应注意选取儿童生活中常见的、先进的科学技术，如计算机网络、现代通信等，并选择介绍科学技术发展过程方面的内容，如"灯的发展"；与此同时，还要注意选取我国具有民族特色的内容，如丝绸、大熊猫等。

第二节　学前儿童科学教育内容选择的范围

　　学前儿童科学教育的内容是实现学前儿童科学教育目标的重要保证与媒介，也是开展学前儿童科学教育活动的重要依据。本书结合学前儿童科学学习的特点及《纲要》和《指南》的精神，借鉴美国《国家科学教育标准》（1996）和《下一代科学教育标准（2013）》相关理念与内容，参照"探究·体验·发现"的幼儿园科学教育内容体系[①]以及张俊等学者的相关观点，将学前儿童科学教育内容的范围确定为生命世界、物质世界、地球科学、科学技术与工程四个方面。此外，跨学科的学习内容也应纳入其中，以增强儿童对各门科学相互联系的认识及综合运用的能力。

　　学前儿童科学教育的内容并非儿童被动接受与直接内化的对象，而是儿童积极主动建构自己的科学的资源。儿童自身的主体发育水平[②]决定了其眼中的世界是泛灵论的、诗意的、梦想的、童话的，这也决定了其借助学前儿童科学教育内容所建构的科学，即"儿童的科学"不同于"成人的科学"，具有很强的独特性，如"非

美国《国家科学教育标准》与《美国下一代科学标准（NGSS）》

---

① 参见王春燕，秦元东，黎安林. 探究·体验·发现：幼儿园科学教育理论与实践［M］. 南京：南京师范大学出版社，2010：55-67.

② 刘晓东认为，从主客体分化的角度看，儿童认识的演进经历了主客一体化、主客体的互渗与主客体的相互独立三个阶段。儿童出生后18个月左右出现的"客体永久性"概念开启了主客体从一体化向分离转变的序幕。学前儿童主要处于主客体的互渗阶段，包括两个方面：一方面，主体将自身渗入客体，似乎客体有了灵性、目的，这是儿童泛灵论、目的论、人为论的起因；另一方面，主体中又有客体的渗透，这是儿童实在论的起因。（刘晓东. 儿童精神哲学［M］. 南京：南京师范大学出版社，1999：65-78.）

常直觉、天真、质朴不修饰"[1] 有一定的童话色彩[2]。

一、生命世界

生命世界的多样性与复杂性对儿童始终充满着神秘感与吸引力，大自然中的花鸟虫鱼、自己身体的神奇变化，无不激发着儿童的好奇心与探究欲，吸引着儿童进行探究。

（一）动物

动物是儿童的亲密伙伴，特别是那些有过饲养宠物经验的儿童，更是喜欢观察、触摸和照料小动物，也往往更容易对生活在不同环境中形态各异的动物感兴趣。当然也有些儿童对于那些蠕动、爬行的动物感到恐惧。通过饲养、观察、讨论等多种方式，扩展那些喜欢动物的儿童的原有经验，减轻那些害怕动物的儿童的焦虑情绪，带领儿童走近动物世界并与动物做朋友，是学前儿童科学教育内容的重要部分。这一部分涉及的内容主要有：

（1）感受与了解一些常见动物的名称与种类，如昆虫、家禽、家畜、鱼类、鸟类、爬行类、哺乳类等，认识动物世界的纷繁复杂。

（2）感受与了解不同动物有不同的外形特征、生活习性及繁殖方式。例如，动物有的高，有的矮；有的大，有的小；有的凶猛，有的温顺；有的多毛，有的皮肤光滑；有的吃草，有的食肉；有的会生蛋，有的则直接生"小宝宝"……从而渗透种类、胎生、卵生等概念。

（3）感受与了解不同动物生活在不同的地方，有不同的运动方式。例如，有的动物生活在热带，有的生活在寒冷的北极；有的生活在海里，有的生活在森林中，有的生活在戈壁沙漠中；有的动物跑得快，有的动物爬得非常慢；有的动物会飞，有的动物擅长在水中游泳。

（4）初步探索与发现，了解动物与其生活环境之间的关系。例如，为什么有的动物生活在森林，有的生活在海洋，而有的则生活在陆地；为什么北极熊身上的毛皮特别厚，沙漠中的骆驼背上有驼峰，啄木鸟的嘴巴特别坚硬，等等，从而

①　"幼儿的思考聚焦于外表可观察的现象与物体的外观，未能全面注意所有现象面与深度观察物体的各种面向……因此其概念与思考具有非常直觉、天真、质朴不修饰的特性。"（周淑惠.幼儿自然科学概念与思维［M］.台北：心理出版社，2003：187.）

②　刘晓东认为，"儿童科学教育不是消灭童话，而恰恰是保护童话，充分利用童话的发展功能"，并明确指出消灭童话世界是儿童科学教育的误区。（刘晓东.儿童教育新论［M］.南京：江苏教育出版社，1998：182-185.）

发现动物与其生活环境之间的密切关系。

（5）感受与了解动物与动物、动物与植物、动物与人类之间的关系。例如，很多动物以植物为生，而很多植物又要靠动物传播种子；有的动物是人类亲近的朋友，有的则喜欢远离人类；以及动物之间及动物与植物之间有一定的生态依存关系。教师尤其是要让儿童感受、了解动物与人类的密切关系，懂得动物是人类的好朋友，帮助儿童萌发关爱动物的情感与意识。

（二）植物

植物是多样世界的一个重要组成部分，为人类提供食物、衣服，净化空气，绿化环境，与儿童的生活环境息息相关。儿童有着对植物世界浓厚的探究欲望，教师可以通过观察、讨论、参观、种植等活动，引导儿童认识植物。这一部分涉及的内容主要有：

（1）了解与认识周围的常见植物，如树木、花卉、蔬菜等的名称及外形特征，感受植物世界的纷繁多样。

（2）感受与了解植物的多样性，知道每种植物都有自己的形态。如高大的梧桐、低矮的冬青、茂密的草地、不同气味及色彩的花卉等。

（3）通过观察分析，了解植物是由根、茎、叶、花、果实、种子等部分组成的，初步了解植物各部分的功能。

（4）通过观看影碟、种植、讨论及调查活动，感受与了解植物不同的繁殖方式以及大多数植物都通过种子繁殖的特点。

（5）了解植物生长与环境的关系，获得植物生长过程的经验，初步了解植物生长所需的环境条件，如种子发芽需要的条件，花卉、树木生长需要什么等，从而感受与了解大多数植物需要水、光、矿物质、温度和空气。

（6）观察与了解植物生长的季节变化，如迎春花在早春开放，荷花在夏天开放，菊花在秋天开放，梅花则在寒冬开放；再如有的树秋天落叶，有的树则四季常青等。感受不同植物一年四季变化的不同特征，初步了解植物与季节变化的关系。

（7）观察生长在不同环境中的植物的形态特征，如山中的毛竹，沙漠中的仙人掌、面包树，水边的芦苇、浮萍等，了解植物形态与所生长的地理环境之间的关系。

（8）感受与了解植物与动物、植物与人类之间的关系，萌发保护植物的意识；感受植物对净化环境的作用，从而树立爱护植物的责任感。

大班"我们的树朋友"主题可能涉及"植物"中的哪些方面的内容？

（三）人体：保健与营养

人类是生命世界的重要组成部分，人类个体的生长、繁衍、死亡等过程，具有丰富、奇妙的内容。同时，年幼儿童渴望长大并且变得强壮有力，渴望了解自己的身体，包括身体结构、身体变化等。探索人体，不仅能满足儿童了解自身奥妙的好奇心，同时也能有效引导儿童认识自身、认识人体，了解个体从生长、发育到衰老、死亡的生命过程，树立健康的生活观与生命观。这一部分涉及的内容主要有：

（1）观察与了解自身的外部结构与身体变化，并意识到每个人都是独一无二的。如测量与比较自己与他人的身高、体重及其变化，观察自己与他人的外部特征。

（2）感受与了解我们通过感觉进行学习，萌发对有感官障碍或缺陷群体的同情心与关心。例如，依靠听觉、视觉、嗅觉和味觉我们能学到什么？我们的皮肤又能告诉我们什么呢？如果我们的感觉器官受到损伤，会给我们的生活带来哪些不便？如何帮助有感官缺陷的人？

（3）探索与了解骨骼、肌肉的功能。例如，骨骼帮助我们支撑身体并且可以帮助我们运动，肌肉可以使我们保持运动、生存与呼吸。

（4）探索与了解如何让自己保持健康并越来越强壮。例如，我们的身体为什么需要休息和锻炼？为什么要用肥皂或洗手液洗手？我们的牙齿能做什么以及如何保护我们的牙齿？我们日益成长的强健身体需要哪些有营养的食物？[①]

人体结构绘本

（1）小班"小手小脚"主题可能涉及"人体：保健与营养"中哪些方面的内容？

（2）收集一个有关"人体：保健与营养"方面的主题活动资料，对其包含的内容进行分析。

---

① 参见哈兰，瑞夫金. 儿童早期的科学经验：一种认知与情感整合的方式 [M]. 张宪冰，等译. 北京：北京师范大学出版社，2006：149-173.

（四）小结：关键科学经验

在生命世界内容的学习中，教师要关注与支持儿童以下关键科学经验的获得：

（1）生命体有一定的基本需求，如动物和人需要空气、水和食物，植物则需要空气、水分、养分和阳光。只有当环境满足其需要时，生命体才能生存下来。

（2）动物、植物、人都有不同的结构，这些结构服务于生长、生存与繁殖等不同功能。

（3）动物、植物与人都有生命的周期，包括诞生、发育、成熟与死亡。

（4）生命体与其所生存的环境之间是相互适应的关系。

二、物质世界

物质世界的内容比较丰富，涉及儿童探究学习的主要有光、影与颜色，火与温度，电，磁，声音，力与运动等。

（一）光、影与颜色

光是自然界普遍存在的现象，与人类及地球万物的生长、生活休戚相关。与光相关的影子现象常常引发儿童的关注与探索。此外，还有丰富的颜色及其奇妙的变化，均是儿童很感兴趣的内容。这一部分涉及的内容主要有：

（1）认识多种自然的与人造的光源，如太阳、月亮、闪电、个别生物（萤火虫）及电灯、手电筒、蜡烛等，了解它们的不同。

（2）初步了解没有光人就看不见任何事物，感受光与人类生活的密切关系以及光对人类生活的重要性。

（3）通过玩各种光学仪器（如三棱镜、平面镜、凸透镜、凹透镜）及日常生活中的物品、玩具，如万花筒、望远镜等，探究、感受与了解简单的光学现象，如反射、折射现象等。

（4）通过实验及游戏探究光与影子的关系，感受与了解光被遮挡后形成影子。如太阳光下踩影子的游戏，室内灯光与物体的游戏等。

（5）通过实验探究颜色及其变化的现象，如颜料的叠加及颜色的变化。

绘本《除了蚂蚁，什么东西都有影子》

问题思考

收集一个有关"光、影与颜色"方面的主题活动资料，分析其中包含的内容。

（二）火与温度

儿童关于火与温度的生活经验比较多，探究这一部分现象可结合他们的日常经验。这一部分涉及的内容主要有：

（1）了解火的颜色与温度，了解一些常见的助燃物与灭火物。

（2）感受与比较物体的冷热温度差异，了解有的物体热，有的物体冷，并学习用多种方法（如温度计、触摸觉等）测量与区分物体的冷热程度。

（3）感受不同温度的物体之间会发生传热现象，有的传热快，有的传热慢。热的物体会变冷，冷的物体也可以变热。探索可以使物体变冷或变热的方法。

（4）知道天气的冷热。讨论夏天怎样散热，冬天怎样保暖，并了解一些常见的取暖或散热的产品。

（三）电

儿童从一出生就接触到很多与电有关的物品，如电视、电灯、电动玩具等。电在当今社会中已经变得不可或缺，对人们的生活影响巨大。我们不能因其危险就禁止儿童对电的接触与探究，反而更应引导儿童适当了解有关电的知识，使他们懂得电的重大作用与危险性，学会自我保护，避免事故发生。这一部分涉及的内容主要有：

（1）了解摩擦产生的静电、电线输送来的电和干电池里的电都是电。

（2）通过游戏探索摩擦起电的现象。

（3）在游戏与实验中探索、了解干电池的用途，并懂得废旧干电池不能随意丢弃。

（4）初步了解日常生活中电的来源，知道电是发电厂通过电线输送来的。

（5）探索生活中常见家用电器的功能，初步了解与感受电在日常生活中的应用及其重要性。

（6）懂得安全用电，避免事故发生。

问题思考

你认为在幼儿园教育活动中可以选择哪些有关"电"的内容？

（四）磁

磁铁是神秘的，会吸引铁，同样也会吸引儿童的注意力。虽然我们看不到磁铁的吸引力，但却能看到它发生的作用。磁铁在我们的日常生活中被广泛运用。

这一部分涉及的内容主要有：

（1）探索与了解磁铁能直接或隔着一些材料间接吸引铁质物体的特性，并初步探索与了解磁铁能磁化另外一些物体的特性。

（2）观察不同形状、大小的磁铁，比较不同磁铁的磁力，了解不同的磁铁有不同的磁力。

（3）通过实验探索磁铁之间的相互作用，发现磁铁相互吸引与排斥的现象。

（4）通过玩指南针或磁针，探索与发现指南针"指南"的现象。

（5）探索磁铁在生活中的用途，寻找与发现哪些物品里用到了磁铁，感受磁铁给我们生活带来的便利。

（五）声音

声音是儿童最初接触世界、了解世界的重要信息来源。尽管声音是无形的，但却是形象的，借助声音儿童可以对外界做出反应。这一部分涉及的内容主要有：

（1）感受与了解我们生活在一个充满声音的世界里，注意倾听并辨别各种不同的声音，如人的声音、机器的声音、大自然的声音、乐器的声音等。

（2）探索与了解物体振动产生声音，发现能产生声音的物体与能产生声音的方法。知道不同的物体、不同的方法会发出不同的声音。

（3）了解声音有乐音、噪声之分。了解乐音给人美的、舒服的感受，噪声会给人带来不悦与危害。

（4）通过游戏与实验等多种方式探索声音的传播及传播媒介，发现声音能通过许多物体传播。

问题思考

你认为在幼儿园教育活动中可以选择哪些有关"声音"的内容？

（六）力与运动

运动是物质存在的基本状态，力与运动之间有着密切的关系。物体的运动是永恒的，也是儿童可以直接感知到的。物体的运动是由于物质之间力的相互作用，力虽然无处不在，但却非常抽象，儿童只能感觉到或者看到力的作用。这一部分涉及的内容主要有：

（1）探索与了解力的类型有多种多样，如重力、弹力、浮力、摩擦力等。

（2）探索与感受运动的多样性，如速度方面，有的快，有的慢。方向方面，有的向下，有的向上；有的向左，有的向右；等等。

（3）探索与了解影响运动的因素，如力的大小、物体自身的形状与重量、接触面的光滑程度等，进而探索与尝试改变运动速度、方向等的多种方法。

（4）感受与了解力与运动对我们生活的影响，尤其是给我们的日常生活带来的不便与便利之处。

（七）小结：关键科学经验

在物质世界部分的学习中，教师要关注与支持儿童以下关键科学经验的获得：

（1）物体有许多可以观察的性质，如大小、形状、重量、颜色、温度等。

（2）物质有不同的存在状态，即固态、液态和气态。加热或冷却可以使某些常见物质（如水）从一种状态转变为另一种状态。

（3）可以通过推或拉改变物体的位置和运动状况，变化的大小与力的大小及相关因素有关。

（4）声音与物体的振动有关，并且能通过许多物质传播。

（5）光可以被镜面反射，也可以为透镜折射。

（6）热可以通过多种方式产生，如燃烧、摩擦，也可以从一个物体传给另一个物体。

（7）电路中的电可以产生光、热效应。

（8）磁铁可以吸引一些铁制物质，磁体之间相互吸引或相互排斥。

三、地球科学

地球是万物赖以生存的家园，学前儿童要掌握的地球科学知识主要涉及山川、河流、湖泊等地貌景观，风雨雷电、日月星辰等自然现象，也涉及它们与人类之间的关系。

（一）沙、土、石

沙、土、石是儿童在日常生活中经常接触的物质，不仅能引发儿童积极探究的欲望，而且蕴含着丰富的教育价值。这一部分涉及的内容主要有：

（1）感受与了解沙、土、石有很多种类。

（2）感受与了解沙、土、石的物理特性，探究比较它们之间的不同，如粗细、软硬、疏松与黏合等。

（3）探究与了解沙、土、石在日常生活中的用途。

（4）探究与初步了解沙、土、石覆盖在大地上，沙与石头上很难长出植物，只有土壤是适宜植物生长的。

（5）感受、体验土壤和动植物以及与人类的关系，珍惜土壤，爱护土壤。

（二）水

水是生命之源。儿童从小就喜欢玩水，如从舀水、洒水、喷水、溅水花等游戏，到放一个纸船在水里漂，再到探索水的三态变化及水的压力等，水能引发儿童探究的欲望。为了帮助他们了解水，并且培育对这种宝贵资源的珍惜之情，这一部分涉及的内容主要有：

（1）感受与了解水的基本特性，如无色、无味、透明及流动性。

（2）初步感受与了解水可以进入空气中，附着在其他物质上，还能渗透到其他物质中。

（3）感受、探索有关水的一些物理现象，如水的浮力（沉与浮）、水的溶解（水可以溶解糖、盐等固体物质）、水的压力与射程，以及水的不同状态（固态、液态和气态）之间的相互转化。

（4）了解自然界的多种水源——江、河、湖、海以及地下水等。

（5）通过讨论、实验（如两盆花的浇水实验）等活动，感受与了解水对于生命的重要性。

（6）联系周围生活环境及生活经验，感受水的污染及其给周围的植物、动物、人类带来的危害，萌发珍惜与保护水资源之情，了解节约用水与保护水源的重要性。

（三）空气

空气看不见、摸不着，但却无处不在，并且是生命所不可缺少的。空气对儿童来说比较抽象。这一部分涉及的内容主要有：

（1）通过探究活动（如用塑料袋找空气），了解空气是真实存在的，并且存在于各种空间，它们是生命不可缺少的物质。

（2）通过游戏及实验活动（如点燃后的酒精灯加罩后熄灭的现象、气球充气等活动），探究空气的流动及充气等相关现象。

（3）初步探究与感受流动的空气能推动物体，并且空气能使运动的物体减速。

（4）初步了解一些大气污染的现象及其给我们生活带来的影响，感受保护大气环境的重要性。

你认为在幼儿园教育活动中可以选择哪些有关"空气"的内容？

（四）气象

气象主要指气候和季节现象，它影响着动植物的生长，也影响着人类的生产、生活。观察和了解气候和季节现象，对于认识与主动适应自己所生活的环境，进而保护身体健康均有重要意义。这一部分涉及的内容主要有：

（1）了解气候和季节是人类、动植物生存所必需的重要的环境因素，它们的变化是有规律的，如春夏秋冬的规律更替、雨雪冰雾天气的季节性出现等。

（2）认识四季的名称，观察并感受四季变化及其规律，了解不同季节的典型特征，如气温变化（冬冷夏热）、常见天气（雨雪霜冻）等。

（3）观察晴天、多云、阴天、雨天等不同天气的特征，学会做简单的记录，学习用温度计观察并记录气温。

（4）观察与探索一些典型的天气现象（如夏天的闪电、雷雨、冰雹、台风、彩虹，冬天的冰、霜、雪、雾等），并初步了解这些天气现象是可以测量的。

（5）初步了解季节和气候变化对人类和动植物生活、生长的影响，增强主动适应外界环境变化的能力。

（五）宇宙

儿童对神秘的宇宙天空有着强烈的探究兴趣与无限遐想：太阳为什么会发光、发热？月亮为什么不会发光、发热，但却照亮了夜空？星星为什么会眨眼睛？儿童无法直接探索这些天体，同时受到思维水平的限制，他们很难理解抽象的天文知识。因此，本部分重在通过直接观察到的现象，获取相关经验。这一部分涉及的内容主要有：

（1）初步了解地球存在于宇宙中，除了地球外，宇宙中还有太阳、月亮和星星，它们离我们很远很远。

（2）初步感受太阳是一个发光、发热的巨大火球，没有它，地球上的所有生命都不能生存。太阳是人、动植物生长所必需的条件。

（3）了解月球不会发光，只有当太阳光照射到月球上时，我们才能看到夜空中的明月。

（4）观察、记录与了解月亮在一个月的不同时间形状的变化，知道月相的变化是有规律的。

（5）观察夜空中的星星，了解它们有的像太阳一样会自己发光，如流星；有的则不会自己发光。因为星星距离我们太远，所以我们只能看到一个个闪烁的光点。

问题思考

你认为在幼儿园教育活动中可以选择哪些有关"宇宙"的内容？

（六）自然环境

自然环境与动植物生长、人类的生活休戚相关，渗透与体现在其他内容之中，如在观察、饲养小动物时萌发关心爱护小动物的情感；在种植、认识一些花卉、植物时，养成爱护花草树木的习惯；在探索土壤时，认识土壤与动植物、人类之间的关系，懂得珍惜、爱护土壤。本部分重在帮助儿童提升、整理之前学习过的相关内容，并在这些内容之间建立初步的关系。这一部分涉及的内容主要有：

（1）初步感受与了解动物、植物、气象、水、空气、沙、土、石和人类之间密不可分。

（2）在初步感受与了解环境对动植物、人类产生影响的同时，了解动植物尤其是人类也会对环境产生重要影响。

（3）初步探索与了解日常生活中改善与维护环境的方法，如废旧材料的循环利用、资源（如水）和能源（如电）的节约、垃圾分类投放等。

问题思考

你认为在幼儿园教育活动中可以选择哪些有关"垃圾分类"的内容？

（七）小结：关键科学经验

在地球科学部分的学习中，教师要关注与支持儿童以下关键科学经验的获得：

（1）地球是太阳系中的一颗行星，太阳是一颗普通的恒星。

（2）太阳是地球表面各种有生命物体（如植物、动物和人）能量的来源，也是地球表面一些主要现象（如气候、季节、风）产生的源泉。

（3）月球是不会发光的球体，月相的变化是有规律的。

（4）水对于动植物和人是非常重要的，占据和覆盖了大部分的地球表面，储存在江、河、湖、海与地下的岩石之中。

（5）气候、季节的变化是有规律的。

（6）空气存在于各种空间，是生命不可缺少的物质。

（7）动植物、人类生活于环境之中，并且和环境之间相互影响。

四、科学技术与工程

当前，儿童生活在一个科学技术快速发展的社会中，不断变化的新技术正以迅猛的速度渗透到生活的方方面面：电视、电话等各种家用电器进入了寻常百姓的家庭，高科技的游戏机及软件不断涌现，现代化交通、通信工具的应用缩短了人与人之间的距离……现代科学技术的迅猛发展改变了社会的生产方式和人们的生活方式：一方面它促进了人类的文明进程，给人们的生活带来便利；另一方面，它也带来了全球性的社会问题，如环境污染、生态失衡等。这就要求教师引导儿童认识与体会科学技术在社会发展中的巨大作用，初步理解科学技术与人们生活的关系，感受科学技术的作用，形成正确的科技观。[①] 此外，工程是通过综合使用科学（含数学）、技术等知识，设计和制作出某种结构或装置以解决实际问题的过程。教师应引导儿童开展工程实践，培养他们解决问题的能力。

（一）生活中常见的科技产品

科技产品充斥于并影响着我们生活的方方面面，与我们的生活密不可分。这一部分涉及的内容主要有：

（1）初步探索与了解现代家用电器（如电话、电灯、空调、洗衣机等）在日常生活中的作用及其简单的使用方法。

（2）初步探索与比较常见交通工具（如自行车、汽车、轮船、飞机）的优缺点，感受常见交通工具对人们生活的影响。

（3）初步了解和我们日常生活密切相关的农业科技产品，如人工饲养的家禽与水产、温室种植的蔬菜与瓜果、食品的加工与储藏等。

（4）了解、感受与比较科技玩具的特性、发展及其与传统玩具的不同。

---

① 此部分的内容框架参考了张俊的相关论述，在具体内容与表述方面根据需要进行了一些调整。（张俊. 幼儿园科学教育［M］. 北京：人民教育出版社，2004：106-108.）

（5）初步了解一些常见的科技产品（如照明工具、交通工具等）随人类社会发展而不断发展变化的过程，大胆畅想科技产品的未来发展。

（6）初步探索与学习使用生活中的常见工具，如剪刀、螺丝刀、锤子、订书机等。

（二）简单的科技小制作

这一部分涉及的内容主要有：

（1）喜欢探索与了解一些简单的科技玩具（如风车等）的制作原理。

（2）乐意并大胆学习运用工具和材料制作简单的科技玩具，如不倒翁、风车等。

（三）简单的工程设计

这一部分涉及的主要内容有：

（1）定义和界定工程问题。通过提问、观察和收集信息，理解当前的问题情境，并意识到可以通过工程设计来解决。

（2）制定可能的解决方案。通过草图、图纸或实物模型进行设计，寻找可能解决问题的方案。

（3）优化设计方案。对多个可能的方案进行测试和比较，找到最佳方案。

问题思考

搜寻儿童生活和游戏中的实际问题，思考如何引导儿童通过工程设计来解决其中一些问题，且该过程中儿童会遇到什么难题。

（四）科学家的故事

这一部分涉及的内容主要有：

（1）愿意倾听与了解一些伟大的、熟悉的科学家的故事。

（2）萌发对科学家的崇敬之情，激发热爱科学的情感。

问题思考

你认为在幼儿园大班教育活动中可以选择哪些"科学家的故事"的内容？

（五）小结：关键科学经验

（1）现代家用电器（如电话、洗衣机等）、常见交通工具（如汽车、飞机等）和农业科技产品给人们的生活带来便利的同时，也给人们的生活带来了一些消极影响。

（2）现代科技玩具和传统玩具不同，在喜欢现代科技玩具的同时愿意关注和使用传统玩具，并能尝试制作简单的科技玩具。

（3）科技产品随着人类社会的发展而不断变化。

（4）定义和界定工程问题，制定可能的解决方案，优化工程设计方案。

（5）知道一些科学家的故事，并形成对科学家的崇敬之情。

除了上述四大方面的科学教育内容外，教师还应引导儿童学习跨学科概念。跨学科概念是在物质世界、生命世界、地球科学以及科学技术与工程四个科学领域中都反复出现的一些重要概念，这些概念超出了单一学科的界限。这些概念可以帮助儿童探索各门科学之间的横向联系，并有助于他们综合运用多学科知识解决实际问题，最终形成儿童对周围世界的综合认识和实践能力。这些适宜儿童学习的跨学科概念主要涉及：模式、原因和结果、系统和系统模型、结构和功能。

模式涉及的内容主要有：

（1）利用观察来描述动植物（包括人类）生存所需的模式。

（2）使用和分享当地天气状况的观测结果来描述天气随时间变化的模式。

原因和结果涉及的内容主要有：

（1）比较不同强度或不同方向的推拉对物体运动的影响。

（2）确定一个设计方案，在该设计中可以通过推拉来改变物体的速度或方向。

（3）获得有关天气预报目的的信息，以便为应对恶劣天气做好准备和做出反应。

（4）讨论减少人类对土地、水、空气及周边环境中的生物产生不良影响的解决方案。

（5）使用工具和材料设计和制作一个装置，以减少阳光对地面的升温效应。

系统和系统模型涉及的内容主要有：

（1）为动植物（包括人类）如何改变环境以满足其生存需求，建立一个有证据支持的观点。

（2）使用一个模型来显示各种动植物（包括人类）的生存需求与它们居住环境之间的关系。

结构和功能涉及的内容主要有：

借助简单的草图、绘图或实物模型，说明一个物体（自然物或人造物）的形状及结构稳定性与它能够解决特定问题的功能之间的关联性。

▌▌小　结 ▶▶▶

本章主要探讨了两个问题：一是在解读《纲要》和《指南》中学前儿童科学教育内容的基础上分析了学前儿童科学教育内容选择的原则；二是具体分析了学前儿童科学教育内容的范围。

《纲要》和《指南》并未具体规定学前儿童科学教育的内容，而是暗含在"内容与要求"和"教育建议"中，体现了生活取向、儿童取向、多维取向和生态取向的特点。选择学前儿童科学教育内容要遵循科学性与启蒙性、广泛性与代表性、地方性与季节性、时代性与民族性四条基本原则。

在参考与借鉴已有相关研究成果的基础上，我们将学前儿童科学教育的内容范围确定为四个方面，即生命世界、物质世界、地球科学、科学技术与工程。其中，生命世界又可以细分为动物，植物，人体：保健与营养；物质世界可以细分为光、影与颜色，火与温度，电，磁，声音，力与运动；地球科学可以细分为沙、土、石，水，空气，气象，宇宙，自然环境；科学技术与工程可以细分为生活中常见的科技产品、简单的科技小制作、简单的工程设计、科学家的故事。此外，还包含了一些适合儿童学习的跨学科内容，如模式、原因和结果、系统和系统模型、结构和功能等。

▌▌思考与实践 ▶▶▶

1. 简述学前儿童科学教育内容选择的基本原则。
2. 简述学前儿童科学教育内容选择的范围。
3. 尝试对某一幼儿园或某一班级的科学教育内容进行分析。

▌▌延伸阅读 ▶▶▶

1. 哈兰，瑞夫金. 儿童早期的科学经验：一种认知与情感整合的方式［M］. 张宪冰，等译. 北京：北京师范大学出版社，2006.

　　该书共包括两部分：第一部分是基本原理，第二部分是概念、经验与整合活动。第二部分共包括 13 章内容，具体介绍了儿童早期 13 个方面的科学经验，具体包括植物，动物，人体：保健与营养，空气，水，天气，岩石与矿物质，磁力，地球引力的作用，简单机械，声音，光，环境。每一个方面的科学经验介绍，不仅具体细化和列举了其所包含的具体概念，而且设计了相应活动以帮助儿童获得这些具体概念，同时还列举了大量整合活动，提供了大量文献链接；此外还分析了如何促进不同概念之间的联系。

　　2. 张俊. 幼儿园科学教育［M］. 北京：人民教育出版社，2004.

　　该书第三章介绍了幼儿园科学教育内容选择的要求和范围，提出选择幼儿园科学教育内容时要符合四个方面的要求，即科学性和启蒙性、广泛性和代表性、地方性和季节性、时代性和民族性，进而从了解自然环境及其和人们生活的关系、探究身边事物的特点及变化规律、感受科学技术及其对生活的影响三个方面分析了幼儿园科学教育内容的范围。

第五章

学前儿童科学教育活动设计与指导

██ **内容导航** ▷▷▷

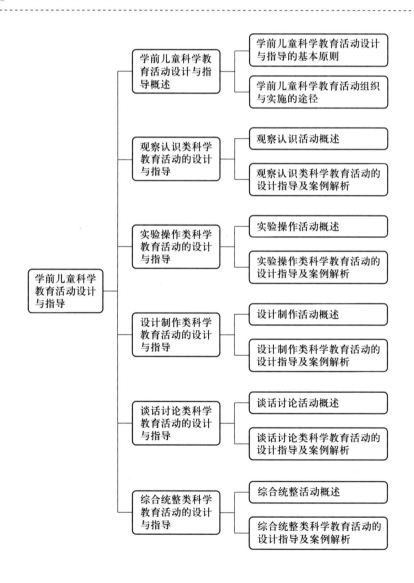

学前儿童科学教育活动设计与指导
- 学前儿童科学教育活动设计与指导概述
  - 学前儿童科学教育活动设计与指导的基本原则
  - 学前儿童科学教育活动组织与实施的途径
- 观察认识类科学教育活动的设计与指导
  - 观察认识活动概述
  - 观察认识类科学教育活动的设计指导及案例解析
- 实验操作类科学教育活动的设计与指导
  - 实验操作活动概述
  - 实验操作类科学教育活动的设计指导及案例解析
- 设计制作类科学教育活动的设计与指导
  - 设计制作活动概述
  - 设计制作类科学教育活动的设计指导及案例解析
- 谈话讨论类科学教育活动的设计与指导
  - 谈话讨论活动概述
  - 谈话讨论类科学教育活动的设计指导及案例解析
- 综合统整类科学教育活动的设计与指导
  - 综合统整活动概述
  - 综合统整类科学教育活动的设计指导及案例解析

▌▌▌ 学习目标 ▶▶▶

1. 理解观察认识类、实验操作类、设计制作类、谈话讨论类、综合统整类科学教育活动的分类依据、含义及独特的发展价值。

2. 能够设计具有规范性、可操作性、科学性要求的各类幼儿园科学教育活动计划。

3. 理解各类幼儿园科学教育活动有效指导的要求。

▌▌▌ 引　言 ▶▶▶

如前面相关章节的分析，学前儿童科学教育是科学启蒙教育，应重在激发学前儿童的认识兴趣、探究欲望，帮助学前儿童学习运用观察、实验、制作、交流等方法进行探究活动。

学前儿童科学教育活动，根据《纲要》和《指南》的精神，应是在"集体、小组、个别等活动形式"中有机整合进行的，从科学探究性学习活动中探究能力发展的实际出发，学前儿童科学教育活动可分为观察认识、实验操作、设计制作、谈话讨论四种基本活动类型，它们代表着探究过程中的不同能力要求，有着各自的特点和发展价值，其设计和指导要求有一般的共同规律，同时也各具特点。本章将分别探讨这四种基本活动的具体设计与指导，并在此基础上，聚焦综合统整类科学教育活动的设计与指导，以更好地适应当前幼儿园课程改革的现实要求。

第一节 学前儿童科学教育活动设计与指导概述

教育活动设计是指根据教育对象的身心发展规律和学习特点，以及一定的教育理念，选择和确定每一个具体活动的目标、选择并组织活动内容的过程。教育活动设计通常被理解成制订教育活动方案的过程。教育活动设计既是某种教育理论、教育观点和课程设计思想的具体体现，同时也是教师组织和实施教育活动、完成教育目标的重要环节和保证。

学前儿童科学教育活动设计是教师依据学前儿童的身心发展规律及其学习科学的特点，充分考虑科学教育的目标、教师和儿童互动的方式等因素，对学前儿童的学习过程和学习资源所做的系统安排。

一、学前儿童科学教育活动设计与指导的基本原则

学前儿童科学教育活动设计与指导是教师为促进学前儿童科学概念发展而有计划、有目的地展开的创造性工作，应遵循以下基本原则。

（一）科学性原则

科学性原则是指在设计与指导科学教育活动的过程中，活动目标的设计要遵循科学的依据；所选择的教育内容应符合客观规律，不违背科学事实；所采用的教学方法符合科学规律和儿童发展水平和认知特点。

1. 活动目标设计的科学性

在确立活动目标时，教师首先要考虑儿童的年龄特点和已有的认知发展水平，通过科学教育活动使每个儿童在原有发展水平上得到提高，这就要求教师熟悉每个儿童的实际发展水平，尊重他们的个别差异，因材施教；其次教师要考

虑社会的现实需求以及科学领域的学习特点，使活动目标的确立全面、具体、适中，既要考虑知识的获得，又要考虑能力的提高以及良好情感的培养，促进儿童的全面发展。

2. 教育内容选择的科学性

学前阶段的科学教育是启蒙教育，但不能因为启蒙性而放弃科学性。从教育内容上讲，在这个阶段所学的知识将为儿童今后对自然科学知识的深入学习奠定基础，促进儿童养成科学态度和科学素养，为此，教师必须从一开始就保证科学教育内容的科学性，要多了解、多观察，善于从日常生活中发现、理解儿童科学学习的关键经验，从而更好地选择合适的教育内容开展科学教育。

3. 教学方法采用的科学性

儿童对事物的理解依赖感知觉获取的感性认识。因此，在教育方法和组织形式上，教师应尽可能地为儿童提供丰富的物质材料，设计多样化的活动形式，让儿童通过眼、耳、口、鼻等多种感官直接感知事物，获得感性认识，帮助儿童理解和掌握科学知识和技能。

（二）适宜性原则

适宜性原则是指教师在制订活动目标、确定活动内容、创设活动环境、组织与实施活动等环节中，都能充分考虑儿童的年龄特点、学习特点、发展水平和情感需要。科学教育的活动目标要符合儿童身心发展的需要；活动内容要依据儿童的心理发展特点确定广度、难度，材料的选择和利用要体现以儿童为本，要按照儿童的年龄和认知发展水平，遵循从具体到抽象的投放标准，还要具有可操作性，避免选用超出儿童实际操作能力的材料。

（三）趣味性原则

趣味性原则是指科学教育活动应该是符合儿童兴趣的，深受儿童喜爱的，寓教于乐。科学教育重在激发儿童的认识兴趣和探究欲望。儿童科学学习的核心是激发探究兴趣。学前阶段是培养科学兴趣的重要时期，兴趣是促进儿童积极主动探索的内部动力。教师在设计科学教育活动时，应注意挖掘活动本身所具有的趣味性，有针对性地选择那些适合儿童发展特点的、生动有趣的内容；重视儿童的主体地位，给予儿童更多的动手操作机会，激发儿童探索的兴趣；利用丰富多样的活动形式，调动儿童学习科学的兴趣；合理应用游戏，把科学学习变成好玩的游戏，让儿童在宽松、自由的游戏氛围中体验科学的奇妙。

（四）探究性原则

探究亦称为发现学习，是指儿童在学习情境中通过观察、操作等方法自己发现问题，搜集数据，形成解释，获得答案并进行交流、检验的过程。探究性原则是指教师在设计与指导科学教育活动时，应该保证充足的活动时间和空间，提供丰富的活动材料，让儿童在自主探究的过程中亲历科学探究的全过程。《指南》强调要让儿童体验探究过程，发展初步的探究能力。探究既是学科学的目标，也是学科学的方法，是科学教育的主旋律，探究是满足儿童求知欲的重要手段，对于保护儿童珍贵的好奇心至关重要。

科学教育的过程应以儿童的亲历探究为核心，让儿童在教师的指导下，通过主动地发现问题、体验感悟、实践操作、表达交流等探究活动，主动建构科学知识、获得科学素养。

（五）整合性原则

整合性原则是指将科学教育活动看作一个完整的系统，不同的内容之间、各种活动形式及方法之间都有密切的联系，不可分割。教师在设计与指导科学教育活动时，不仅要考虑科学教育活动本身，还要与其他教育活动相互渗透，并协调利用各种有利于儿童学科学的教育因素，开展系统化的教育，保证儿童身心整体、健全、和谐地发展。

贯彻整合性原则，重在培养"完整儿童"。因此，科学教育活动目标的设计不能只偏向科学知识的学习或探究能力的培养，而应从情感与态度、方法与能力以及知识与经验等多维度来综合设计；在内容选择上，教师不仅要关注科学领域的活动，还应有目的、有计划地加强与其他各科教育活动的渗透和整合，进行综合教育；在教育资源的拓展、利用方面，教师要充分整合学前教育机构、家庭及社区的丰富教育资源；统筹考虑具有一定联系性的教学活动、游戏、日常生活等，将集体活动、小组活动、个别活动进行有机整合，使它们真正协调一致地促进儿童的全面发展。

二、学前儿童科学教育活动组织与实施的途径

学前儿童科学教育活动组织与实施的主要途径有集体教学活动、区域活动、生活活动。这三种教育途径既有一致性，也存在显著的差异。从本质上来说，它们都是儿童的科学探究活动，但是在探究中体现的儿童自主程度是有差异的，集体教学活动更重视教师的指导，强调儿童在教师的直接指导下进行深入的探究；

区域活动则让儿童拥有更多的自主权，能够更好地满足儿童的个别需要；生活活动依赖教师挖掘生活中的科学教育契机，引导儿童自主地探究、体验、发现，尝试解决来自身边的科学问题。

上述三种教育途径之间具有一定的互补性，如在集体教学活动中教师难以照顾到个别儿童的需要，这在区域活动和生活活动中可以得到弥补；集体教学活动常常因为时间的限制而不能让儿童对一个主题进行深入的探究，而通过将集体教学活动的内容延伸到区域活动乃至生活活动中则可以让儿童对探究内容的兴趣得以维持，有利于他们进行持续的探究活动。生活中的科学教育虽然精彩，但相对缺乏系统性，这就需要教师通过集体教学活动向儿童提供一些关键性的学习经验，使儿童的探究内容丰富而全面。

由上可见，只有将各种活动有机地整合起来，充分发挥各自的特点，才能更好地促进儿童的科学学习。

（一）集体教学活动

集体教学活动是由教师有目的、有计划地为儿童设定探究的问题，准备探究的材料，指导儿童开展探究的活动，是目前幼儿园科学教育中最为常见的活动实施途径。在集体教学活动中，教师既可以对全体儿童进行集中指导，也可以让儿童分组开展探究，以便进行个别指导。

集体教学活动的目标通常是教师根据幼儿园科学教育的总目标，结合本园情况以及本班儿童的兴趣特点而预设的。内容通常选择那些与本班儿童科学学习的关键经验紧密联系的最基本的科学内容。集体教学活动的整个过程往往都是在教师的指导下进行的，是高结构的，可使儿童在较短的时间内，较快地掌握基本的科学知识和技能，效率较高。

集体教学活动使儿童既经历了科学探究的学习过程，又获得了成功的学习结果；既能在探究的过程中获得发展，又能享受到成功的快乐。集体教学活动在教学上具有省时、快捷的特点，利用这一途径开展科学教育活动，能让儿童尝试运用多种方法展开各类探究活动，从不同角度去看待同一个问题，对儿童科学思维方式、勇于批判和质疑的科学精神的形成有重要意义。

（二）区域活动

区域活动是指教师根据儿童的年龄特点和兴趣，创设一些不同的活动区域，提供儿童感兴趣的丰富多样的科学操作材料以及适宜的工具，让儿童自主选择区域，在其中通过与材料、同伴等的积极互动，获得个性化的学习与发展。

幼儿园区域活动中的科学活动主要包括三类：一是以班级为单位设立的专门的科学区域活动，如科学区、益智角、自然角等；二是班级中其他区域的科学探索活动，如建构区、表演区、阅读区、美工区等区域中渗透的科学探索活动；三是全园共享性的专门活动工坊中的活动，如科学发现室、木工坊、艺术创意工坊等。

科学区域活动是幼儿园科学教育的重要途径，对于儿童的科学学习乃至全面发展都有着至关重要的作用。区域活动不像集体教学活动，有统一的目标和固定的内容，而是通过对环境的创设和材料的提供来促进儿童的科学学习和发展。在区域活动中，儿童可以自由地选择教师为其提供的各种材料，按照自己的意愿和方式来决定活动的进展，学习的积极性、主动性、创造性得以充分表现，激发儿童对科学活动的兴趣；区域活动中教师的指导成为一种隐性要素，除非儿童需要，教师基本上不干预儿童的操作，为儿童的自由选择、自由探索提供相对宽松的氛围，为儿童提供了更多的自主活动机会。

（三）生活活动

生活活动中的科学教育是指儿童在日常生活中自发性的探究活动（如寻找大树下的蚂蚁、照料自然角中的乌龟等），也指教师有组织、有计划开展的，融入儿童生活的活动，如幼儿园中的种植、饲养活动，远足、野外科学考察活动和各类科学场馆的参观学习等。

杜威强调"生活即教育"，陈鹤琴提出"大自然、大社会都是活教材"的活教育理念，充分说明了日常生活中蕴藏着丰富的教育资源，教师利用日常生活有意识地进行科学教育，可以让儿童在轻松、愉快、自然的气氛中主动地获得科学经验。生活活动中的科学教育是一种"润物细无声"式的、潜移默化式的科学教育，对儿童各方面的发展具有极为重要的价值。生活活动中的科学教育具有真实性、偶发性、灵活性等特点。

生活活动中的科学教育不仅是为了帮助儿童了解更多的科学知识，更重要的是为了培养儿童与人沟通交流的能力和问题解决的能力。教师要合理利用幼儿园一日生活进行科学教育，儿童从来园到离园，在用餐、午睡、盥洗、散步、游戏等各个环节中，都会碰到无数的科学现象（如每天给花浇水时，细心的儿童会发现植物的叶、花、茎等发生的细微变化），教师要善于捕捉儿童身边的科学教育契机，激发他们对科学的兴趣，支持并帮助他们在主动探索中获得知识。

教师要善于利用家园合作开展科学教育。教师要引导家长利用家庭生活中的各种时机与孩子分享探究活动的乐趣和科学发现的价值。教师还要合理利用社区资源（公园、超市、菜场、公交站和地铁站、垃圾处理站、各类科技场馆等）进行科学教育，为儿童提供科学学习的机会与条件，让儿童体会科学源于生活又为生活服务的真正意义。

第二节　观察认识类科学教育活动的设计与指导

　　一些研究者认为，至少是在一些特定的领域中（如自然物体、有生命的事物等），婴幼儿具有关于该领域的早期"理论"。这些"理论"对过去的经验起着组织加工的作用，并用于产生新的知识。只有当新的实践活动需要理论精细化或适应时，这些理论才可能被修正。促成这一新的实践活动的元实践就是人类运用自身的感官对外界客观世界的感知观察。观察是人类认识世界的第一步，正如苏霍姆林斯基所言："观察是智能的极重要的源泉，观察是知识理解和技艺之母。"①

一、观察认识活动概述

　　观察是一种有目的、有计划、比较持久的感知活动。观察认识有多种分类：根据观察过程中中介使用的不同，观察可分为直接观察和间接观察。直接观察即观察者直接使用自身的感觉器官进行的观察，又叫自然观察；间接观察即观察者利用测量工具进行的观察，又叫工具观察。根据人们获得观察对象信息的要求不同，观察可分为定性观察（多用语言描述）和定量观察（多用具体数据描述）。根据观察的作用不同，观察可分为启示性观察（以获取新的研究领域、课题）、探索性观察（有助于科学假说的建立）和检验性观察（验证或否证科学理论）等。② 本书分析的观察认识活动限指直接观察，是儿童作为活动主体进行的，主要以自己的感官对自然界事物、现象的感知过程，更多地表现为直接、

①　苏霍姆林斯基. 给教师的建议［M］. 杜殿坤，编译. 修订版. 北京：教育科学出版社，1984：47.

②　许为名，等. 自然·科技·社会与辩证法［M］. 杭州：浙江大学出版社，2002：212-213.

定性、启示性、探索性和检验性的特点。利用工具的带有测量性质的间接观察归入实验操作活动中，以强调间接观察对动手操作能力的发展价值。

　　幼儿园教育实践中的观察认识活动，从时间维度划分，可分为间或性观察（间隔一定的时间进行）和长期系统性观察（在较长的时间内，持续地对某一物体或现象进行观察）；从观察的对象划分，可分为个别物体的观察（对单一物体、现象的观察）和比较性观察（对两种或两种以上物体或现象的观察）；从观察的空间划分，可以分为在室内开展的室内观察和在实地进行的室外观察（也称实地观察）。以上分类之间有交叉，如室外观察同时也可以是对个别物体的观察，室内观察也可以是比较性观察等。[1] 本书借鉴有关文献，[2] 尝试从观察活动中使用的感觉器官的不同及整合发展的规律、各种感官运用对脑机能的刺激完善作用等出发，把幼儿园科学教育中的观察认识活动分为单一感官观察活动和感官统合观察活动两种。这两种活动可以是对个别物体的，也可以是比较性的；可以是间或性的，也可以是长期系统性的；可以在室内，也可以在室外。

　　观察认识活动一直是我国学前儿童科学教育（包括早前的常识教学、自然教学）的主要活动类型。儿童在运用各种感官进行观察的过程中，可以训练各种感官的敏感度，形成并发展科学探究中的感知观察能力，积累并丰富相关事物、现象的科学知识与经验，满足好奇心。

二、观察认识类科学教育活动的设计指导及案例解析

（一）单一感官观察活动的设计指导及案例解析

　　单一感官观察活动，如触觉活动、嗅觉活动、味觉活动、听觉活动、视觉活动等，主要被运用在小班区域活动和生活活动以及与相关活动的交融中。

　　1. 活动内容、目标的选择与确定

　　单一感官观察活动的内容、目标，因每一感官的功能特点不同而界限分明，其选择、确定较为明确，见表5-1。

观察的意义

---

① 施燕. 学前儿童科学教育［M］. 北京：中央广播电视大学出版社，2007：124-156.
② 参见马丁. 建构儿童的科学：探究过程导向的科学教育［M］. 杨彩霞，等译. 北京：北京师范大学出版社，2006：35-50.

表 5-1 单一感官观察活动的主要发展目标、具体教育内容

感官活动类型	主要发展目标	具体教育内容	举例
触觉活动	辨识质地、重量、温度等	软硬、粗滑、轻重、冷热等	神奇的口袋 用手去"看"
嗅觉活动	辨识气味	香、臭、焦、清新等	香味"侦探" 厨房的气味
味觉活动	辨识味道	酸、甜、苦、咸、辣、鲜等	美食家 果汁吧
听觉活动	辨识声音	音调、响度、音色等	这是什么声音 谁的声音 响亮的声音和柔和的声音
视觉活动	辨识颜色、形状、大小等	赤、橙、黄、绿、青、蓝、紫，圆、方，大、小等	谁的尾巴 鞋子配对 我的石头

2. 活动材料的选择与确定

应依据安全原则，从周围的实际生活中选择活动材料。在进行集体教学时应尽可能保证每个儿童一份；在区域活动中可视空间大小而论，一般应放置 2~4 份。活动材料的更替，特别在区域活动中应以儿童的活动兴趣为准，可以"周"为单位更新变化。活动材料的差异度应随儿童年龄增长、活动进程延展而逐渐减小，以增加活动的难度，发展儿童相应感官的观察能力。

3. 活动设计案例及解析

案例 5-1

神奇的口袋（小班）

（设计者：陈志伟）

活动目标：

（1）能清楚地描述口袋中物体的特征。

（2）喜欢游戏，能耐心参与活动。

活动准备：

颜色比较深的布袋一个，塑料玩具、毛绒玩具、水果等。

活动过程：

（1）猜猜口袋里是什么；激发儿童的兴趣。

（2）游戏"摸一摸"；说出手摸到物体时的触感。

教师引导儿童说出自己摸到的东西是什么感觉。

（3）验证物品，丰富词汇。

教师将物品拿出，让其他儿童也摸一摸，说说摸到物品的特征，比如，毛绒玩具摸上去"软软的"，苹果摸上去"凉凉的、光光的"。

案例解析：

在这一设计案例中，需要注意以下几点。

（1）单一感官观察活动注重的应是儿童感知活动的内部具体体验，而非清晰的外部言语表达。如教师不必统一要求儿童说出"软软的""凉凉的光光的"等词语，只要儿童能表达出自己的特殊感受即可，如可用表情、动作等表达摸到口袋中不同物品时的非言语的感受。

（2）注重活动规则的遵守，以保障某感官的训练效果。如必须明确不能用眼看而只能用手摸。

（3）儿童感官活动的时间要充足，以保障观察能力的发展。如应允许儿童有摸的时间差异。

（4）注意感知观察的安全性。如触拿物品时，教师指导儿童要先用眼看，再用手触，并且注意触拿的力度等。

资料链接

单一感官观察活动列举

1. 用手去"看"

材料：幼儿园走廊、楼梯旁的各种触摸画（各种石子、沙、豆、布、纸板等粘贴成的画）。注意：说出画中的材料是什么。"看"时要蒙上眼睛。

2. 哪个罐头盒是空的？

材料：大小一样的罐头盒或其他盒子，装满听不出声音的棉花、毛线、报纸等。

注意：找出哪个是空的，哪个更重些；盒子填充后，在举高或摇晃时没有声音发出。

3. 那块布摸起来感觉怎样？

将不同质地（丝绸、法兰绒、缎带、毡布、灯芯绒、毛巾布、粗麻布、人造毛皮等）的织物各剪下两个小方块，以形成两套材料。先摸一套并尝试说出触摸的感觉（柔软的、光滑的、粗糙的等），选定一块后在另一套中凭触觉找出与之配对的织物。

4. 香味"侦探"

将不同的护手霜按照一定的次序排列。将一个棉花球蘸上某种护手霜，然后让"侦探"找出是哪种护手霜。

5. 厨房的气味

开饭前，请大家猜测今天有些什么吃的。

哪里可以闻到气味？走廊上？打开的房门口？在准备食物时哪种菜肴气味最强烈？

6. 美食家

一小片苹果、黄瓜，花生、奶酪，一小碟盐、胡椒粉、白砂糖等，要求儿童闭眼或蒙上眼睛品尝，说出哪些吃起来是甜的、咸的、辣的等，并说出吃的是什么。

7. 果汁吧

儿童和教师一起动手用榨汁机制作水果和蔬菜汁。先观察果菜汁的颜色，然后品尝，分辨味道。

8. 这是什么声音

用报纸、乐器、手等来制造声音。闭眼辨听如抖动报纸、揉报纸、慢撕或快撕报纸的声音。

9. 谁的声音

闭眼倾听是哪个同伴在唱歌。

10. 神秘的脚步声

闭眼倾听一个由远及近的脚步声，辨听它什么时候改变了方向。

11. 哪种声音更响亮些？

让儿童用手指（或画笔、纸夹等）敲击桌面。直接听或将一只耳朵贴在桌面上听，描述声音是柔和还是响亮的；敲得更重或更轻，感觉又是怎样的。

12. 我的石头

儿童在收集的石头中，选出自己喜欢的。要仔细观察并记住自己喜欢的石头区别于其他石头的特征（颜色、形状、大小）。

所有的石头最后都放在自然角展示，每个人从中挑出自己喜欢的那块石头。①

---

① 参见齐默尔. 儿童感知教育手册：感知统合教育的基础［M］. 杨沫，谢芳，译. 南京：南京师范大学出版社，2010：50-133. 还参见马丁. 建构儿童的科学：探究过程导向的科学教育［M］. 杨彩霞，等译. 北京：北京师范大学出版社，2006：35-50. 部分内容有所改动。感官观察活动的活动设计及指导，还可以从蒙台梭利的感官教育内容中获得极大的启发。

（二）感官统合观察活动的设计指导及案例解析

一些研究人员发现，出生几个星期的儿童就表现出多通道联合的感知活动现象。随着儿童感知经验的丰富、各种感官的协调统合发展，出生时最不成熟的视觉整合观察活动的价值和地位日渐凸显，成为观察活动的主要形式。

通常，感官统合观察活动在有效发展儿童观察技能的同时，还能丰富儿童对自然事物现象的经验认识。感官统合观察活动被广泛运用在各个年龄段的集体活动、区域活动和生活活动中，是观察认识类科学教育活动的主要形式。

1. 活动内容、目标的选择与确定

感官统合观察活动较之单一感官观察活动，内容及目标要广泛得多。有关生命世界的、物质世界的、地球与宇宙的各种事物和现象，只要是儿童生活周围的，感兴趣的，具体可感知、可理解的都是其观察的内容；其目标应更清晰地包括科学探究的能力、情感与态度以及科学知识三个方面，其中须突出感知观察能力的发展。

感官统合观察活动的核心目标与适用年龄段、适用活动的关系见表 5-2。

表 5-2　感官统合观察活动的核心目标与适用年龄段、适用活动的关系表现[①]

活动的核心目标		适用年龄段	适用活动	举例
感知观察能力	运用多种感官对事物特征、变化和现象的观察能力	小班或以上	集体活动、区域活动、生活活动	认识小鸡、小鸭 认识水 今天的天气怎么样？
	有顺序的观察能力	中班或以上		秋天的落叶 辨认和整理葱和蒜
	对不同对象的比较性观察能力			
	对某事物现象的长期系统性观察能力			你今天看到了什么？ 观察蜗牛

2. 活动材料的选择与确定

在感官统合观察活动中，教师要对有关材料的安全、数量、结构（即材料在被使用时能用来揭示自然现象间的某种关系）、呈现方式（开放式、配合主题式、构成问题情境式、分层式等）[②] 等进行设计。针对整个学前期，特别是小班儿童，

---

① 张俊. 幼儿园科学教育 [M]. 北京：人民教育出版社，2004：174-175. 部分内容有所改动。

② 参见刘占兰. 幼儿科学教育 [M]. 北京：北京师范大学出版社，2000：141-154.

教师应为他们多选择活动的、色彩鲜艳的、现象变化明显的观察对象。真实事物现象的观察永远是儿童期观察的主体，但适度观看相关视频可扩展儿童的眼界，从更广阔或更微观的角度理解事物及现象，获取更系统的生态信息。如有关柳树的观察，幼儿园中的柳树自然是最好的认知对象，同时河、湖边的垂柳风景视频会更鲜活系统地展现柳树生长的环境特征，扩展儿童的内隐学习信息。

3. 活动过程的选择与确定

活动过程的选择与确定大致要规定活动的步骤。感官统合观察活动过程中的导入、展开、结束等环节因不同的活动目标而表现出不同的设计要点和设计流程，如表 5-3 所示。

表 5-3　活动目标与设计要点、设计流程的关系表现

活动目标	设计要点	设计流程
运用多种感官的观察能力	在习惯运用各种感官的基础上，充分运用多种感官观察物体现象，获取多样的感知经验	发现捕捉观察对象→自由感知观察→引导多种感官运用→表达、交流和分享（可小结并发现问题，丰富延伸）
有顺序的观察能力	在充分运用多种感官感知观察的基础上，学习顺序性观察，获取更整体、更全面的认识	收集确定观察对象→学习运用多种感官有顺序的（比较）观察→表达、交流和分享（可小结并发现问题，丰富延伸）
比较性观察能力	学习有顺序的比较观察，认识物体或现象的异同，加深对其的认识和理解	
长期系统性观察能力	学习持久系统的观察，直观地了解自然界某些因素间的相互关系、因果关系和事物现象的发展规律	激发兴趣，提出问题→个别观察和指导→表达、交流和分享（可小结并发现问题，丰富延伸）（流程 1、2 顺序可调换）

4. 活动指导的要点

如前所析，观察在探究性活动中占有重要的地位，在感官统合观察活动过程中，作为指导者的教师应注意以下几点。

（1）保证儿童亲历运用感官的观察过程。如认识水的过程中除用眼、鼻、舌感知水无色、无味、透明的特性外，还应动用手和耳，如可同时用手蘸一蘸水与果汁，感受两者有什么不同；将水与牛奶各装在瓶子里摇一摇，感受一下水的声音有什么特点等。

（2）保证儿童亲历顺序观察的过程。如观察收集来的各种各样的落叶，活动中学习按整体—部分（颜色、形状、大小等）—整体的顺序观察，形成对叶子特

征的比较全面、深刻的认识。教师不能对顺序观察作机械理解，当观察内容处于同一平台时，如对于叶脉、叶缘、叶尖、叶柄等内容的观察，教师不要去限定，可由儿童自己选择、确定观察的顺序。

（3）保证儿童亲历记录、表征的过程。适时地引导儿童通过形象化的绘画、数字、图表等形式，记录、表征所观察到的自然物、科学现象以及实验操作的结果。记录、表征可使儿童进一步巩固和加深对所观察对象的认识，培养儿童对自然物和自然现象细心观察的习惯，还能引起儿童再次观察的兴趣，有利于儿童相互交流科学学习的成果。通过形象化的记录、表征，教师可以更好地了解儿童的观察水平以及对观察对象认识的正确与否，从而不断调整自身的教育方式。

（4）保证儿童亲历思考、表现的过程。观察活动的延续依靠新的内容对儿童的吸引，观察中的问题往往能引发儿童深入地探究。如通过观察蜗牛壳上的螺线旋了几圈，是左旋还是右旋的等问题，促使儿童不断发现新的观察内容。这一活动，还能引起对螺丝、发旋、牵牛花、南瓜、水的旋涡等的观察兴趣。观察结果应根据不同观察对象，依据儿童的年龄、认知和表现水平状况，采用恰当的方法表现，如说明大树高大的动作比画，用楼高比照等；不知名的小虫的图画记录，等等。

（5）保证儿童亲历积累、迁移的过程。观察的过程是儿童不断形成、提高观察技能的过程，这一技能的养成与发展，将帮助儿童加深各感觉器官的体验，积累大量的感性经验，并在兴趣的促发下运用自己的经验去发现有趣的事物与现象，尝试解决生活中的有关问题。

5. 活动设计案例及解析

案例 5-2

今天的天气怎么样？ ①

活动目标：
　　观察每日的天气情况
活动过程：
　　询问儿童在来园的路上所观察到的天气情况，然后带儿童到户外观察。
　　教师提问："你感觉天气怎么样？你看到了什么？听到了什么？闻到了什么？"

① 马丁. 建构儿童的科学：探究过程导向的科学教育［M］. 杨彩霞，等译. 北京：北京师范大学出版社，2006：44-45.

提请儿童特别留意某些天气方面的指示物，如云、雨、露珠、雪、水坑、冰块、人们的穿着、旗子或树枝的飘动等。

为了帮助儿童观察户外的风，教师可以在儿童透过窗户能看到的户外空旷处放置一架风车，然后让儿童说说风车的转动情况。

教师可以在一张大表上用图画或文字或图文并茂地记录儿童的观察情况。有时，也可以让儿童在自己的科学日志上记录观察结果。让儿童坚持每天观察，并说说天气的变化情况。4 岁的儿童能画出或涂画出天气情况，并且说给教师听，教师可以在其画旁添加文字说明。大一些的儿童能自己用文字记录天气情况。

案例解析：

这是一个运用多种感官进行的观察活动。儿童通过发现、捕捉观察对象→自由感知观察→多种感官的运用→记录表达、交流和分享来观察天气的各种表现，感受着好奇心满足的乐趣，提升各种感官的敏感度，形成并发展着科学探究中的感知观察能力。

案例 5-3

辨认和整理葱和蒜（中班）

活动目标：

（1）观察比较葱与蒜各部分的异同（按根、叶、茎的顺序），梳理植物、蔬菜这两个概念。

（2）学习用比喻的方法描述葱、蒜各部分的外形，激发儿童的观察兴趣。

（3）丰富相应词语，如渐渐、越……越……。

活动准备：

葱、蒜各一大把，剪刀（人手一把），若干小筐或桶。

活动过程：

（1）取出葱、蒜。提问：桌上放着一些什么植物？你是用什么方法很快找到葱和蒜的？（由儿童自我介绍，凡用相同依据辨认者，用站起来亮相的方法以示肯定。）

（2）按根、茎、叶的顺序观察。

——帮助儿童梳理"植物"的概念。教师提问：请你拿起一根葱，看看它分成几个部分？再取一根蒜，看看有几个部分？有根、有茎、有叶，种在地上的叫什么？你还认识哪些植物？

（3）逐一解剖葱、蒜的根、茎、叶。

——请用剪刀剪下葱的根和蒜的根，比一比它们的根，有什么一样，有什么不一样？谁能说说它们像什么？

——用手撕下它们的叶子，比一比叶子什么地方一样，什么地方不一样？谁来说说它们像什么？

——请儿童把它们的茎找出来，比一比什么地方一样，什么地方不一样？

——请儿童把根、茎、叶分类摆放在相应的筐中。要求儿童用同样的方法把其余的葱、蒜整理好。（结合解剖。）

——整理完毕后，请儿童自由发言。提问："你有什么新发现？"启发儿童叙述实物的现实作为重点，如手上有黏腻的感觉和刺鼻的气味。

——教师简介葱、蒜气味的作用和大蒜素的作用。

（4）帮助儿童梳理"蔬菜"概念。提问：刚才说了葱、蒜是植物，它们种在哪儿？种在地里的叫植物，摘来吃了叫什么？你平时最爱吃什么蔬菜？①

案例解析：

这是一个对不同对象进行比较性观察的活动。儿童通过收集确定观察对象→学习运用多种感官有顺序的（比较）观察→表达、交流和分享来辨识葱和蒜。

中班偶发性科学教育活动：认识蚂蚁

---

① 朱静怡. 幼儿园发展能力课程［M］. 南京：南京师范大学出版社，2003：206-207.

第三节　实验操作类科学教育活动的设计与指导

皮亚杰指出，儿童的知识经验建构必须经由儿童自己的操作活动去完成。儿童通过个体与环境、材料的相互作用主动建构他们的智力并逐渐建立起更精确的智力结构，使儿童的智力阶段不断转换发展。

在学前儿童科学教育活动中，学前儿童学习内容和方式的特点及科学活动的特性决定了实验操作活动成为其主要的活动类型。

一、实验操作活动概述

实验操作活动是目前幼儿园科学教育活动中备受重视的一类活动形式，特别在探究性学习和"做中学"的理念和实践的影响下更是开展得轰轰烈烈。在我国，实验操作活动出现于 20 世纪 80 年代的教育改革中，从重视教师的演示实验演变到强调儿童的自主性探究，强调学前阶段非完整（或称非完全）的探究过程的特点（如多有问题的发现提出、问题解决方法的运用和问题结果的获得、问题结论的交流等环节过程，少有问题解决策略的明确、探究结果的评价反思等环节过程）。

实验操作活动的特点

实验是为了检验某种科学理论或假设而进行的某种操作或某种活动。科学实验要根据研究的目的，运用一定的物质手段（实验仪器、设备等），主动干预或控制研究对象，是在典型环境中或特定条件下所进行的一种探索活动。

按实验活动的主要教学目标和内容划分，实验可分为实验技能训练实验、验证性实验、探索性实验、模拟实验和思想实验。

幼儿园的实验操作活动通常是指作为活动主体的儿童在一定的问题或目的的引导下，通过对实物材料的操作以发现客观事物的变化及其关系的活动。儿

童适切的实验操作活动主要是验证性实验和探索性实验，它们之间的区别见
表 5-4。

表 5-4 探索性实验与验证性实验的差异 [①]

验证性实验	探索性实验
告诉儿童如何进行实验（实验步骤）	告诉儿童如何进行探索（探索步骤）
告诉儿童答案（事先已知答案）	不告诉儿童答案（事先未知答案）
努力获取预定答案（重在结果）	努力探索答案（重在过程）
依据儿童的实验结果接近预定答案的程度予以评价	依据儿童本人收集的信息（数据）和解释的程度予以评价

　　实验能力是实验操作类科学教育活动培养的关键能力。实验能力是一种综
合能力，是在实验操作过程中表现出来的能力，它广义上应包括发现、选择和明
确课题的能力，选用实验方法和设计实验方案的能力，使用仪器和操作实验的能
力，观察实验的能力，实验思维的能力，收集资料数据的能力，分析、研究和处
理实验资料、数据的能力，发现物理实验规律的能力，表述实验及其结果、最终
解决问题的能力，等等。

　　适合儿童的这类实验操作活动强调的是训练提高实验基本操作技能（即按照
目的、规则操作使用工具的技能）、实验观察能力（即对实验中现象的感知观察
能力）、实验数据记录能力（即采用多种方法记录、保留实验变化现象的能力）、
实验设计能力（即从问题发现到问题解决的系列过程的能力）等，并且依此加深
对世界的理解，体验发现的乐趣。

二、实验操作类科学教育活动的设计指导及案例解析

（一）活动载体、核心目标的选择与确定

幼儿园的实验操作类科学教育活动，其载体主要涉及以下方面。

　　（1）常见物理、化学变化的实验。如"奇妙的蛋壳""怎样让热水快点变
凉？""乌龟跳舞""奇妙的斜坡""神奇的魔水"等。

　　（2）常见种植、饲养的实验。如"种大蒜""变弯的牵牛花茎""小白兔爱吃什
么？"等。

---

① 余自强. 科学课程论［M］. 北京：教育科学出版社，2002：203-204.

（3）常见多种（非）正式测量工具的操作练习。如"我的影子怎么变短了？""哪个更重些？"等。

（4）常见各种科技产品的操作练习。如"怎样让手电筒发出更亮的光？""使用录音机"等。

实验操作类科学教育活动的核心目标与适用年龄段等的关系见表5-5。

表5-5 实验操作类科学教育活动的核心目标
与适用年龄段、适用活动的关系表现

活动的核心目标		适用年龄段	适用活动	举例
实验操作能力	验证性实验操作能力：主要表现为能通过自己的操作观察获得发现	小班或以上	集体活动、区域活动	奇妙的蛋壳 乌龟"跳舞" 赶跑"灰太狼" 使用录音机
	探索性实验操作能力：主要表现为能在感知观察的基础上发现、提出问题，提出假设，并通过自己的操作实验进行检验，尝试解释和预测	中班或以上	集体活动、区域活动、生活活动	奇妙的斜坡 怎样让热水快点变凉？ 种大蒜 变弯的牵牛花茎 小白兔爱吃什么？ 我的影子怎么变短了？ 哪个更重些？ 怎样让手电筒发出更亮的光？

（二）活动材料的选择与确定

儿童的学习特点和方式决定了操作材料在实验操作活动中的价值。这类活动除需要选择安全、充足、多样的操作材料外，还对操作材料的结构性有特别高的要求，教师要特别注意选择有助于揭示活动目标的有层次的材料。如"奇妙的蛋壳"活动中应分别准备教师、儿童及分组操作的材料，其中儿童操作的鸡蛋壳、粗吸管、铅笔等材料，着重帮助儿童在操作中感受、体验凹、凸面出现的不同的力的承受现象；教师操作的海洋球、浅蓝色水、针筒等材料，重点直观显示"力的分散"现象。此外，在区域活动中，外形有趣的材料可激发儿童探究的愿望；选择性的材料可帮助训练儿童思维的多变性；障碍性的材料可帮助锻炼儿童的坚持性；新奇性的材料可帮助培养儿童的创新力。①

---

① 参见林佩芬. 幼儿园区域活动的实践与研究（上）[M]. 宁波：宁波出版社，2004：8-11.

（三）活动过程的确定

结合前面提到的儿童适切的实验操作活动是验证性实验操作活动和探索性实验操作活动，联系儿童适用的集体活动、区域活动和生活活动，在相关大量实践和理论研究的基础上把这类活动按过程分为三种：演示－操作式、猜想－验证式、自由－引导式。活动核心目标与活动类型、设计要点、设计流程的关系见表5-6。

表5-6 活动核心目标与活动类型、设计要点、设计流程的关系表现

活动核心目标	活动类型	设计要点	设计流程	举例
验证性实验操作能力	演示－操作式	训练提高基本操作技能、观察等实验能力，并且依此加深对世界的理解，体验发现的乐趣	教师演示，幼儿观察→幼儿按教师演示的方法实验操作→进一步观察、发现→表达、交流和分享（可小结并发现问题，丰富延伸）	集体、区域活动，如"奇妙的蛋壳""乌龟跳舞"
探索性实验操作能力	猜想－验证式	训练提高数据记录、操作、观察等实验能力，并且依此加深对世界的理解，体验发现的乐趣	提出问题，猜想结果（做记录）→迁移方法，操作验证→表达、交流和分享（可小结并发现问题，丰富延伸）	集体、区域活动，如"奇妙的斜坡""怎样让热水快点变凉？"
	自由－引导式	训练提高实验设计、数据记录、观察等实验能力，并且依此加深对世界的理解，体验发现的乐趣	提供材料，幼儿自由探索→幼儿自由交流→教师介入（引导有目的探索）→师幼表达、交流和分享（可小结并发现问题，丰富延伸）	生活、区域、集体活动，如"种大蒜""哪个更重些？"

（四）活动指导的要点

遵循"适时、必要、谨慎、有效"的原则，保证儿童在实验操作活动中进行有效探究，实现实验操作活动的发展价值的行动策略有以下几种：

（1）各种"前概念"（或正确或错误）的有效呈现。儿童在生活、成长过程中，积累了大量丰富的经验。这些原有经验，表现为儿童头脑中的"前概念"，是儿童理解新知的最佳"生长点"。在实验操作活动中，教师要注意激发儿童的主动性，让儿童积极猜想，发现和提出问题，最大限度地调动起儿童原有的"前

概念"，帮助儿童在"前概念"的基础上形成新的概念。

（2）实验操作功能的最大限度发挥。问题的发现、认知的冲突，能激发儿童的积极性和主动参与的热情，而问题的解决、现象的理解和记忆，则需要实验操作的支持。在探究活动过程中，儿童遇到的困惑，只有在一个个问题性障碍的解决过程中才能得以消除。如在"奇妙的蛋壳"活动中，通过儿童操作、教师演示的循环，儿童感受、理解"凸面上力分散、凹面上力集中"的现象。

（3）实验收、放权的正确把握。科学探究活动中儿童主体探究地位的凸显，使部分教师错误地认为要把活动的主动权完全交给儿童，自己不经意间由活动的"主导"走向"边缘"，甚至变为"观众"。其实，无论在验证性还是探索性的活动中，教师都是活动的组织者、指导者、合作者和促进者，只是针对验证性实验，教师收的表现更明显些；在探索性实验中，教师放的表现更明显一些，幼儿的自由度更大一些。

（4）实验操作结果可见性的提高。实验操作的结果可见是实验的基本要求，学前期具体形象思维为主的特点，更加强调了这一要求。如在"种大蒜"活动中三种种法的集体记录表格的提供；"奇妙的斜坡"中不同坡度、不同表面糙度的木板；"奇妙的蛋壳"中，针筒中吸入的浅蓝色水不仅美观，而且能保证实验结果的可见性。

只有注意上述几个方面的策略，儿童的实验操作、观察、设计等能力才能保证得以提高。如"乌龟跳舞"中乌龟腿及光照位置的观察是该活动展开的基础；"种大蒜"中三种种法的集体记录表格的设计，保证了儿童对大蒜发芽规律的观察认同、活动的延续展开。

（五）活动设计案例及解析

案例 5-4

奇妙的蛋壳（大班）

（设计者：胡剑红　　评析：沈清）

活动目标：

1. 探索力作用于蛋壳凹面、凸面出现的不同现象。
2. 初步感知拱形面能承受较大力的现象，并了解其在生活中的应用。
3. 学习用语言描述、简单统计等方法来表述自己的操作过程和结果。

中班科学活动：小猴翻跟斗

活动准备:

1. 儿童的操作材料

(1) 个人材料: 1/2 的鸡蛋壳 (洗净、晾干) 4~5 只, 削好的铅笔 1 支 (约 15 cm 长), 直径约 4.5 cm、高约 2 cm 的透明胶带纸圈 1 个, 直径约 1.2 cm、高约 20 cm 的粗吸管 1 根 (管腔略大于铅笔)。

(2) 分组操作材料: 大河、小河模型各一, 23 cm × 9.5 cm 的长方形卡纸 2 张, "小积木" 20 块 (每块由两枚陆军棋黏合而成), 记号笔 1 支。

2. 教师的操作材料

(1) "小鸡出壳" 桌面教具一套。

(2) 演示材料: 半个海洋球、小盘子、一次性针筒、浅蓝色水。

(3) 有关拱桥、隧道、球形屋顶等照片及实物投影仪。

(4) 用卡纸做成的拱形桥洞三个 (一个大的、两个小的)。

(5) 图片一张。

活动过程:

1. 教师设疑激趣, 儿童操作感知

(1) 结合桌面教具, 讲述故事《小鸡出壳》, 引出疑问: 到底是谁啄破了蛋壳?

〔评: 用桌面牵线教具和故事中小鸡姐妹的对话引出课题, 使儿童置身于有趣的童话世界之中, 激发了儿童的好奇心和探索欲望。〕

(2) 启发儿童用铅笔笔尖模拟小鸡的尖嘴巴 "啄" 蛋壳, 寻求答案。

① 什么东西比较像小鸡的尖嘴巴?

② 儿童模拟操作, 得出 "鸡妹妹用尖嘴巴啄破蛋壳" 的结论。

〔评: 教师巧妙地启发儿童用笔尖模拟小鸡的尖嘴巴, 使儿童体验到解决问题、发现答案的愉悦感。〕

(3) 引导儿童探索相同的力分别作用于蛋壳的凹、凸面而出现的不同现象。

① 鸡姐姐不服气, 说刚才用的力不一样, 你们有什么办法可以让铅笔掉下去的力差不多大小呢?

② 儿童简短讨论后, 教师引导儿童借助吸管和胶带纸圈再次操作, 结果发现鸡妹妹确实是用尖嘴巴啄破蛋壳的。

〔评: 此处吸管的运用相当精彩, 它既控制了笔尖下落的高度, 又控制了笔尖的落点, 避免儿童产生蛋壳不破是因为 "笔尖滑走" 的误解, 体现了教师在设计科学活动时的严谨态度。〕

2. 教师演示、解惑，儿童初知原理

（1）小小蛋壳真奇妙，这么放不容易碎，而这样放就很容易碎，这里面有什么奥秘呢？（儿童简短讨论。）

（2）请儿童观看教师的实验演示，发现"力的分散"现象。提问：我把针筒里流下的蓝色水比作铅笔掉下去的力，把半个海洋球比作蛋壳，请大家看看水落到"蛋壳"上怎么样了？（教师操作演示。）

〔评：教师将无形的"力"用有色的"水"来替代，把抽象的、隐性的"力"转化为具体的、显性的"水"，成功地突破了"力的分散"现象这一学习难点。〕

（3）教师边借助图示，边用有趣的语言小结"薄壳结构原理"。

〔评：将儿童零散的感性经验归纳并上升为图示符号的表述，既简明扼要，又为下一环节"迁移应用"做了很好的铺垫。同时，它使儿童在潜移默化中明白：许多事物可以用简明的符号、文字来说明。〕

3. 教师引导迁移，儿童运用经验

（1）教师指着图示，提问：这个拱形像什么？你在生活中有没有见过这种形状的物体？

（2）运用实物投影仪和照片，向儿童介绍生活中的拱桥、球形屋顶、隧道等建筑物，知道这些都是蛋壳的奥秘在生活中的应用。

〔评：经验的迁移运用是一个难点，教师从引导儿童想象到展示实物，并运用经验去解释生活中的现象，揭示了科学社会化、科学生活化的内涵。〕

4. 教师激励探索，儿童比较、统计

（1）请儿童分别在"大河"与"小河"上建造一座不同弧度的拱桥，尝试桥面中央最多能放几块积木，并将结果记录到表格中。

（2）引导儿童结合记录，比较、分析两种拱桥的利弊，发现新的问题。

① 哪座桥比较牢固？它有什么不方便？（太陡、费力。）

② 这座比较平的拱桥虽然不太牢固，但它有什么好处？（方便。）怎样使这座桥也变得牢固起来？

〔评：这一环节主要是为了引导儿童进一步探索弧度与承重的关系，发现新问题，从而使儿童的探索活动更具递进性。〕

③ 儿童讨论后，教师再次运用"薄壳结构原理"，在其中一座"拱桥"下放入三个"桥洞"，并请儿童数一数上面能压多少积木。

〔评："造桥"把活动推向了高潮。儿童在"造桥"过程中，不仅学习了统计、测量方法，而且获得了与同伴成功合作的体验。〕

活动延伸：

1. 让儿童通过图片、投影观察各种现代桥梁的建造方法，激发儿童的探究欲望。

2. 引导儿童继续关注"薄壳结构原理"在生活中的应用情况。

案例解析：

这是一个验证性实验操作活动。儿童通过观察教师的演示→按教师演示的方法实验操作→进一步的观察发现→表达、交流和分享来真实体验着凸面和凹面受力的不同，体验发现的乐趣，训练提高基本操作、观察、数据记录等实验能力。

案例 5-5

奇妙的斜坡（大班）

（设计者：俞春晓）

中班科学活动：沉与浮

设计意图：

斜坡在生活中随处可见。滑梯、山坡乃至台阶都是斜坡。斜坡蕴含着科学原理。如何引导儿童去关注周围生活中的这样一种科学现象，在玩的过程中去体验科学，是教师应该做的，这也是本教学活动的出发点。

《纲要》指出："要尽量创造条件让幼儿实际参加探究活动，使他们感受科学探究的过程与方法，体验发现的乐趣。"《指南》强调，"成人要善于发现和保护幼儿的好奇心，充分利用自然和实际生活机会，引导幼儿通过观察、比较、操作、实验等方法，学习发现问题、分析问题和解决问题"。本活动重在提供各种材料，鼓励儿童主动地发现，由浅入深地操作、探究，从而自主建构，自主发展。

活动目标：

1. 能自主探索，有对科学现象进行探究的兴趣。

2. 能观察物体在不同的斜坡上的运动状态。

3. 初步了解斜坡在生活中的作用。

活动准备：

1. 木板、各种积木若干。

2. 有关斜坡的录像。

3. 每组一份记录用的表格和笔。

活动过程：

1. 通过自由探索，丰富儿童关于物体在斜坡上运动的经验

（1）引出课题：小朋友，你们喜欢玩滑梯吗？为什么喜欢？（请儿童交流、谈论。）

（2）请儿童结伴搭建一个斜坡并操作、探索，教师个别指导。

不同的玩具从斜坡上是怎样下来的？

你能使小玩具从斜坡上下来的速度变快或变慢吗？

2. 讨论交流，发展儿童表达经验的能力，激发探究的愿望

（1）请儿童介绍自己刚才的操作。

你搭建的斜坡是怎样的？你是怎样让小玩具在斜坡上"玩"的？

你是如何让玩具从斜坡上下滑的速度变快或变慢的？

（2）请个别儿童演示自己的探究过程。

3. 通过指导，提高儿童探究的有意性，发展儿童初步解决问题的能力

（1）请儿童讨论游戏规则（即比较的方法）。

提问：我们要比较谁的小汽车在斜坡上开得快，应该怎么做？

请儿童提出各种方法，教师在记录表格上将其归纳为几种类别。

（2）请儿童分组比较同样的小玩具在坡度不同及表面毛糙程度不同的两种斜坡上的运动状态，并用表格记录操作结果。

（3）个别小组交流记录结果，集体讨论、验证。

附：儿童记录表

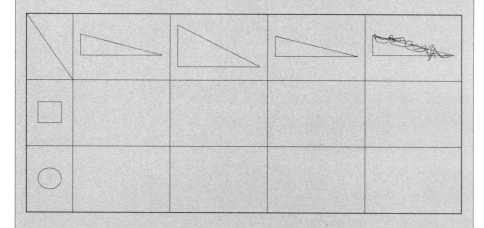

4. 扩展思维，发展儿童思维的灵活性

你在生活中见过斜坡吗？它们是怎样的？

引导儿童观看录像，了解生活中的斜坡及其特点和功能。

活动延伸：

请儿童去寻找生活周围的斜坡，激发儿童继续探究的欲望。

案例解析：

这是探索性实验操作活动中的猜想－验证式活动。儿童通过提出问题，猜想并记录结果→迁移方法，操作验证→表达、交流和分享的过程来发现物体在不同的斜坡上的运动状态，体验发现的乐趣，训练提高实验数据记录、操作、观察等实验能力。

案例 5-6

小班科学活动：泡泡乐园

种大蒜（小班）

【镜头回放一】在儿童认识了蒜头后，教师提出了两个问题：现在我要将大蒜宝宝种在土里，该怎样种？为什么呢？

幼1：应该大头向上放在土里，因为好喝水。幼2：要横着放在土里，大蒜宝宝好睡觉。幼3：要把小头放在上面种……接下来，教师按照儿童说的三种种法制作了集体记录表格，并给儿童准备了标记贴，请儿童把自己的标记贴在表格中相应的位置。然后，儿童按照自选的方法种植大蒜。

【镜头回放二】教师将用不同种植方法种植的大蒜分开摆放，让幼儿观察它们的发芽情况。当有些大蒜开始发芽时，教师问：大头向上种的大蒜宝宝能发芽吗？（目的是想引导幼儿通过观察得出"大头向上种的大蒜不会发芽"这一结论。）

幼1：过几天，我种的大蒜就能发芽。教师指着幼2大头向上种大蒜的纸杯说：它根本就没发芽，所以大头向上种的大蒜是不能发芽的。幼2：多浇点水，它就能发芽。幼3：浇水也没用，老师说的是对的。幼4：大头向下种的大蒜宝宝才能发芽。……教师见幼儿争论起来，便改变了预先的教学计划，将幼儿分成正方和反方两组，让幼儿讨论、交流起来，并在一个纸杯中用三种方法种植了蒜瓣。过了几天，教师和幼儿惊奇地发现：用三种种植方法种植的大蒜都发芽了。于是，在承认自己错误认识的同时，教师对坚持正确观点的幼儿予以表扬。

【镜头回放三】一名幼儿的罐子里发了一大一小的芽，这引发了幼儿的争论。一部分幼儿认为是大蒜宝宝的芽，理由是：别人发的芽长长的，它发的芽也长；这芽还没长大，长大了就像了；它有两个芽，一矮一高……另一部分幼儿认为不是大蒜宝宝的芽，理由是：它的芽瘦，大蒜宝宝的芽胖；肯定是野草，大蒜宝宝只有一个芽；它的芽细细长长的，太尖了……面对幼儿的争论，教师拿出一罐大蒜发的芽，让幼儿比较。[①]

案例解析：

这是探索性实验操作活动中的自由－引导式活动。儿童通过自由探索所提供的材料→自由交流→教师有目的探索的介入引导→师幼表达、交流和分享的过程来发现种大蒜的合适方法和观察大蒜发芽的多种表现，体验发现的乐趣，训练提高实验设计、数据记录、观察等实验能力。

① 周联. 谈教师对幼儿科学探究活动的指导策略：以小班种植活动《种大蒜》为例［J］. 早期教育（教师版），2010（10）：53.

第四节　设计制作类科学教育活动的设计与指导

　　如果说观察认识活动、实验操作活动是极具特点的科学教育活动，那么设计制作活动则是整合性最强的一类科学教育活动。幼儿园的设计制作类科学教育活动有一定的设计，但更多的是科学制作活动。

一、设计制作活动概述

　　"制作"与"制造"同义，是指用人工使原材料成为可供使用的物品。设计制作活动是科学、技术与艺术的结合。

　　幼儿园中的设计制作活动是指儿童在教师的指导下，尝试设计并动手制造多种科技产品的过程。适于儿童开展的这类活动强调的是训练提高儿童的制作能力和程序设计的意识能力，增强对事物现象的认识，体验创造的价值和乐趣。

　　这类活动中主要涉及两种不同的"技术"：一种是设计的技术，即在进行科技制作过程中要思考的基本思路和方法；一种是制作的技术，即实际动手制作、创造某种产品的操作技巧。

　　设计制作类科学教育活动与幼儿园美术教育中开展的手工制作活动（或称做做玩玩）跨越观念后具有科学与艺术融合的一致性，以问题解决为中心的科学探究价值和以表达表现为中心的艺术表征价值可在这两种活动中共同实现，从而可统整为一类活动。[①]传统中，手工制作活动的重点仅仅在于感知和构思形象，追求形式美；而设计制作活动强调要探究所要制作物体的性能，发现它之所以具备这种性能的原因或原理，并按其原理进行科学设计、制作，但事实上，科学在这

---

① 于开莲. 科学与艺术的融合：幼儿手工制作活动双重价值探析 [J]. 幼儿教育（教育科学版），2008（9）：23-25.

里可与艺术相融合。比如，制作不倒翁时，如果让儿童尝试独立设计再动手制作，他们就必须在感知基础上概括出不倒翁的外形特征后，进一步探究其为什么不倒的原因。这时，儿童可能会产生种种假设（如底部有重物等），并需要一一验证这些假设。如果找不出不倒翁不倒的真正原因，儿童是不可能做出不倒翁的。除对这一关键原因的探索外，整个制作过程还可能会包含如发现合适的材料、寻找适当的固定重物的方法和位置等的探索。

二、设计制作类科学教育活动的设计指导及案例解析

（一）活动载体、核心目标的选择与确定

幼儿园的设计制作类科学教育活动，其活动载体主要涉及以下方面。

1. 科技玩具的设计制作。如不倒翁、纸飞机、纸船、风车、电话、降落伞、万花筒、拉力球、高跷、压力火箭等的制作设计。

2. 科学模型的设计制作。如岩石标本、树叶标本、昆虫标本等的制作设计。

3. 常见食品的设计制作。如面包、饺子、月饼、冰棍、果汁等的制作设计。

设计制作类科学教育活动的核心目标与适用年龄段等的关系见表 5-7。

表 5-7　设计制作类科学教育活动的核心目标
与适用年龄段、适用活动的关系表现 [①]

活动的核心目标		适用年龄段	适用活动	举例
设计能力	能有表明自己想法的行为	小班或以上	集体活动、区域活动、生活活动	制作（设计） 不倒翁、纸飞机、纸船、风车、电话、降落伞、万花筒、拉力球、高跷、压力火箭等
	能表达针对目标所计划采取的行为及与此相关的想法	中班或以上		
	能用多种方式来说明自己设计的草案，并能简单说明原因	大班		
制作能力	能利用各种材料和设备制作简单物品	小班或以上		岩石标本、树叶标本、昆虫标本等
	能使用简单的手用工具、材料和部件制作物品	中班或以上		
	能针对面临的困难，利用现有的材料、资料和技能找出应变措施	大班		面包、饺子、月饼、冰棍、果汁等

① 刘占兰. 幼儿科学教育［M］. 北京：北京师范大学出版社，2000：63，部分内容有所改动。

（二）活动材料的选择与确定

设计制作活动使用的材料主要包括活动主体材料，如木板、木条、木块、钉子、木胶、螺钉、各种纸板、铁丝、竹片、绳子等；辅助材料，如绳、棍、皮筋、胶水、彩笔、纸、布等；各种工具，如剪刀、针、锤子、漏斗、果汁机等。这些材料一般以够用（能够达到目标的要求）、有趣（能引发儿童探究）为原则，因地制宜，就地取材，主要以教师和家长共同搜集来解决。

（三）活动过程的确定

设计制作活动的过程因儿童设计和制作能力的差异而表现出两种不同的模式：针对设计制作任务较难的活动，通常采用"演示观察—制作—展示分享"的基本模式；针对较为熟悉或任务较易完成的活动，通常采用"设计构思—制作—展示分享"的基本模式。

（四）活动指导的要点

幼儿园的设计制作活动也属于儿童自主探究学习的活动，因此即使在"演示观察—制作—展示分享"的活动过程中，儿童的主动建构特征也要充分地表现出来。

通常设计制作活动的主题是教师依据儿童的兴趣、能力、活动的发展价值和材料收集的实际等综合考虑而选择与确定的。教师在具体指导中应注意以下几点。

1. 提供范例，让儿童有探究的兴趣和目的

如在"做电话"中，教师可出示一个已做好的电话模型，问："这个看起来像什么？你是怎么知道的？"在大部分儿童观察认识到是电话后，可请两名儿童来玩一玩"打电话"的游戏，发现其中声音的变化，从而激发想"做电话"的兴趣；另外可通过"它是怎么做成的？需要哪些材料？"的问题，进一步引发儿童更细致地观察。

2. 剖析难点，让儿童运用经验解决问题

"做电话"中有两个难点——在纸杯上穿孔和固定"电话线"，这两个难点如何解决？教师可向儿童提出难点所在，儿童常会根据自己的经验来挑战解决，提出多种设计制作的方案，如有的说"用剪刀戳"，有的说"用钉子钉"，有的说"用铅笔尖戳"……从而把解决问题建立在自己的经验基础上。

3. 提出质疑，让儿童有思考问题的空间

探究的过程就是儿童形成态度、发展能力、自我建构知识的过程，质疑、发

现问题会促发儿童更深入的思考、探究。如在"做电话"的固定"电话线"的难点解决过程中，有的儿童只是将线穿过杯底，就认为已做好了。教师发现这一问题后，可将线一拉并问道："电话线怎么一拉就断，这怎么打电话呢？"于是，儿童就发现了问题，再重新思考"怎样才能将线拴牢固？"最终找到用小棍等替代物固定"电话线"的办法，保证了制作电话活动的成功。

4. 提供帮助，让儿童继续自己的探究行为

针对一些因经验和能力原因而不能解决问题的儿童，教师可自己或利用儿童同伴提供帮助，通过儿童自己的观察、模仿学习、同伴帮助或教师直接解决的方法，延续儿童的探究行为，让儿童体验创造成功的乐趣。

5. 组织交流，让儿童梳理和分享经验

展示、交流可帮助儿童梳理自己的设计思路和制作方法，以逐渐明晰自己的想法和做法，强化建构的新经验。同时，同伴的经验会和儿童自身获得的经验产生碰撞，从而引发更进一步的思考。如儿童都做好"电话"，玩过打"电话"的游戏后，可以提出"你是用什么方法制作的？你觉得哪一步最难？你是怎么解决的？"等一系列问题帮助儿童进行反思和总结，学习同伴的好的设计和做法。①

（五）活动设计案例及解析

案例 5-7

有趣的不倒翁（大班）

（设计者：蔡伟玲）

活动目标：

1. 观察探索，简单了解不倒翁不倒的秘密：上轻下重、底面大而圆滑。

2. 能积极动手制作不倒翁玩具，愿意尝试各种材料。

3. 进一步萌发对科学探索的兴趣与欲望。

活动准备：

1. 不倒翁玩具和用乒乓球、蛋壳、废旧皮球制作的各种玩具摆放在桌子上（其中部分会倒，部分不会倒）。

2. 儿童操作材料：每组一套，乒乓球（剪成半个）、碎纸片、玻璃球、豆子、扣子、橡皮泥、彩色三角形纸、笔等。

---

① 中国学前教育研究会幼儿园课程与教学专业委员会. 幼儿园科学探究的教与学［M］. 南京：南京师范大学出版社，2006：141-155.

活动过程：

1. 自由探索——发现不倒翁的秘密

（1）出示不倒翁玩具，提问："你玩过不倒翁吗？它有趣在哪里呢？"

（2）教师请儿童玩一玩桌子上的玩具，看看哪些是不倒翁，哪些不是？

（3）提问："为什么不倒翁能不倒呢？它有什么秘密呢？"请儿童观察、操作、发现不倒翁的秘密。（玩具的底部有重的东西。）

2. 尝试制作不倒翁玩具

（1）第一次制作不倒翁玩具：请儿童每人拿一个乒乓球，尝试利用桌子上所提供的操作材料制作一个不倒翁玩具。教师巡回指导儿童的操作，并引导儿童进行比较。

（2）请个别儿童边演示边交流自己的制作。（用什么材料？玩起来怎么样？）

教师肯定儿童的尝试，简单小结：把重的东西固定，装在玩具底部的中间，就可以做成不倒翁玩具。

（3）第二次制作不倒翁玩具：请儿童在交流后再进一步制作自己的不倒翁玩具，满意之后用桌子上提供的三角形色纸卷成不倒翁头部，画上五官等，安装在乒乓球上，完成不倒翁玩具的制作。

3. 玩一玩，体验乐趣与成就感

儿童展示摆弄各自的不倒翁玩具，体验成功的喜悦和自制玩具的乐趣。教师可播放音乐儿歌：《不倒翁》（左摇摇，右摇摇，头儿小小，脚儿圆圆，头轻脚重一起来做运动，左推不倒，右推不倒，左右摇晃真呀么真可爱！）

活动延伸：

1. 举办不倒翁玩具展览，进一步激发儿童操作的兴趣。

2. 提供纸片、玻璃球、豆子、沙子、塑料球、橡皮泥等材料供儿童继续探索和制作不倒翁玩具。

案例解析：

这是一个制作设计任务较难的活动，儿童通过"演示观察—制作—展示分享"的活动流程，更好地了解了不倒翁"上轻下重、底面大而圆滑"这一不倒的秘密，体验创造的乐趣，训练提高制作和设计不倒翁玩具的意识和能力。

中班科学活动：自制喷水壶

第五节　谈话讨论类科学教育活动的设计与指导

美国学者兰本达经过多年的理论研究与实践，提出了科学教育的"探究—研讨"教学法，"探究—研讨"教学法包含了两个方面的内容，"探究"侧重于让学生通过动手操作和探索，去探究教师为其提供的实物材料；"研讨"则是在探究基础上，学生把自己在探究过程中的发现和疑惑与同学、教师进行交流、探讨，以获得科学结论的过程。在幼儿园的科学教育实践过程中，研讨性的谈话讨论也是一类独立的科学教育活动。

一、谈话讨论活动概述

如前所述，观察认识、实验操作与设计制作等活动既是科学探究过程中科学素养发展提升的过程，也是探究活动开始或变化阶段问题发现的保证。那么，如"探究—研讨"教学法所揭示的，研讨性的集体谈话讨论的作用在于语言和思维的相互作用。它可使儿童从学习的"此岸"（用实物材料进行作业之后）到达"彼岸"（用自己的语言有条理地解释现象），推动探究能力，概念水平和学习态度、方法的发展。另外，谈话讨论的话题也可成为科学探究活动问题的来源。

科学教育中的谈话讨论活动通常是教师和儿童或儿童作为独立主体对某些专题探究活动的总结或对某一生活现象触发的丰富经历、体验的即时表述。它与语言教育中的谈话活动有较为复杂的关系（见表5-8）。同时谈话讨论活动与观察认识活动、实验操作活动的区别也很明显。虽然谈话讨论活动的话题很大程度上也是儿童直观感知的事物现象的反映，需要一定的动手操作，但其目标的侧重、话题内容涉及的知识经验、活动结果表达、交流的形式等是与语言教育中的谈话活动、科学教育中的观察认识活动和实验操作活动不同的。

表 5-8 科学教育中的谈话讨论活动与语言教育中的谈话活动的异同

类型		科学教育中的谈话讨论活动	语言教育中的谈话活动
相同性	基本特征	如拥有一个具体、有趣的中心话题，拥有较丰富的谈话素材，注重谈话的多方交流，谈话的语境宽松自由，教师在活动中起间接引导的作用等	
	目标	发展儿童的表达、交流能力，都注重实际应用	
	方式	使用的都是对话言语	
	指导策略	如创设情境，引出话题；围绕中心，拓展内容；敢于质疑，大胆提问；隐性示范，间接指导；面向全体，分层指导；提供舞台，谈出自我；等等	
差异性	目标侧重	训练表达、交流的多样形式，提高分类、概括、推论和预测的能力，建构科学概念，感受沟通的乐趣——侧重于"真""逻辑思维能力"	促进儿童倾听能力、口语表达能力的发展，提高儿童的语言交往水平。重视"真"，但更侧重于"美""想象能力"
	话题性质	更具体，如"谈论交通工具"	更多样，可有开放性强的话题。如"我要上小学了"
	表达方式	运用言语、动作、实物、模型、图画、图表等多种表达方式	主要运用语言，辅以动作进行

二、谈话讨论类科学教育活动的设计指导及案例解析

（一）谈话讨论的话题来源

学前阶段的谈话讨论话题主要是基于事实观察、操作制作等的反应。科学类的谈话讨论话题，一般来源于实际探究活动之后的总结，或是某一观察活动的反应。如学习车、船、飞机等之后"谈论交通工具"的总结；恐龙主题探究后的"霸王龙是食草动物，还是食肉动物？"的总结；被小鸡吸引后的"关于小鸡的探究"的讨论。

（二）核心目标的选择与确定

幼儿园谈话讨论类教育活动的目标是培养儿童"有话说，有话敢说，有话会说"的表达、交流能力。在此基础上，谈话讨论类科学教育活动主要培养儿童说

话有事实依据、实事求是的态度和能力。谈话讨论类科学教育活动的核心目标与适用年龄段等的关系见表 5-9。

表 5-9　谈话讨论类科学教育活动的核心目标
与适用年龄段、适用活动的关系表现

活动核心目标		适用年龄段	适用活动	举例
实事求是的表达、交流能力	分类和概括能力	小班或以上	集体活动、区域活动、生活活动	谈论交通工具 霸王龙是食草动物，还是食肉动物？ 摇动花的时候会有什么东西掉下来？ 什么样的植物能够食用？ 种子的分类 茶叶是树叶吗？
	推论和预测能力			关于小鸡的探究 恐龙肉好吃，还是牛肉好吃？ 什么东西会发芽和生长？ 今天会下雪吗？

（三）活动过程的确定

探究活动后的总结性的谈话讨论，通常在集体活动中进行。这类活动的基本流程为"教师提出问题—儿童实际解答"。教师通过目标明确、层层深入的提问，帮助儿童运用在主题探究中获取的经验认识进行分类、概括、推论、预测，从而建构起关于该主题的更为上位的科学概念体系，感受沟通的乐趣。

区域活动及生活活动中的科学类谈话讨论活动，其过程的进展、节奏等基本由儿童自主把握，表现出较大的灵活性。

（四）活动指导的要点

谈话讨论类科学教育活动的指导，无论是在集体活动，还是在区域活动或生活活动中，与其他类的科学教育活动指导都有共同点，集中概括为体现儿童的主体探究特征、表现教师的示范指导作用等基本原则。同时，教师应特别注意科学教育中的谈话讨论活动指导与语言教育中的谈话活动指导的最大区别，即尊重事实根据的谈话讨论。教师既要注意发挥儿童的想象，给儿童留有空间，更要注意谈话讨论中分类、概括、推论、预测所依据的经验事实，注重生活真实，培养儿童实事求是的基本科学态度。

（五）活动设计案例及解析

案例 5-8

谈论交通工具（中班）[①]

活动目标：

1. 了解儿童已有的关于交通工具方面的经验，帮助儿童梳理"交通工具"的概念。

2. 根据儿童列举的有关交通工具实例，学习分类。（水、陆、空。）

活动准备：

笔、纸与水粉颜料。

活动过程：

1. 提问：我从很远的地方来，你们猜我是怎么来的？（坐汽车来的）什么汽车？（大客车、中巴车……）除了坐汽车，还可以坐什么来？（飞机、轮船、摩托车、自行车……）

教师小结：可以坐人，可以带物行走的工具，都是交通工具。

2. 提问：

——刚才小朋友说的，哪些是交通工具呢？（大卡车、公共汽车、飞机、轮船等都是交通工具）还有哪些可以代替交通工具？（马、小毛驴，我爸爸也是"交通工具"，背着我走路……）

——我今天到底是乘坐什么交通工具来的呢？（教师紧接着用水粉笔当场画了一辆公共汽车，边说边画，叙述其外形特征）车在什么地方行走？（车在路上行走）在路上行走的交通工具都叫"陆上交通工具"。刚才我们说了那么多的交通工具，到底哪些是"陆上交通工具"？（摩托车、汽车、自行车、三轮车等。）

——在水上行走的交通工具叫什么交通工具？（水上交通工具）水上交通工具有哪些？（教师结合儿童的回答选一样为例子，画在纸上，并与儿童一起叙其外形特征。）

① 朱静怡. 幼儿园发展能力课程［M］. 南京：南京师范大学出版社，2003：202-203.

——谢谢大家讲了这么多的交通工具。我们把图画留下，请大家有空画画你喜欢的交通工具，画后剪下来贴在相同类的交通工具下。如果你画了小木船，应该贴在哪儿呢？（贴在大轮船旁边）如果是直升机呢？如果是小轿车呢？好！大家试试吧。

案例解析：

这是典型的在儿童对交通工具一段时间的探究以后进行的总结性谈话交流，儿童在实际解答教师提出的系列问题的过程中，建构着关于交通工具的科学概念，感受着沟通的乐趣，提高了分类、概括和推论的能力。

案例 5-9

关于小鸡的探究 [①]

一群 5 岁左右的孩子围着一群小绒鸡谈论着。

"你说这群小鸡知道自己的爸爸、妈妈是谁吗？"

"恐怕它们从蛋里钻出来之前早就与父母分手了，谁也不知道一箱鸡蛋中哪个是哪只鸡下的，鸡蛋看起来都一样。"

"世上只有妈妈好，没妈的孩子像根草，离开妈妈的怀抱，幸福哪里找？"（唱着）

"它们在一起就像一个幼儿园，说不定其中还有一两对是亲兄弟呢。不知道其中有没有双胞胎。"

"你看它们在地上跑来跑去找东西吃。"

"它们喜欢吃什么呢？我们给它们弄点吃的。"

"小鸡喜欢吃虫子，我在一本书上看到两只小鸡争一条蚯蚓。"

"可这地上并没有虫子，也没有蚯蚓。"

"有些特别小的虫子你看不见，可小鸡看得见。"

"我看这只小鸡好像在吃沙子。"

"给它块巧克力尝尝。"（A从口袋里取出巧克力，掰了一小块丢在地上）

"它们都不吃，它们不爱吃。"

"是因为没有看见。"（B用手把巧克力拿起，又放在小鸡群中）

"吃了，吃了。小鸡爱吃巧克力，这是肯定的。谁都爱吃巧克力。"

---

① 教育部基础教育司，科学（3~6年级）课程标准研制组. 全日制义务教育科学（3~6年级）课程标准（实验稿）解读［M］. 武汉：湖北教育出版社，2002：96.

"我家的贝贝就不爱吃。"（贝贝是一条小鱼）

案例解析：

这是典型的儿童在生活活动或区域活动中自由探究进行的谈话交流，这一活动与实验有一定的关系。儿童自主、灵活地把握着小鸡有没有爸妈、小鸡爱吃什么等活动过程的进展、节奏等，表现出对小鸡一些习性的极大兴趣，提高了分类、概括、预测和推论的能力。

第六节 综合统整类科学教育活动的设计与指导

《纲要》强调"幼儿园的教育内容是全面的、启蒙性的","各领域的内容相互渗透,从不同的角度促进幼儿情感、态度、能力、知识、技能等方面的发展"。《指南》的实施强调要"关注幼儿学习与发展的整体性","要注重领域之间、目标之间的相互渗透和整合,促进幼儿身心全面协调发展,而不应片面追求某一方面或几方面的发展"。

我们要充分认识到幼儿园教育可以划分为不同的领域,但实际上它是一个整体。儿童是一个完整的、有生命的个体,儿童发展是一个完整、系统的过程,为了更好地发挥科学教育的功能,帮助儿童获得对世界比较完整的认识,科学教育应和其他领域的教育整合起来,和儿童的生活整合起来,才能更好地促进儿童的全面发展。

一、综合统整活动概述

虞永平教授认为:整合,也称为综合,是把不同类型、不同性质的事物组合在一起,使它们成为一个整体。本文谈到的"综合统整"既指在科学教育活动中教育目标、内容、方法、资源内部诸要素的整合;也指在保持科学教育自身特点的同时,将科学教育和其他领域的教育有机结合,并融入幼儿园课程的整体之中,使科学教育成为幼儿园课程的一个有机组成部分。

综合统整既是一种形式上的整合,又是一种理念上的整合。从形式层面的整合来看,科学教育活动的整合指的是将科学教育活动与其他领域的教育活动以及儿童的生活之间进行联系和渗透。从理念层面的整合来看,科学教育活动的整合指的是用一种整体的眼光看待科学教育活动,使科学教育活动超越学科本身的视野，使儿童不仅能用科学的还能用艺术的和人文的眼光来看待周围世界，帮助儿童形成系统性和整体性的思维方式。

当然强调科学教育活动的综合统整并不是要简单地否定学科性科学活动。综合统整活动的形式可以整合利用各种教育内容和教育手段，让儿童从多个方面来获取对事物的丰富认识。而学科性科学活动的价值则在于它可以充分体现科学的学科特点，让儿童面对集中的问题，通过集中的材料展开思维，这种形式对于儿童科学学习能力的培养具有无可替代的作用。

二、综合统整类科学教育活动的设计指导及案例解析

从幼儿园教育实践来看，当前幼儿园教育中存在的综合统整类科学教育活动通常有以下四种：系列性科学活动、领域间渗透活动、多领域综合统整活动和跨学科综合统整活动。

（一）系列性科学活动

系列性科学活动主要是指一系列各类典型科学活动的结合，其设计与指导重在从科学教育活动自身的综合统整考量，主要体现在以下几个方面：

（1）基于目标的整合。教师应当以促进儿童的全面发展为目标，不仅要强调科学认知和科学技能的目标，还应重视科学态度等方面的目标，要充分挖掘科学教育活动蕴含的认知、情感、审美等因素，充分发挥科学教育活动的价值，要将科学教育作为向儿童实施全面发展教育的一种途径。

（2）基于内容的整合。教师要逐步打破传统的以学科、领域组织活动的做法，根据儿童生长发育的特点，结合儿童生活的实际，选择儿童熟悉的、感兴趣的、有教育价值的活动内容，以主题的形式将健康、语言、社会、艺术等多个领域的内容有机地整合到科学领域中，给儿童呈现一些更为完整和系统的知识，发展各种技能，培养科学的态度。

（3）基于方法的整合。教师应根据科学教育活动的目标、内容、儿童的年龄特点和认识发展水平，综合运用各种方法、形式及手段，使活动过程丰富多彩，使儿童获得科学知识和技能，促进其综合素质的提高，同时，调动儿童活动的主动性，增强对科学活动的兴趣。

（4）基于资源的整合。教师要充分利用幼儿园、家庭和社区中蕴含的丰富科学教育资源，并进行有机地整合，使它们真正地协调起来，对儿童成长产生积极、有效的影响。

（二）领域间渗透活动

领域间渗透活动不同于传统的分科教育活动，它以某一领域为主体，加强领域间的统整，借助不同领域的活动形式、方法、手段来完成本领域的教育任务。就科学教育活动而言，按科学教育在统整中所处的地位不同可分为：以科学教育活动为主统整其他领域教育活动与以其他领域活动为主的隐性科学教育活动。

1. 以科学教育活动为主统整其他领域教育活动

这类综合统整活动是指在科学教育活动中，除了科学教育活动本身的目标外，同时还蕴含着其他领域教育活动的目标，或是利用其他领域的表现形式来更好地达成科学教育的目标。如在观察植物的科学教育活动中，儿童通过多种感官感知植物的典型特征，需要用语言描述或用图画表达出来，就蕴含着用语言交流和艺术表达的方式来增进对科学概念的理解；在制作小车的活动中，儿童通过合作探索小车各部分之间的关系，选择合适的部件制作一辆可以运行的小车，就蕴含着数理逻辑能力、合作交往能力等。

2. 以其他领域活动为主的隐性科学教育活动

这类综合统整活动是指将科学教育渗透在其他领域教育中，使儿童在语言、艺术、健康、社会等活动中和生活活动中感悟科学，对儿童产生潜移默化的影响。例如，在学习《春天在哪里》这首歌曲时，儿童对歌词"春天在哪里？春天在哪里？春天就在小朋友的眼睛里，那里有红花呀，那里有绿草，还有那会唱歌的小黄鹂……"的想象，不仅可以获得一种美好的情感体验，还能从中感受到春天到来时大自然的各种变化。

这类综合统整活动的设计与领域活动的设计一致。即就科学教育而言，在科学教育活动中，可以通过显性的、直接的方式认识科学、理解科学；而在语言、艺术等其他领域活动中，则通过一种隐含的方式来感受科学。总之，领域间渗透活动重在在本领域活动目标达成的前提下，有意识地渗透其他领域的教育因素，但不宜主次颠倒，以免影响领域活动目标的达成。

（三）多领域综合统整活动

多领域综合统整活动，指的是以主题为中心，综合多个领域的教育内容，从而形成一系列具有一定联系的活动组合，其典型表现形式就是目前幼儿园常见的"综合主题活动"（图5-1）。这类活动往往是基于儿童的生活设计的，儿童需要对生活中所接触的事物有一个较为完整、较为全面的认识。但在这类活动中，各领域之间的整合程度相对较低，有时就像一个"沙拉拼盘"，即看上去是综合的，在实际操作中仍然是各领域活动的简单叠加。如"春天来了"这个主题（图5-2），内容十分丰富，活动形式多样，各分主题的内容都与春天有联系，但五大领域相关的活动内容之间缺乏内在的紧密联系。

图 5-1   综合主题活动

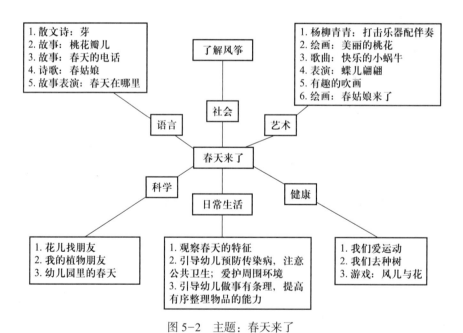

图 5-2   主题：春天来了

多领域综合统整活动有其自身的价值，它与单一领域活动的联系比较紧密，活动形式可分、可合，处理较灵活，是目前幼儿园普遍采用的活动形式。缺点是整合度不高，若能突破"沙拉拼盘"式叠加，真正做到能将幼儿园各领域活动有机地结合在一起，就不失为一种好的综合统整活动。

　　下面以大班综合主题活动"影子，我们的朋友"（图 5-3、表 5-10）为例进行说明。

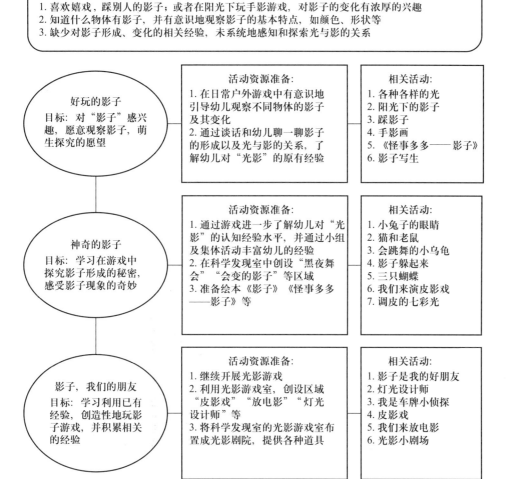

图 5-3　主题网络

表 5-10 主题活动安排表

活动名称	活动领域					活动组织形式
	社会	科学	艺术	语言	健康	
各种各样的光	√	√		√		日常生活中渗透
踩影子	√	√	√	√	√	户外探究活动
影子写生		√		√	√	户外探究活动
阳光下的影子		√		√	√	户外探究活动
手影画		√	√	√		集体教学活动
调皮的七彩光		√		√		集体教学活动
小兔子的眼睛		√	√			集体教学活动
猫和老鼠		√		√		集体教学活动
会跳舞的小乌龟		√		√		集体教学活动
影子是我的好朋友	√	√		√		集体教学活动
影子躲起来	√	√		√		集体教学活动
我们来演皮影戏	√	√	√	√		区域游戏活动
我们来放电影		√	√			区域游戏活动
我是车牌小侦探	√	√	√			区域游戏活动
皮影戏	√	√		√		区域游戏活动
三只蝴蝶	√	√	√	√		区域游戏活动 集体教学活动
灯光设计师	√	√	√	√		集体教学活动
光影小剧场	√	√	√	√		自主性游戏
绘本资源链接	《影子》《影子是我的好朋友》《怪事多多——影子》《谁的影子》					

从图 5-3、表 5-10 可以看出，主题活动"影子，我们的朋友"不是领域活动的叠加，而是包括了集体教学活动、日常生活活动、区域游戏活动、户外探究活动、自主性游戏等多层面的活动。这样不仅可以突出主题内容的整合，也体现了教育方法和途径的整合。

构成主题的活动，都与"光""影"概念有直接的联系，并且各个活动都整合了两个或两个以上领域目标或内容。更为重要的是主题活动中的另一条线索，是以儿童对影子的兴趣为先导，引导儿童观察发现影子的基本特征，深入探究光与影的各种关系，最后运用光影关系解决各类实际问题，这样的安排突破了传统综合主题的"沙拉拼盘"式整合，按照事物发生发展的线索将各类活动有机地整合在了一起。

（四）跨学科综合统整活动

跨学科综合统整活动一般采用基于问题的学习，通过自主、合作、探究解决嵌入真实情境中的社会生活问题，使儿童形成自主学习习惯，促进儿童对所学知识的理解与建构，从而习得隐含于问题背后的学科知识，体验多学科知识的获取和整合过程，促进儿童元认知能力的发展，形成解决问题的技能以及对知识进行社会性、情境性的迁移运用能力。跨学科综合统整的初衷是要打破学科藩篱，减少知识交叉重叠，解决学科知识碎片化、孤立化等问题，克服教学实践中学科知识授受的弊端，以便提高学科教学效率。STEAM（Science, Techology, Engineering, Art and Mathematics, STEAM）项目活动就是一种基于真实情境主题的典型跨学科课程整合方式。STEAM 是指科学、技术、工程、艺术与数学相互融合。它从真实情境出发，选择学习主题，提出探究问题和学习任务，以问题解决、任务完成过程作为课程内容的组织中心，运用跨学科的知识和方法，儿童作为研究者直接参与学习活动，通过问题的解决和任务的完成来进行课程学习。STEAM 跨学科活动的设计与实施具有以下特点：基于真实情境的学习主题，以培养科学精神和跨学科方法为目标，以问题驱动并通过科学探究获得知识，以工程设计并通过技术制作展示成果，鼓励协作学习并关注儿童学习的全过程，通过学习反思和自我评价检验学习效果。

跨学科综合统整活动和多领域综合统整活动相比，具有两个突出的特点：一是强调生成性，即活动计划和活动目标都不是由教师单方面事先设计好的，而是教师与儿童共同发展、共同建构、通过形成性的评估逐步发展起来的，并且要根据儿童的情况不断修改计划。二是强调问题解决，在问题解决式的学习活动中，儿童进行的是真实的、对自己有意义的学习。这些问题本身并不属于任何一个学科，它必定是整体性的，也必定是复杂的、多解的。这个问题可能涉及多个学科，需要儿童运用多个学科的知识和技能，或进行多个学科的学习。同时这个问题也可以从不同学科的角度来加以认识、解决，从而容纳儿童的多样化学习。

如在基于博物馆的 STEAM 项目"折扇的秘密"（扫描二维码）中，教师在儿童参观博物馆的过程中发现儿童对扇子感兴趣，生成了一个如何制作扇子的项

基于博物馆的
STEAM 项目：
折扇的秘密

目，每一环节和步骤都从问题开始，引导儿童观察调研、体验发现，提出创意设计，然后制作建模、优化测试，层层深入，从而逐步完成项目。所有这些活动，都服从于项目进展的需要，而不是学科性学习的需要。这种学科深度融合的活动包容了各个不同学科的学习：科学探究、创意表达、合作交流、沟通分享、逻辑推理预测等，但这些学科的学习并不是显性化为学科教育，而是融入解决问题过程中。

跨学科综合统整这种形式是整合程度最高的，同时也是最难做到的。它要受到教师领域 PCK 以及班级人数等条件的限制。再加上这样的项目学习往往需要持续比较长的时间，也要求幼儿园的课程具有较大的灵活性。

总之，综合统整类科学教育活动可以让儿童不囿于学科的界限，全景式地关注生活，理解世界。在实践中，教师应充分考虑幼儿园和自身的实际情况，作出合理的选择。

▮▮▮ 小　结 ▶▶▶

学前儿童科学教育活动设计与指导应遵循科学性、适宜性、趣味性、探究性、整合性原则，同时要贯彻《纲要》《指南》关于科学教育的基本精神。学前儿童科学教育活动组织与实施的途径包括：集体教学活动、区域活动、生活活动。

根据学前儿童科学探究活动中能力促进的不同侧重，科学教育活动可以分为观察认识、实验操作、设计制作、谈话讨论四种不同类型的活动，在此基础上，要重视综合统整类科学教育活动，培养儿童的跨学科学习能力。

观察认识活动是儿童作为活动主体进行的，主要以自己的感官对自然界事物、现象的感知过程，更多地表现为直接、定性、启示性、探索性和检验性的特点。观察认识活动可分为单一感官观察活动和感官统合观察活动两种。这类活动的设计及指导总体上应特别注重训练儿童各种感官的敏感度，形成并发展科学探究中的感知观察能力，积累并丰富相关事物、现象的科学知识与经验，满足儿童的好奇心。

实验操作活动通常是指作为活动主体的儿童在一定的问题或目的的引导下，通过对实物材料的操作以发现客观事物的变化及其关系的活动。儿童适切的实验操作活动主要是验证性操作实验和探索性操作实验。这类活动的设计及指导总体上应特别注重训练提高实验基本操作技能、实验观察能力、实验数据记录能力、实验设计能力等，并且依此加深对世界的理解，体验发现的乐趣。

　　设计制作活动是指儿童在教师的指导下，尝试设计并动手制造多种科技产品的过程。根据年龄及任务难易的差异，这类活动的设计及指导通常采用"演示观察—制作—展示分享"或"设计构思—制作—展示分享"的基本模式来实现训练提高儿童的制作能力和程序设计的意识能力，使儿童增强对事物现象的认识，体验创造的价值和乐趣。设计制作类科学教育活动应特别注意其与幼儿园美术教育中手工制作活动的关系。

　　谈话讨论活动通常是教师和儿童或儿童作为独立主体对某些专题探究活动的总结或对某一生活现象触发的丰富经历、体验的即时表述。这类活动的设计及指导通过"教师提出问题—儿童实际解答"或"儿童自主把握活动的进展、节奏"等实现训练提高儿童的分类、概括、推论和预测能力，使儿童建构科学概念，感受沟通的乐趣。应特别注意科学教育中的谈话讨论活动与语言教育中的谈话活动的关系。

　　综合统整活动既指在科学教育活动中教育目标、内容、方法、资源内部诸要素的整合；也指在保持科学教育自身特点的同时，将科学教育和其他领域的教育有机结合，并融入幼儿园课程的整体之中，使科学教育成为幼儿园课程的一个有机组成部分。综合统整类科学教育活动包括系列性科学活动、领域间渗透活动、多领域综合统整活动和跨学科综合统整活动。综合统整既是一种形式上的整合，又是一种理念上的整合。教师应充分考虑幼儿园和自身的实际情况，作出合理的选择。

▮▮▮ 思考与实践 ▶▶▶

　　1. 试结合实例分析观察认识类、实验操作类、设计制作类、谈话讨论类科学教育活动对于儿童科学探究能力发展的独特价值。

　　2. 试设计集体活动、区域活动中的观察认识类、实验操作类、设计制作类、谈话讨论类科学教育活动。

　　3. 试结合实例分析观察认识类、实验操作类、设计制作类、谈话讨论类、综合统整类学前儿童科学教育活动有效指导的基本流程。

　　4. 根据学前教育实际和自己的理解，试分析学前儿童科学教育中的设计制作类活动与艺术教育中的手工活动的关系，以及谈话讨论活动与语言教育中谈话活动的关系。

　　5. 尝试设计一个科学主题：活动或项目活动，体验跨学科学习及科学活动的综合统整性。

▌▌ 延伸阅读 ▶▶▶

1. 张春兴. 教育心理学［M］. 杭州：浙江教育出版社，1998.

该书第十一章、第十二章为"教学理论与教学设计""教学策略与教学评量"，讨论了从心理学理论到教学理论、教学理论的性质及应具备的条件、教学设计的性质与模式、从教师效能研究看有效教学的原则、教学策略的灵活运用等主题内容，对于整体上理解、把握教学设计问题提供了参考。

2. 张俊. 幼儿园科学教育［M］. 北京：人民教育出版社，2004.

该书第五章、第六章、第七章分别分析、论述了集体活动中的科学教育、区角活动中的科学教育、游戏与生活中的科学教育，总结、提升了多年来我国幼儿园科学教育设计、指导的理论和实践，对于理解、把握各活动类型中的相关问题有很好的借鉴价值。

第六章

学前儿童科学教育的环境创设

■‖ 内容导航 ▶▶▶

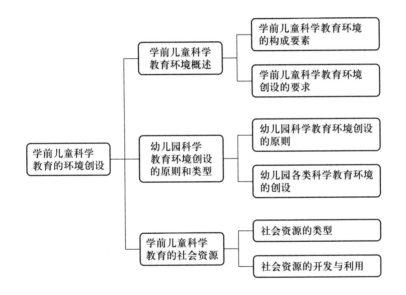

■‖ 学习目标 ▶▶▶

1. 正确理解学前儿童科学教育环境的构成要素及其作用。
2. 深入领会学前儿童科学教育环境创设的基本要求。
3. 初步掌握幼儿园各类科学教育环境的具体创设。
4. 初步了解学前儿童科学教育社会资源的类型及开发与利用。

▌▌引　言 ▶▶▶

某街道中心幼儿园在园所阳光充裕的东南面创设了一个"开心农场",其中南面为大灶区,中间为 13 个班级种植区,北面设置了果园和迷你动物园。基于对幼儿关键经验的分析,在种植区倡导各班种瓜果蔬菜、粮食作物、中草药;在果园里种植当地盛产的各种水果;在迷你动物园中饲养各类小动物,如兔子、乌龟、鱼等。此外,还创设了动植物标本区、节气墙。源于并基于这些资源,教师开发了"可爱的小羊""好吃的枇杷""好玩的冰霜雪"等多个以科学内容为主的主题活动。

案例中的街道中心幼儿园在开展科学教育过程中,创设和利用了哪些科学教育环境资源?是否合理?在幼儿园科学教育中,还可以挖掘利用哪些环境资源?你认为目前在幼儿园科学教育实践中,环境资源的挖掘与利用存在哪些问题?如何解决?

学前儿童科学教育环境是影响与制约学前儿童科学教育活动开展的重要因素。本章将从人类发展生态学的视角出发,分析学前儿童科学教育环境的构成要素、作用以及不同要素之间的关系处理,进而详细探讨各类科学教育环境的具体创设和社会资源的开发与利用。

第一节　学前儿童科学教育环境概述

美国学者布朗芬布伦纳（Bronfenbrenne）创立的人类发展生态学认为，儿童发展的生态环境由若干彼此相互镶嵌在一起的系统组成，主要包括微系统、中间系统、外层系统和宏系统，其中，微系统是个人在环境中直接体验着的环境。[①] 本节将从人类发展生态学的视角出发，具体分析学前儿童科学教育环境的要素、作用及其创设的要求。

一、学前儿童科学教育环境的构成要素

在学前儿童科学教育领域，影响儿童科学学习的微系统主要是幼儿园、家庭，以及诸如公园、博物馆等儿童直接参与其中的社会机构。因此，学前儿童科学教育环境可以粗略划分为园内、园外两部分，即幼儿园科学教育环境和园外的社会资源。

（一）幼儿园科学教育环境

幼儿园科学教育环境作为影响儿童科学学习的微系统的重要组成部分，主要包括物质环境和精神环境。

1. 物质环境

幼儿园科学教育物质环境是教师在一定教育目标的指导下选择与设计的影响儿童科学学习活动的物质条件的总和，包括自然环境和物质材料。

（1）自然环境

"学校活动是在人为设置的环境中进行的。这一环境中有意识提供的条件与活动对象，都是为实现教育目的和完成教育任务服务的。其最大的特点是弥漫着

---

① 张文新. 儿童社会性发展［M］. 北京：北京师范大学出版社，1999：16-17.

科学、文化和道德规范的气息。"① 因此，幼儿园中的自然环境也已不同程度地打上了教师人为选择与设计的烙印。这种经过了幼儿园教师有目的地选择与设计的自然环境，在激发与引导儿童科学学习活动中具有独特作用。

第一，自然环境是儿童偶发性科学活动的主要诱因与催化剂。自然环境中各种动植物的奇妙现象，如蚯蚓再生、蚂蚁搬家等，经常会吸引儿童自发关注与探索，进而产生偶发性科学活动。偶发性科学活动是指"在幼儿的周围世界中，突然发生的某一自然科学现象、自然物或有趣、新奇的科技产品和情景，激起幼儿的好奇，导致幼儿自发投入的一种科学探索活动"。② 例如，一个周一的早晨，天气特别寒冷，幼儿园到处都是白皑皑的霜。每位来园的孩子都跑到草地上并兴奋地在霜上踩几脚，用手摸一摸。有的孩子说"下雪了，下雪了！""手上都是湿湿的、冷冷的。""哈哈，霜不见了。"……于是，自然开启了项目活动"好玩的冰霜雪"。③

第二，自然环境中蕴含着丰富的科学学习的契机与内容。自然环境本身就是科学探究的宝库，其中有着丰富的科学探究内容，如动植物、沙、土等，蕴含着丰富的科学探究的契机。例如，在一次晨间活动中，教师带着儿童到幼儿园一个小山坡旁的水渠边，儿童争先恐后地下水去玩，但没过几分钟，很多儿童从水里走出来，有的嚷嚷着"不要玩了，这么脏的"，还有的说"黏黏的，真恶心"。原来是水底下有一层青苔。此时，教师顺势引导，指着青苔问儿童："这是什么东西呢？"这下子，儿童又都围了上来。教师鼓励儿童用手摸一摸青苔。之后儿童带着困惑回到了活动室。教师又顺势引导儿童将刚才看到的绿东西画在纸上，并且鼓励儿童回家后在父母的帮助下查阅相关材料，展开对"青苔"的探究之旅。在这个案例中，教师抓住"发现青苔"这一契机，引导儿童仔细观察、探究，由此引发了一系列科学探究活动。总之，教师要善于发现和捕捉自然环境中蕴含的科学探究的契机和内容，将其转化为更为自觉和有价值的系列的科学学习活动。

第三，自然环境有助于儿童重建与增进对大自然的亲近感与好奇感。《纲要》确定的科学领域目标明确指出，"对周围的事物、现象感兴趣，有好奇心和求知欲""爱护动植物，关心周围环境，亲近大自然，珍惜自然资源，有初步的环保意识"。儿童生来就和大自然之间有着天然的亲近感，但随着工业化和城镇化的快速推进，包括儿童在内的人类和大自然之间原本天然的亲近感逐渐被削弱甚至被割断。在自然环境中进行科学探究，有助于儿童重建和增进对大自然的亲近感

蚂蚁"生成性"活动

① 叶澜. 教育概论［M］. 北京：人民教育出版社，1991：236.
② 张俊. 幼儿园科学教育［M］. 北京：人民教育出版社，2004：254.
③ 资料由浙江省余姚市机关幼儿园的袁鲁与凤山街道中心幼儿园的戎孟君、黄程程提供。

与好奇感，同时也有助于儿童激发对自然科学探究的热情。

（2）物质材料

幼儿园科学教育环境中的物质材料包括购买的商品（如天平秤、磁铁）、废旧材料（如瓶盖），以及自然材料（如树叶）。这些物质材料均经过了教师自觉的选择、设计，在引发、开展与推进儿童科学活动中具有不可替代的作用。

第一，物质材料是引发儿童科学活动的兴趣源。新奇的物质材料或普通物质材料的巧妙组合，有可能引发儿童主动地开展科学探究活动。例如"蚂蚁工房"就引发了儿童对蚂蚁的系列科学探究活动：蓝色凝胶是蚂蚁的食物，将活蚂蚁放到"蚂蚁工房"内，它们就会孜孜不倦地营造自己的生活家园。经过一段时间的辛勤工作，一个完整的蚁穴就呈现在儿童面前，生动形象地展示了蚂蚁原本在地底下的活动的全过程。儿童和家长都非常喜欢这个新颖、有趣的玩具。教师把它巧妙创设在幼儿园的门厅环境中，放置在儿童每天一到幼儿园就可以看见的地方。在和蚂蚁零距离的接触中，儿童学会观察、记录，学会等待（蚂蚁的筑穴工作是一个漫长的过程），从而学会用研究的心态对待自然界的一切事物。[1] 由物质材料引发的儿童开展科学活动的兴趣往往会随着儿童科学活动的不断丰富与深入而得以强化，进而逐渐转化为对科学活动过程及其发现的兴趣。

低结构材料

第二，物质材料是儿童开展科学活动的媒介。儿童是在"做"中学科学的，这就决定了儿童必须借助物质材料这一媒介进行科学探究与发现。例如，为了让儿童探究物体在水中的沉浮现象，教师可以为儿童提供诸如小石块、铁钉、曲别针、纽扣、植物种子、塑料插片等物质材料；为了让儿童探究磁铁的秘密，教师可以为儿童提供诸如螺丝帽、铁丝等铁质材料和诸如木块、棉花等非铁质材料。儿童通过和这些物质材料主动的相互作用，在操作与探究中不断发现其中的秘密，获得丰富的科学经验。

第三，物质材料是推动儿童科学活动的动力源。在儿童开展科学活动的过程中，物质材料的增减等策略，可以推动儿童科学活动不断丰富与深入。例如，儿童在探究物体在水中的沉浮现象的过程中，经过前期的探究发现了一个"规律"，即铁质材料下沉，非铁质材料上浮，然后儿童就会根据这一"规律"判断物质材料在水中的沉浮状况。此时，教师提供了铁质小船这样的铁质材料。儿童根据之前的"规律"判断并预期铁质小船会在水中下沉，当儿童将其放入水中时，却惊奇地发现铁质小船非但没有沉入水底，反而漂浮在水面上。这就会推动儿童探究其中的奥秘，进而在物体沉浮因素探究中由原来的材质单因素拓展为现在的材

[1]　资料由杭州市蓓蕾幼儿园提供。

质、造型等多因素，从而丰富儿童关于物体沉浮的科学探究活动。

2. 精神环境

幼儿园科学教育精神环境是教师在一定教育目标的指导下，自觉创设与营造的影响儿童科学学习活动的精神条件的总和，是儿童进行科学学习活动的心理背景。美国斯坦福大学的艾斯纳教授曾从课程的功能出发区分了三种类型的课程，即显性课程、隐性课程和悬缺课程。精神环境作为隐性课程的重要组成部分，在儿童科学活动中发挥着重要而独特的作用。

第一，宽松自由的精神环境有助于儿童在科学活动中大胆探索与积极尝试。宽松自由的精神环境能鼓励儿童在科学活动中大胆探索，不怕失败，更准确地说，在这种精神环境中不存在失败，有的只是尝试。儿童不需要担忧自己的探索与尝试因不能获得教师预期的"正确"结果而招致批评，能毫无顾忌地大胆探索与积极尝试。这就极大地解放了儿童的头脑和手脚，能充分发挥儿童的聪明才智，进行个性化和独创性的科学探索。

第二，宽松自由的精神环境有助于儿童在科学活动中获得成功的体验与意外的惊喜。宽松自由的精神环境赋予了儿童充分的探索时间、空间以及安全的心理氛围，因此教师在鼓励儿童大胆探索与积极尝试的同时，也为儿童创设了更多通过自己的主动探索获得成功体验以及因个性化和独特性探索而体验意外惊喜的机会。

（二）学前儿童科学教育的社会资源

学前儿童科学教育的社会资源作为影响儿童科学学习的微系统的重要组成部分，主要包括幼儿园之外可以利用的人力、物力、自然环境、社会机构等，在学前儿童科学活动中具有不可替代的重要作用。

1. 社会资源为儿童科学学习提供零散却丰富的经验基础

儿童在进入幼儿园开始相应的科学学习前，一般都具有一些零散却丰富的相关经验，如儿童在开展有关"桂花"的科学探究时，往往之前在生活中已经有意无意地观察过桂花，进而积累了一定的相关经验，这构成了儿童科学学习的重要起点与基础。

2. 社会资源为儿童科学学习提供必要的多方面支持

社会资源可以为儿童科学学习提供诸如人力资源、物质材料等多方面的支持，尤其是可以提供大量必要的物质材料支持。儿童在幼儿园开展科学活动的过程中往往需要大量的物质材料，如认识与比较不同的水果活动，家长就可以为其提供多种水果以供观察与比较。

3. 社会资源为儿童科学学习提供重要的探究基地

社会资源中的一些相关社会机构和组织（如博物馆、科技馆等）可以为儿童开展相关的科学探究活动提供探究基地，如在探究丝绸活动中，就可以组织儿童到丝绸博物馆参观甚至还可以开展抽丝、纺线等体验性活动。

二、学前儿童科学教育环境创设的要求

布朗芬布伦纳的人类发展生态学中所说的中间系统，是指"儿童直接参与的微系统之间的联系与相互影响"。[①] 具体到学前儿童科学教育领域，就是幼儿园、家庭以及诸如公园、博物馆等儿童直接参与其中的社会机构这三个微系统之间的关系。因此，处理好三个微系统之间的关系，构建良好的中间系统，是非常重要的。

（一）多元对话是核心

学前儿童科学教育三个微系统，即幼儿园、家庭和诸如公园、博物馆等儿童直接参与其中的社会机构，在儿童科学教育活动中各自发挥着重要的、不可替代的作用，彼此之间互补、互利与互生。因此，三个微系统之间的多元对话是环境创设的核心。《纲要》明确指出，"幼儿园应与家庭、社区密切合作"。有研究者也提出了诸如"促进幼儿园、家庭、社区的三维互动，形成全方位、系列化的教育体系"[②] 等观点。

但在实践领域，这三个微系统之间关系的主流却是不平等基础上的配合，这在幼儿园与家庭的关系中体现得更为明显。幼儿园将自身与家庭分别定位成"指导者"和"被指导者"的角色，在"指导"与"被指导"的关系框架中为家庭提供指导。有研究者调查发现，"家长参与的层次较低"，家长多处于被动地位，是"旁听者""观看者""听从者"的角色。[③]

因此，从理论与实践层面，尤其是实践层面构建学前儿童科学教育三个微系统之间的多元对话关系，是学前儿童科学教育环境创设的核心，同时也是一个艰巨而漫长的任务。

---

① 张文新. 儿童社会性发展［M］. 北京：北京师范大学出版社，1999：16.

② 罗璇，谭雪梅. 浅谈幼儿园、家庭、社区的三维互动［J］. 教育导刊（幼儿教育），2002（5）：46-47.

③ 刘爱云. H 省 A 市幼儿园利用家庭、社区教育资源的研究［D］. 上海：华东师范大学，2007.

（二）幼儿园主导是关键

在强调学前儿童科学教育三个微系统之间多元对话的同时，要坚持幼儿园的主导地位，这是由家庭、社会的相对业余性和幼儿园的相对专业性决定的。作为专业机构的幼儿园在和家庭、社会的关系中必然发挥着更积极和重要的作用，是一种"理性的权威"。"理性的权威是建立在权威的拥有者与受权威制约者双方平等之基础上的，两者仅仅是在某个具体领域里有知识和技术程度上的不同而已。"这种"理性的权威"产生于健全的能力之中，在一定程度上有助于他人，并且是以职权为基础，是暂时的。①

博物馆课程

幼儿园在三个微系统关系中的主导地位决定了幼儿园应主动积极地协调与家庭、社会的关系，充分挖掘与利用社会资源中的积极因素。"学校教育应与社会其他教育在对受教育者要求上取得协调，以最有效地利用学校周围及其相关的其他环境因素的积极作用，尤其要利用能对学校教育起补充作用的因素。"②这种主导地位也决定了幼儿园不能无原则地屈从于家庭、社会一些不合理甚至错误的观念与做法，而是要用科学合理的观念积极引导，营造健康、良好的环境。"当社会条件不利于学生健康发展时，学校应保持自己小环境的教育独特性，增强学校教育影响的积极效应，以有效抵御其他环境中消极因素的影响。"③

（三）构建外部支持系统是基础

学前儿童科学教育三个微系统之间的关系从不平等基础上的配合向多元对话转变的实质是权力重新分配的过程，即家庭、社会不断取得权力与幼儿园相应削弱权力的过程，以最终达到权力均衡，即"赋权"（empowerment）。"赋权是一种以当地社区为中心的有意的、持续的过程……通过这一过程，缺少平等占有重要资源的一方逐渐获取对这些资源的更多控制权。"④

人类发展生态学

在目前学前儿童科学教育中家庭、社会的相对业余性和幼儿园的相对专业性并存的情况下，为了顺利实现"赋权"，进而实现多元对话的要求，幼儿园需要为家庭、社会构建外部支持系统，这对于家庭而言尤为必要和重要。

家庭外部支持系统属于家庭支持系统的有机组成部分。"所谓家庭支持系统，即支持家庭存在，使之正常履行功能的家庭内外条件有机结合的体系，包括内部

---

① 弗洛姆. 为自己的人［M］. 孙依依，译. 北京：生活·读书·新知三联书店，1988：30-31.

② 叶澜. 教育概论［M］. 北京：人民教育出版社，1991：237.

③ 叶澜. 教育概论［M］. 北京：人民教育出版社，1991：237-238.

④ COUCHENOUR D, CHRISMAN K. Families, schools, and communities: together for young children [M]. New York: Thomson Learning, Inc., 2004：72.

支持系统和外部支持系统两部分。"其中，家庭内部支持系统是由家庭结构诸要素相互作用而产生的一种自我调控系统；家庭外部支持系统是指社会为家庭稳定并使之正常发挥作用而提供的各种保障条件的总和，它是社会以家庭内部支持系统为基础，对家庭实施的人为的、理性的援助和调控措施，即外部条件经由家庭内部支持系统的作用而转化为家庭存在、发展的资源系统。从家庭内、外支持系统的关系看，前者是基础的、根本的系统，后者则作为条件的、保障的系统。[①]构建与优化家庭外部支持系统，就为家庭支持系统的完善提供了条件与可能，进而经由家庭内部支持系统的筛选、转化最终实现家庭支持系统的优化，使家庭与幼儿园在平等基础上对话关系的建立成为可能。家庭外部支持系统主要包括社会支持系统和专业支持系统，其中社会支持系统主要指家庭成员工作单位提供的诸如工作时间、薪酬等方面的必要支持，特别是对于核心家庭而言，父母均参与工作，当儿童需要照顾或参加家长会时单位能否提供请假等方面的便利，就成了制约家长参与的一个重要因素。此外，家庭所在社区提供的诸如儿童健康、营养卫生等方面的咨询与服务的支持，也是制约家长参与的重要因素。专业支持系统主要是由幼儿园向家长提供的诸如儿童科学学习的特点培训与教育指导等方面的支持。

---

① 宣兆凯. 家庭教育研究的理论方法模型：家庭支持系统［J］. 教育研究，1999，20（11）：63.

第二节　幼儿园科学教育环境创设的原则和类型

幼儿园科学教育环境作为学前儿童科学教育的重要有机组成部分，在创设过程中应遵循哪些原则？不同类型的科学教育环境又应如何创设？本节将对这些问题进行探讨。

一、幼儿园科学教育环境创设的原则

幼儿园科学教育环境是教师在一定科学教育目标指导下，有计划、自觉创设的环境，在创设过程中应遵循以下原则。[①]

（一）目的性

幼儿园科学教育环境是教师根据一定的科学教育目标，有目的、有计划地自觉创设的，其中内含着教师的教育意图，能激发儿童开展符合教育目标的科学

---

① 其中"安全性""适宜性""开放性""参与性""动态性""地域性"六个原则的阐述参见：王春燕，秦元东，黎安林. 探究·体验·发现:幼儿园科学教育理论与实践［M］. 南京:南京师范大学出版社，2010：125-138.

探究活动，这就是环境创设的目的性。正是这种目的性，为幼儿园科学教育环境打上了不同程度的教师的"烙印"，即使幼儿园科学教育环境中的自然环境也自觉地内含着一定的价值取向，具有教育性，从而使其和园外一般自然环境有根本的区别。

问题思考

以幼儿园某个班级的自然角为例，分析其中可能蕴含了哪些科学教育目标。

（二）自然性

在幼儿园中教师应尽量增加儿童接触自然的机会，引导儿童在接触自然的过程中进行科学探究。同时，物质材料也要尽量以自然材料为主，如秋天可以收集不同植物的落叶、种子等进而开展相应的科学活动，不片面追求漂亮、昂贵的成品材料。

问题思考

你认为应如何处理自然性与目的性二者的关系？

（三）安全性

幼儿园科学教育环境创设的安全性原则主要体现在以下几个方面：

1. **材料本身的安全**

自然性原则在强调物质材料以自然材料（如小木棍等）为主的同时，主张挖掘与利用废旧材料（如饮料瓶等）的潜在价值。在这些材料中，有些具有潜在危险，如小木棍可能有尖锐的刺或尖。这就要求教师必须将材料进行加工处理。

2. **材料使用的安全**

儿童是在"做中学"，即在具体操作材料的过程中进行科学探究与发现。儿童在操作一些材料（如剪刀、锤子等）的过程中，有时因必要技能或规则的缺乏，可能会发生危险。这就要求教师教给儿童一些必要的操作技能，并制订必要的材料使用规则。

3. **儿童生理的安全**

这主要包括活动室中的照明、通风、温度以及环境中的各种辐射等，都要符合儿童的生理特点，不能对其造成伤害。

4. 儿童心理的安全

除以上所说物质环境的安全之外，精神环境的安全也很重要，即儿童心理的安全。心理安全的实质即自由的精神环境。自由首先意味着外部言行意义上的自由，即活动自由，如操作材料的自由等；其次，自由意味着内心的自由，即不屈从于外界压力，能主动地根据自己真实的意愿和想法进行活动；最后，自由需要规则，和规则辩证统一，但规则必须是适宜的，是儿童所从事的整个情境内在决定的，而非教师外部强加的。诚如杜威所指出的那样，"在一个有良好秩序的学校里，对这个人或那个人的控制，主要是依靠各种活动和维护这些活动的情境""个人所处的整个情境决定对个人行为的控制"。[①]

只有在这种以自由为核心的精神环境中，儿童才能真正享受到心理安全，也才能真正敢于主动进行个性化的科学探究与发现，进而真正成为"探究者"而非"追随者"。

（四）适宜性

幼儿园科学教育强调尊重儿童的身心发展特点，关注儿童的个别差异，这同样体现在环境创设之中。此外，开展环境创设目的是教育和儿童的发展，因此应符合教育内容的需要。适宜性原则主要体现在以下几个方面：

1. 年龄适宜性

年龄适宜性指环境创设应遵循与符合学前儿童的年龄特点，创设一个在环境的布局、设计、材料等方面儿童化的环境。例如，有的幼儿园在环境创设中，高度方面没有很好地考虑儿童的身高特点，儿童经常需要抬头仰望；还有的幼儿园过多使用成品材料，没有考虑到儿童好动以及通过动作学习的特点。

问题思考

收集小、中、大班自然角的资料，分析其是否体现了年龄适宜性原则。

---

2. 个别适宜性

个别适宜性指环境创设在体现儿童化的同时，还要关注儿童的个别差异，包括兴趣点和发展水平的差异。此外，在目前"全纳教育"思想日益受到重视与倡导的背景下，个别适宜性还体现在环境创设不仅要关注与适合一般儿童，还要关

---

① 杜威. 我们怎样思维：经验与教育［M］. 姜文闵，译. 北京：人民教育出版社，1991：275-276.

注与考虑有特殊教育需要的儿童。

3. 内容适宜性

内容适宜性指环境创设要体现并促进教育内容不断丰富与深化，与教育内容之间形成一种积极互动的关系。除了对目前正在进行的教育内容的促进外，内容适宜性还应体现以前活动内容的延续性以及对未来可能的活动内容的孕育功能。

（五）开放性

幼儿园科学教育环境创设的开放性主要包括以下几个方面：

1. 内容的开放性

内容的开放性指环境创设要考虑空间、时间和材料的开放性。其中，空间的开放性指环境的空间是开放的，尽量不要设置围栏，即使需要用一些分割物将环境划分成若干区域，分割物的选取和运用也要考虑便于儿童、教师等人在空间上的易接近性。这就要求分割物不能过高，也不宜采用封闭的物品进行分割，可采用一些通透性较强的物品，如可伸缩的栅栏、绳子等。时间的开放性指儿童、教师等可以在需要时随时进出环境。材料的开放性指材料的易获取性，儿童根据需要可以很容易地获取所需材料，这要求材料的放置要考虑儿童的特点，将要使用的材料放在儿童能够自己拿到的地方。

2. 对象的开放性

对象的开放性指环境不仅对儿童开放，还应对教师和儿童家长开放，甚至可以考虑向社区相关人员开放。许多幼儿园能做到环境对儿童和教师开放，也尝试向家长开放，但力度不够，主要采取定期和不定期的家长开放日方式，让家长根据教师或幼儿园的要求提供所需材料等。此时，向家长开放的环境是非常有限的，或只是单向地提供材料。幼儿园可以从环境空间、时间和材料等方面，尝试逐渐增加向家长开放的力度。这种开放，能够激发家长参与的积极性，增强家长参与的目的性，进而优化教育环境。

（六）参与性

参与性原则主张儿童是幼儿园科学教育环境的参与者，强调儿童参与环境的策划、设计与生成，亲历环境创设的全过程。这样，儿童才会感到这是属于自己的环境，也才会全身心投入其中。环境创设的参与者，除了儿童之外，还包括教师、家长甚至社区人员。

此外，参与性还强调环境的可参与性，或说要有足够的参与空间。有些幼儿园在创设环境时过多使用整齐划一的成品材料，儿童虽也可能花很多时间摆弄材料，但更多的只是操作，真正参与的空间不大，此时儿童参与的量虽多，但质不高。强调废旧材料、半成品材料的使用，既经济，又容易给儿童足够的探究空间，强化与提升儿童参与的质量。

（七）动态性

学前儿童的科学探究与发现充满了偶然性，与此相适应，环境也应不断变化，这就是动态性。动态性和前面的内容适宜性实质有相通之处，正是由于环境和活动内容之间双向的积极互动，所以环境和活动内容都会不断发生变化。这要求教师既要根据活动开展的需要随时灵活调整环境以支持活动开展，又要根据儿童发展的需要创设相应的环境以诱发儿童开展活动。

（八）地域性

地域性是指环境创设要注意就地取材和因地制宜，以体现地域特色。例如，走进某实验幼儿园，映入眼帘的是琳琅满目的竹制品、各式各样的竹材料，体现了浓厚的地方"竹"文化。在这种富有地域特色的科学教育环境中，首先，儿童在进行科学探究的同时，会逐渐受到地方文化的熏陶，进而逐渐萌发对自己生活于其中的地方文化的熟悉感和亲切感。其次，地域性浓厚的环境也便于家长参与，便于幼儿园和家庭、社区之间合作。最后，地域性浓厚的环境使儿童易于在日常生活和幼儿园学习活动之间建立密切联系，有利于儿童迁移所学的知识，利用学习的科学知识经验解决日常生活中的实际问题，以及将日常生活中的问题或经验带入幼儿园的科学活动中。

问题思考

> 观察与收集某幼儿园某一班级的科学教育环境创设的资料，分析其体现了哪些原则？对哪些原则的体现不明显甚至违背了哪些原则？应如何改善？

二、幼儿园各类科学教育环境的创设

在实践中，幼儿园科学教育环境可以细分为不同类型，主要包括花草与树木、沙坑与水池、种植园地与饲养角、科学墙与科学长廊、自然角、科学区、科学发现室、精神环境。不同类型的科学教育环境各具特点，在创设过程中也有不同要求。

（一）花草与树木

幼儿园中的花草与树木不仅具有绿化环境与净化空气的功能，还蕴含着教育功能，是儿童科学探究活动所必不可少的。

幼儿园中花草与树木的选择和种植要注意多样性，使幼儿园能做到四季有花草和绿树，例如，种植的花卉，既有春天开放的迎春花、桃花，又有夏天开放的太阳花、牵牛花，还有秋天开放的桂花、菊花，以及冬天开放的蜡梅等，还可以种植一些多季开的月季、海棠等；在选择树木时，可以从树木的高矮、树叶的形状与颜色、树皮的纹路、落叶与常绿、是否开花、花的颜色与气味、是否结果等方面综合考虑。

花草与树木的种植要考虑地域特色，结合当地的气候特点和幼儿园的实际情况，如南方可以种植一些果树、桂树、香樟等，北方可以种植白杨等。此外还要考虑城乡差异，在一般情况下城市幼儿园室外面积有限，因此，幼儿园要尽可能利用空间，在吊盆、花坛、阳台等地方种植花草；而农村幼儿园虽然面积不一定很大，但周边往往很空旷，或者有很多庄稼、花草、树木，所以可以借助幼儿园周围的空地种植花草与树木，还可以共享幼儿园周围丰富的自然环境资源。

瑞吉欧环境利用

花草与树木的种植，需要精心安排位置，尽量做到既不遮挡室内光线，又有遮阳功效，层次分明，色彩搭配巧妙。在一般情况下，高大的乔木适宜种植在大片空地或道路两侧，低矮的灌木适宜种植在房舍周围，同时还可以利用低矮的花草或灌木区分隔幼儿园的不同活动空间。

> **问题思考**
>
> 美国学者沙因费尔德等在《我们都是探索者：在城市环境中运用瑞吉欧原则开展教学》中指出，环境要能推动儿童运用多重视角和进行多种联结。从此观点出发，分析：进行幼儿园"花草与树木"创设时为什么要遵循与体现上述要求？并据此对一所幼儿园"花草与树木"的创设进行评析。

（二）沙坑与水池

沙子因其易于变化，常能引起儿童的探索兴趣。沙坑中一般放有粗细、颜色等各异的沙子，有助于儿童在自由玩沙过程中体验到沙子的种种特质。生活在城市中的儿童在日常生活中很少见到真实的沙子，即使见到也很少会玩沙子，因此有必要在幼儿园设置专门的沙坑。农村幼儿园是否专门设置沙坑要依据实际情况考虑，如果儿童在日常生活中能经常接触沙子，那这样的农村幼儿园就没有必要设置专门的沙坑；如果有些农村儿童在日常生活中虽能偶尔接触沙子但缺少玩沙子的经验，就可以考虑设置专门的沙坑。总之，农村幼儿园在设置沙坑时不能全盘"城市化"，而要因地制宜。

　　玩水也是儿童非常喜爱的一项活动，有的幼儿园会在沙坑附近安装水龙头，便于儿童在玩沙后冲洗；也有的幼儿园会借助地势的高低起伏铺设水管，帮助儿童观察水的流动性；还有的幼儿园会专门建造游泳池、喷水池等。农村幼儿园一定要因地制宜，从实际出发，切忌盲目照搬。

（三）种植园地与饲养角

　　种植园地与饲养角是供儿童在幼儿园中开展种植与饲养活动的地方，有助于儿童体会、观察与了解动植物的特性、生长过程及其与环境之间的关系，是幼儿园科学教育环境的有机组成部分。

　　1. 种植园地

种植园区

　　种植园地在幼儿园有两种含义：一是广义的理解，指所有种植植物的地方，包括走廊和室内等；二是狭义的理解，指专门用来种植的地方，一般会种植蔬菜、瓜果、粮食作物，但很少种植花草与树木，往往反复种植与收获。此处使用狭义的"种植园地"概念，指专门用来种植的地方。种植园地要求阳光充足，土壤肥沃，一般可以集中设置在幼儿园的一角，如果条件允许，可以给每个班分一块"责任田"。两块田地之间的田垄最好能容纳两名儿童并排蹲下或站立，便于儿童种植、管理和观察。

　　种植园地种植的植物尽量做到多样化，可从当地的气候条件出发，选择儿童常见且生长较快的各类蔬菜、瓜果、粮食作物等，如萝卜、西红柿、丝瓜、南瓜、黄瓜、玉米、高粱、花生、番薯、土豆、蚕豆等。教师应根据不同季节分期安排种植以便让儿童在不同季节都能看到自己种植的植物。教师在选择种植的植物类型时还要注意儿童的年龄特点：在一般情况下，小班儿童可以种植一种植物或者若干种差异明显的植物；中班儿童可以种植若干种差异比较明显或者在某一生长阶段差异明显的植物；大班儿童可以种植若干种差异不明显的植物。种植园地中植物的种植应纳入幼儿园课程计划中，在一般情况下班级需事先确定种植的植物类型，然后准备相应的种子和工具，安排种植时间及后续的管理、观察、收获、表征等活动。有些在暑假成熟的果实可以考虑安排假日收获，或通过影像、照片等方式记录以确保儿童尽可能从中获得丰富的经验。同时，教师应尽可能让儿童感受到收获的过程与乐趣。这就要求教师要有植物生长周期和种植时节的概念。

幼儿种植活动
的过程

种植园地的科学教育价值贯穿从种植、管理到收获等各个环节。在此过程中，儿童是一个积极的参与者，而非被动的旁观者。种植环节主要包括种植的计划与实施两部分，在计划部分，儿童在教师甚至家长的引导与帮助下观察与规划种植空间、选择植物及其种子或苗、讨论种植方法、选择种植工具；在实施部分，教师鼓励儿童在安全的前提下积极参与一些具体的种植活动，如挖坑、播种、浇水等。种植之后的管理是一项长期任务，主要包括浇水、捉虫、松土等，儿童甚至还要在教师、家长的帮助或参与下给植物喷洒农药。在此环节，教师在鼓励儿童坚持完成一些力所能及的任务的同时，还要让儿童采用诸如绘画、照相、测量等各种方式记录植物的生长变化，并指导儿童仔细观察植物生长中的一些重要变化，如开花、结果等，以及不同植物之间的异同。收获是一个令人欣喜的过程，在此过程中，教师要引导儿童了解不同植物的收获方法，让儿童通过触觉、嗅觉、视觉等多种感官全面了解植物果实的形状、色彩、数量、质地等特征，在品尝的过程中进一步了解植物果实的味道、植物及其果实的内在结构与特征等。总之，种植园地的种植活动蕴含的科学教育价值能否以及在多大程度上得以实现，很大程度上取决于教师的指导质量、儿童甚至包括家长的参与程度。

问题思考

观察与收集一所幼儿园种植园地的相关资料，并对其进行评析。

2. 饲养角

饲养角是幼儿园饲养动物的地方。幼儿园的饲养空间主要有两种：一是户外专设的场地；二是每个班级所属的空间，如活动室、走廊、窗台等。根据空间的不同，饲养角可以划分为两类，即幼儿园户外饲养角和班级饲养角。

幼儿园户外饲养角一般空间相对较大，以饲养诸如家禽、家畜等体型较大的动物为主，如羊、兔子、鸭、鸡、鹅、鸽子等。这些动物一般需要特定的生活空间，如栅栏或小屋，要远离儿童的生活与学习区域，动物的生活空间有时还要考虑风向的因素，甚至需要根据季节变换位置。在饲养活动的组织形式方面，户外饲养角既可以由全园共同负责，也可以细分成不同区域并由各个班级分别负责。

班级饲养角是自然角的有机组成部分，位于每个班级自己所属的空间范围内，如活动室、走廊、窗台等，一般有相对固定的区域，但也可以根据活动室的空间状况和儿童的需要随机灵活地设置在活动室的其他区域，将专门区域和随机区域相结合。班级饲养角的空间相对较小，一般提供诸如玻璃瓶、玻璃缸、小笼子、小罐子等饲养器具，经常饲养诸如金鱼、乌龟、虾、蝌蚪等小动物。

饲养角的科学教育价值贯穿整个饲养过程的始终，包括从开始的决定饲养何种动物，到后来的诸如喂食等管理。在此过程中，儿童也是一个积极主动的参与者，这就要求教师引导儿童在饲养过程中注意观察、记录动物的生长变化、生活习性以及不同动物之间的异同。为了更好地实现饲养角的潜在的科学教育价值，教师需要将饲养角的饲养活动纳入整个幼儿园的课程体系。

（四）科学墙与科学长廊 [①]

科学墙与科学长廊是充分利用幼儿园的门厅、过道、走廊等空间，在一定科学教育目标指导下自觉设计的儿童参与性较强的科学教育环境。

1. 科学墙

创设科学墙在于营造一个浓厚的科技文化氛围，以倡导理念为主，力求体现视觉的冲击性、科学的神奇性，并且与幼儿园文化相协调，以奇妙体验、趣味操作为主。

科学墙一般布置在幼儿园的门厅，内容可以涉及多个领域，如声学、光学等。例如，某幼儿园的科学墙涉及的自然科学领域有声学、光学、电学、力学、磁学、天文、地理、生物等。科学墙由 2 块 12 m² 的大墙和 15 块 4 m² 的小墙组成，具体内容包括电流迷宫、气压液压、智力拼图、动物乐园、森林捉迷藏、齿轮游戏、原生态乐园等，主要起到科学情感和态度的早期熏陶作用。其中，在"动物乐园"里设置了儿童喜欢的十几种常见的动物，如鸡、鸭、羊、狗、兔子、青蛙、鱼、蜻蜓、蜜蜂、猴子等。"趣味问答"分成三组内容：动物的食性、生活场所、分类；墙上设计了几组按钮，儿童可以自由选择操作内容。当儿童选择第一组"动物的食性"时，只要一按按钮，就会听到动物的叫声，儿童先判断这是什么动物，再去选择它爱吃的食物按钮，答对时，灯光亮起，音乐响起，并伴有鼓励的声音；答错时，装置会鼓励儿童再尝试。

2. 科学长廊

科学长廊一般是开放的、低结构化的。教师将科学活动主题目标、教育意图通过环境创设、材料投放、活动内容与形式的建议、伙伴间的影响等方式加以渗透，主张儿童以兴趣为导向，自主选择活动内容、活动方式和活动伙伴，通过摆

---

① 杭州市蓓蕾幼儿园在科学墙与科学长廊方面进行了长时间探索并积累了丰富经验，此处主要借鉴该幼儿园的一些做法与经验来介绍科学墙与科学长廊。

弄、操作等方式生成活动过程；教师则主要是促进者和推动者，有时甚至是游戏中的一员，重点观察与引导儿童的活动过程，了解活动结果，从而调整活动内容与材料。

科学长廊经常布置在幼儿园每层楼的走廊里，可以根据需要划分成若干区域，如游戏区、操作区等。例如，某幼儿园的主楼是半圆形结构，每层楼均有150 m 长、3 m 宽的长廊，每个活动室后面均与此长廊连通。该幼儿园在不同楼层设置不同的主题，布置成科学长廊。整个科学长廊分为游戏区、操作区、材料区和展示区四个区域。其中，游戏区的内容主要包括管道游戏、声音游戏、镜子游戏、升降电梯、降落伞等；操作区的内容主要包括斜坡的实验、纸桥的实验、溶解的实验、沙漏的实验等；材料区是汇集教师、家长、儿童收集的材料的场所，主要有各种各样的石头、羽毛、木块、铁块、塑料、瓶子、纸等科学活动中常用的材料，教师可以根据需求自由取放；展示区则是科技小制作的天地，展示着各式各样的风车、天平、陀螺，儿童可以看一看、玩一玩、做一做。

科学长廊的创设力求紧密围绕科学活动主题展开，根据活动内容划分，分解出一个个的问题，让儿童根据需要解决的实际问题进行有目的的游戏、探究、设计、制作、记录、交流，直至解决问题。例如，在"力"的主题活动中，教师在走廊上空别具匠心地悬挂了多种可自由升降的玩具，有升降电梯、降落伞等；再如，在儿童够得到的操作板上，让儿童按自己的意愿设计各种形状的管道，设计完后，拿筐内的弹珠、小积木、棋子等，从管道的一端放入，观察什么物体能钻出来，什么物体被卡住了。

（五）自然角

自然角是幼儿园活动室内浓缩的"大自然"，是儿童了解、认识大自然的窗口，是幼儿园科学教育环境的重要组成部分，一般设置在活动室内向阳的阳台、角落，饲养、种植一些适宜于在室内生长、生活的动植物如乌龟、蝌蚪、吊兰等。

为了充分发挥自然角引发儿童主动探究进而建构对周围世界认识的积极作用，自然角的创设应遵循以下原则[①]：

1. 丰富性

自然角要能呈现自然界物种的丰富性和变化的多样性。在自然角中除了摆放

[①] 对丰富性、季节性、变化的显著性、实验性和层次性五个原则的阐述参考：许丽璇. 浅谈幼儿园自然角的设计与使用 [J]. 教育前沿（理论版），2007（6）：79-80.

生活中常见的水果与蔬菜标本、种植花草、饲养小动物之外，在中、大班还可以就某一方面拓展细化，如植物可选择常绿、落叶、草本、木本、藤本等类型，展示植物的多样性；展示昆虫、两栖动物（如青蛙）的不同生长阶段；等等。

2. 季节性

自然角要能体现自然界季节变化的特性，根据季节的变化选择与摆放相应的动植物，如春季可以摆放正在萌芽的落叶植物、正在孵化的蚕、处于成长初期的蝌蚪等，以展示万物复苏的景象。

3. 变化的显著性

在自然角中要尽量选择富有变化的材料，尤其是变化明显的动植物。一般可以选择生长周期短的动植物或动植物生长变化明显的时期，如幼苗阶段的植物、生长发育迅速的昆虫；同时还可以摆放尺子、放大镜、温度计、日历、记录本等观察记录的工具和辅助材料，以帮助儿童更好地感受自然界及其变化的规律。

4. 实验性

自然角要注意内容的对比性、实验性和探究性，如在种子发芽实验中，师幼可以采用不同的介质（如水、沙、土壤）、温度和水分等条件进行实验。

5. 层次性

不同年龄班的自然角中材料的种类和呈现方式应该具有连续性、变化性和渐进性，从小班到中、大班，材料的种类可由简单到复杂逐渐丰富，即使同一类材料在不同年龄班也应有不同的设置方法和层次要求，如小班应多选用儿童身边常见的并且更多适宜进行短期观察的材料；中班在逐步拓展与丰富儿童认知范围的同时可系列化地呈现各种材料；大班除了材料数量和种类的变化外，还可适当增加适宜进行长期观察的材料，并且材料的呈现也应更具有实验性。

6. 参与性

在自然角的创设过程中教师应吸引和鼓励儿童、家长以及其他教师等多元主体积极参与，尤其是要鼓励儿童、家长参与，如教师在自然角投放一些可供儿童操作的材料，鼓励儿童自己种植植物与饲养动物，参与选择和收集材料。

此外，参与性的另一层含义是自然角的可参与性，即自然角的创设应鼓励并有利于儿童的参与，如种植、观察、实验等。

7. 计划性

自然角环境的创设应纳入幼儿园的课程体系，成为幼儿园课程的一个有机组成部分，在选择和摆放动植物、非生物时要加强计划性，和已经、正在或者将要开展的主题活动联系起来。

问题思考

观察与收集某一班级自然角的资料，根据以上原则对其进行评析，并提出改善设想。

（六）科学区

目前，区域活动日益受到人们的重视。科学区是幼儿园中常见的一个区域，其中经常投放诸如磁铁、放大镜等科学探究材料或科学玩具，便于儿童在区域活动时间根据自己的兴趣、水平，自主选择材料，主动进行科学探究。

资料链接

区域活动，也称为活动区活动、区角活动等，指以幼儿的需要、兴趣为主要依据，考虑幼儿园教育的目标、正在进行的其他教育活动等因素，划分一些区，如积木区、表演区、科学区等，在其中投放适合的活动材料，制订活动规则，让幼儿自由选择活动区，在其中通过与活动材料、同伴等的积极互动，获得个性化的学习与发展。区域活动具有自由性、指导的间接性、自主性与个性化等特点。[1]

为了更好地发挥科学区在促进儿童个性化科学探究以及推动幼儿园科学活动开展中的作用，科学区的创设要注意以下几点：

1. 科学区与科学主题有机整合

科学区提供的材料应随着科学主题的变化而相应调整，如在大班"光"的主题活动中，教师在科学区为儿童提供了投影设备，以及透明纸、记号笔，鼓励儿童大胆地在胶片上设计图案，并插入投影仪中尝试放映。通过不断移动材料的位置，儿童可以清晰地看清胶片上的图案。[2]

2. 科学区材料投放策略多元化

材料是儿童开展区域活动的重要物质基础，并且是教师对儿童施加影响的重要媒介与载体。因此，材料的投放与调整是科学区环境创设的关键。

科学区的材料并非是一个由孤立的单个材料组成的松散集合，而是一个由处于和材料使用者关系中的不同材料及其之间关系构成的材料系统。为此，科学区

---

① 王春燕. 幼儿园课程概论［M］. 3 版. 北京：高等教育出版社，2019：171.

② 本资料由杭州市蓓蕾幼儿园提供。

的材料投放可以采取多种策略并举的方式，策略主要有以下几种①：

（1）添加

添加材料指"教师在原有材料的基础上增加一部分新材料，使游戏出现新的转机，产生新的含义，引发儿童新的探索活动的方法"。②例如，在科学区投放的纽扣分类材料，原本只是让儿童按照颜色进行分类和数数。后来教师又添加了一份记录表，请儿童将每次抓出的纽扣在记录表中按颜色分别记录数量。记录表这一新材料的介入，改变了原来纽扣分类材料系统的要素构成与关系特性，形成了一个新的材料系统，进而引发了新的科学活动。

（2）删减

删减材料指"教师在原有材料的基础上减掉一些材料，使游戏出现新的问题情境，从而产生新的游戏的方法"。③例如，教师在科学区投放了扑克牌材料，儿童的工作主要是整理扑克、按牌的大小清点张数。后来，教师从中随意抽取了一张扑克牌，儿童通过反复清点最终发现少了一张扑克牌，然后自制缺少的这张扑克牌，将扑克牌补充完整。教师通过删减材料（即抽取一张扑克牌）的策略改变了材料系统的要素构成与要素之间的关系，使材料系统呈现了新的意义与价值，增加了活动难度。

（3）再现

再现策略指教师有意识地"重复"投放之前的一些材料，以收到意想不到的效果。具体地说，当儿童的知识经验发生变化时，教师可有意识地"重复"呈现儿童之前玩过的材料，这些同样的材料对儿童而言，价值也发生了相应变化，并且这些材料在与当前其他材料的组合中也产生了新的价值，最终成为新的材料系统中的一个有机要素，因而呈现了新的价值。这里的"重复"不是在原有水平上的简单重复，而是在更高水平上的一种"回归"。例如，在"物体沉浮"主题活动中，儿童可以探究牛奶罐、饮料瓶、易拉罐等这些不同材料在水中的沉浮状况。而在"滚动"主题活动中，教师可将之前儿童玩过的牛奶罐、饮料瓶、易拉罐等材料再次呈现在儿童面前。此时，儿童会利用这些材料开展物体滚动的小实验。对于不同时空中具有不同知识经验的幼儿而言，同一个材料在和当前其他材料的组合中，与其他材料共同构成了新的材料系统，进而会引发新的科学活动。

---

① 秦元东. 幼儿园区域活动材料观的转变［J］. 幼儿教育（教育科学版），2008（12）：28-30.
② 李建君. 区角，儿童智慧的天地［M］. 上海：上海社会科学院出版社，2005：38.
③ 李建君. 区角，儿童智慧的天地［M］. 上海：上海社会科学院出版社，2005：39.

问题思考

观察与收集某一班级科学区的材料，对其进行评析，并提出改善设想。

（七）科学发现室

科学发现室
案例

科学发现室是幼儿园课程的有机组成部分，是专为儿童创设的便于其主动进行科学探究与发现，获得丰富的科学经验，培养正确的科学态度，养成良好的科学精神的专用活动室。科学发现室的主要作用是为儿童的科学探究与科学发现提供专门的空间和设施。

科学发现室倡导发现精神，其目的并非只是建造和形成一个特定的发现空间，更重要的是为了培养儿童的科学探究与发现精神。所有能激发儿童科学探究与发现精神的空间、材料和活动形式均与科学发现室具有同样的价值。因此，是否要建造以及建造什么规格的科学发现室取决于幼儿园的具体情况。那些暂时不具备条件建造科学发现室的幼儿园，只要能充分挖掘和利用幼儿园现有的资源，注重激发与培养儿童的科学探究与发现精神，也能弥补科学发现室缺乏的不足，甚至可能取得比科学发现室更好的效果。总之，科学发现室的建造不能拘泥于形式，而要注重把握其激发与培养儿童科学探究与发现精神这一实质。

1. 科学发现室的空间设置

科学发现室经常会根据需要划分成不同的区域空间，便于不同的儿童在相对独立的空间内从事自己感兴趣的活动，进而充分利用科学发现室的空间。科学发现室的空间设置需要注意以下几点：[1]

（1）动静分区合理

教师在对科学发现室的空间进行划分时，要将相对安静的桌面操作区和科学图书区放在一起，尽量远离容易发出噪声或比较热闹的活动区。

（2）同类材料靠近摆放

科学发现室中的材料根据类别摆放，如光学材料、磁性材料分别放在不同地方；若同类材料有多份，也应放置在一起。

（3）保证儿童进行桌面操作的空间

每个儿童进行操作的桌面不能太小和过于拥挤，应大小适宜，避免彼此干扰。

（4）有些材料在布置时需要考虑邻近水源与光源

科学发现室中的材料摆放还需考虑其特性，有些活动需要用到水，那相应的材料就应邻近水源放置；有的活动需要光，那相应的材料（如光学材料）就应邻

[1]　王志明. 学前儿童科学教育［M］. 南京：南京师范大学出版社，2001：222.

近光源放置。

（5）室内和室外空间有机结合与充分利用

在充分利用科学发现室室内空间的同时，教师也要注意挖掘和利用室外空间，如可能会干扰他人的活动材料可以考虑摆放在门边，并且可以在科学发现室门外开展活动。

（6）保证一定的存储空间

为了存放那些暂时不用的材料，科学发现室要预留一定的存储空间。

2. 科学发现室的材料投放

科学发现室中的材料根据功能可以分为三类：一类是操作型材料，如光学材料、磁性材料、声学材料、电学材料、玩水材料等；一类是观赏型材料，如实物、模型、标本等；一类是辅助型材料，如记录纸、记号笔等。科学发现室中的材料应以操作型材料为主。科学发现室的材料投放应注意以下几点：

（1）趣味性

富有趣味性的材料容易吸引儿童的注意力并引发儿童的科学探究活动。如当中班儿童认识了电池之后，教师可以在科学发现室投放一些会发声的电动小玩具，儿童可以探究其中的秘密并尝试自己安装。

（2）参与性

科学发现室中的材料应便于儿童操作和参与活动，如放大镜、万花筒、望远镜、显微镜等。特别是一些辅助型材料，如记录纸的设计更要注意儿童认字少和不会写字的特点，可以考虑用符号代替。如在"磁铁喜欢谁"的记录纸上就可以画上不同材料（如塑料、回形针、玻璃等），儿童可以直接在上面用"√"和"×"分别表示相吸和排斥。

（3）探究性

科学发现室中的材料应富有探究空间，开始时教师应尽量提供一些结构简单、易于探究的材料；在儿童熟悉了之后，可以尝试逐渐提供一些更为复杂的材料。

（4）经济性

科学发现室中的材料并非越高档、越贵就越好。教师在适当购买一些成品材料，如放大镜、显微镜、天平秤等的同时，要善于挖掘和利用自然材料与废旧材料，如可以采集不同的树叶制作树叶标本。

（5）充足性

在科学发现室中材料的种类与数量应尽量充足，即使同一类的材料也要尽量同时提供2~3个。

问题思考

　　观察与收集某一幼儿园科学发现室中投放的材料的相关信息，并对其进行评析，提出改善设想。

3. 科学工作坊简介 ①

　　目前，幼儿园中出现了一种"科学工作坊"，有的将其等同于科学发现室；有的则将其视为科学发现室的一种类型，如杭州市蓓蕾幼儿园就将科学发现室和科学工作坊进行了区分，认为科学发现室的内容选择比较宽泛，包括观察类、操作类、实验类等多种类型的活动；而科学工作坊的内容则比较集中，主要是操作类的活动。

科学工作坊
案例

　　科学工作坊的设计以问题情境和任务情境为引导，以探究、制作为活动的主要类型，用来组织儿童开展操作活动，培养儿童的探究能力和科学的操作习惯。科学工作坊的活动模式是：设置问题情境，儿童接受任务→运用已有经验尝试、探索、设计、制作、记录、交流等→完成任务→习得（获得知识、技能、情感等各方面的学习与发展）。科学工作坊强调以激发兴趣并产生互动为主，操作状态（专注、投入、思考）的激发和思维能力、创新精神的培养是最重要的，完成或完不成任务是次要的。下面结合大班科学小制作"有趣的沙漏"加以说明。

幼儿科技创意
工作坊案例

　　问题设置：儿童对电脑上的沙漏图片非常感兴趣，常常聚集在电脑前讨论——这是什么？里面装着什么？为什么会漏下来呀？他们对沙漏产生了浓厚的兴趣，于是我们在工作坊设置了问题"能自己做个沙漏玩玩吗？"。

　　丰富经验：收集有关沙漏的资料，丰富儿童的经验是进入活动的第一步。儿童从书店里、互联网上收集了许多有关沙漏的资料，并把资料展示在科学墙上，大胆介绍：我看到的沙漏是怎样的？有什么用？

　　收集材料：如果我们自己来制作沙漏，那该用什么材料呢？儿童产生了思考，在教师、家长的共同努力下，收集了各种大小、形状的塑料瓶和易拉罐，以及沙子、米、盐、豆子等。

　　实践操作：究竟该怎么做呢？儿童虽然对沙漏有了一定的了解，但在制作过程中还是遇到了许多问题：易拉罐是不透明的，选用这种材料显然行不通；在盖子上打洞是技术上的难题；两只饮料瓶如何对接困难也很大；豆子太大，流动的速度不均匀也不行……面对这些问题，教师适时、适当的引导十分关键。如在盖

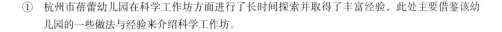

① 杭州市蓓蕾幼儿园在科学工作坊方面进行了长时间探索并取得了丰富经验，此处主要借鉴该幼儿园的一些做法与经验来介绍科学工作坊。

子上打洞，教师可以采取直接帮助的方式，因为这是儿童自身不能克服的困难，如不及时解决，会影响儿童制作的成功及愉快的体验，但这种帮助是建立在尊重儿童的前提下的。又如两只饮料瓶对接，教师可采用引导的方式："两个小朋友互相合作，试试看？"于是，儿童一人扶住瓶身，另一人用宽胶带将两个瓶口固定，很快就完成了任务。这样的支持可避免儿童长时间的无效重复劳动。

分享交流：这是儿童拿着自己完成的沙漏，与同伴体验、分享成功与快乐的过程。儿童用沙漏计时，看看谁的沙流得速度快。教师根据情况提出指向性问题：什么样的沙漏流得速度快？让儿童在记录、比较中得出结论，使儿童的科学活动更具魅力。同时，在这一过程中出现的同伴间的交流是自发的、兴趣盎然的。

（八）精神环境

良好的精神环境是儿童主动进行科学探究与发现所必不可少的。良好精神环境的创设要注意以下几点：

1. 教师自身的解放是前提

教师唯有首先解放自身，才有可能为儿童创设一个宽松、自由的良好的精神环境。当前，许多教师迫于来自家长、社会等多方面的压力，很难或不敢有所改变或创新。这就要求为教师松绑，鼓励教师积极探索与创新。

2. 鼓励与支持儿童尝试

科学的本质与核心是探究，而探究必然是一个充满曲折的、不断尝试的过程。在此过程中，"错误"具有积极意义，更确切地说没有"错误"的观念，有的只是探究过程中暂时的"不足"，而这种"不足"恰恰孕育着接下来的不断超越与成功。在此观念指导下，在安全的前提下，儿童任何富有创意和个性化的科学尝试原则上都是被允许和鼓励的。

3. 尽量减少不必要的限制

创设良好的精神环境，并非要排斥一切规则，相反恰恰需要适宜的规则，这种适宜的规则是活动内在需要的，而非教师为了便于控制儿童从外部强加的。同时，这种适宜的规则必然是随着活动的变化而动态变化的。除了这种适宜的规则之外，教师应尽量避免不必要的规则限制。

第三节　学前儿童科学教育的社会资源

社会资源是学前儿童科学教育活动顺利、有效地开展所必不可少的，是学前儿童科学教育环境的有机组成部分。学前儿童科学教育的社会资源具体包含哪些类型？又应如何开发与利用呢？本节将对这些问题进行深入探讨。

一、社会资源的类型

在学前儿童科学教育中，可以开发与利用的社会资源主要包括以下几个方面。[①]

（一）人力资源

人力资源指能对幼儿园科学教育活动有所帮助的各种人员，主要包括社区中的各种专业人员（如科技人员、有一技之长的人等）、热心人士和家长等。例如，在开展有关茶叶方面的科学教育活动时，教师就可以邀请茶专家提供专业帮助；在开展有关牙齿、消化系统等方面的科学教育活动时，教师便可以邀请相关医生提供专业帮助。

教师在利用人力资源时，应提前告知相关人员活动的目的与要求，特别是邀请专业人员到幼儿园参与活动，还要向其介绍学前儿童的特点以及如何与他们互动，包括讲话应注意的事项等。例如，某幼儿园小班正在开展有关糖果的科学教育活动，需要家长带一些糖果，两个小班的教师采取了两种不同的做法，收到了截然不同的效果：小（一）班的教师在活动室的家园联系栏张贴了一张通知："各位家长好，明日请您为孩子带两块水果糖，谢谢您的合作。"小（二）班的教师晚间离园时请家长到班里做客，与家长聊起了孩子的在园情况及兴趣点，并向家长详细介绍了所要开展的主题游戏活动，同时请家长帮忙带糖果。结果第二天，小（一）班只有几个家长带了糖果；而小（二）班所有家长都带了糖果，并且提

---

① 参见王志明. 学前儿童科学教育［M］. 南京：南京师范大学出版社，2001：226-228.

供的糖果种类非常丰富。

> 幼儿园为开展"汽车"主题活动，拟邀请汽车4S店工作人员到幼儿园给儿童介绍有关汽车的一些知识，你事先应如何与汽车4S店工作人员沟通？主要沟通哪些方面的问题？

（二）材料资源

材料资源主要指科学教育活动中所需的各种物质材料，既可以由家长提供，也可以由社会机构捐助。例如，家长在假期旅游时收集的漂亮贝壳、研究机构淘汰的一些实验器材等均可以成为儿童开展科学活动的宝贵材料。

利用材料资源一定要注意安全、卫生，尤其是对一些废旧材料的利用，一定要进行彻底充分的消毒。

瑞吉欧Remida

资料链接

> 瑞吉欧"雷米达"（Remida）：1996年开启，这是由市政府支持，由瑞吉欧儿童之友国际协会的志愿者管理的一个创造性回收物品中心。该中心收集本地区工厂中那些被丢弃的边角料，并为婴幼园、幼儿园、游戏中心、工作坊等提供资源。它旨在使不同的力量之间产生一种联系——在文化、学校和工业界——并在协同的接触中产生新的资源。[①]

（三）自然资源

这里的自然资源主要指幼儿园以外的各种自然资源，主要包括公园、绿地、河流、湖泊、山川等。例如，春天教师可以组织儿童野外踏青，还可以组织儿童调查周边河流的污染情况及其对周围人们生活的影响。

（四）组织资源

组织资源主要指一些社会组织和机构，包括专业科技场馆（如科学博物馆、动物园、海洋馆等）、社会公共设施（如银行、公安局、医院等）、公司与企业、行政机构（如居委会等），它们也能为幼儿园的科学教育活动提供多种帮助。如

---

① 瑞吉欧·艾米利亚幼儿园和婴幼园学会. 瑞吉欧·艾米利亚市属幼儿园和婴幼园指南［M］. 沈尹婧，李薇，译. 南京：南京师范大学出版社，2014：25，38.

开展有关动物方面的科学教育活动时，教师就可以利用养鸡场、动物园、奶牛场等组织资源。

（五）信息资源

信息资源不是一种实体，而是需要依附一定的载体，如书籍、报刊、互联网等。幼儿园在开展科学教育活动过程中，经常需要家长帮助儿童利用图书馆、互联网等查阅相关信息。

二、社会资源的开发与利用

社会资源的充分开发与利用将有助于幼儿园科学教育活动的顺利组织与开展。学前儿童科学教育社会资源开发的第一步是构建社会资源库，在此基础上采用"请进来"与"走出去"的多元途径并举的方式加以有效利用。

（一）社会资源库的构建 ①

幼儿园可以挖掘与利用的显在与潜在的社会资源五花八门，有的是即时性的，如社区内的重大节日活动；有的是长效性的，如社区内的各种设施；有的是不可重复的；有的是可以反复利用的。因此，较为系统地收集与分门别类地整理幼儿园周围可以利用的各种社会资源，建立社会资源库，是社会资源开发的基础。

构建社会资源库的第一步是对社会资源进行较为系统的调查，收集有关信息，包括社区中的各种自然资源、人力资源、材料资源以及各种组织资源，如商店、银行、学校等。在此过程中，教师要特别注意收集有关"人"，特别是社区或儿童家长中具有现实或潜在教育价值的人员的相关信息，如这些人员的工作单位、爱好、特长等。

在收集了丰富的信息之后，教师还要考虑按照一定的依据对信息进行分门别类的整理，例如，某幼儿园在对教育资源进行深入调查的基础上，绘制了一张"城北幼儿园教育资源分布图"，对资源进行了分类整理：一些资源成为幼儿园的"共建单位"，如消防大队等；一些资源成了"材料供应库"，如废品收购站、面包房等；一些资源成了"专题活动库"，如雕塑厂等；一些资源如社区里的医生、电脑工程师等成了幼儿园的"家长导师"。至此，该幼儿园初步建立了一个教育

① 参见许晓蓉. 幼儿园整合社区教育资源策略探微［J］. 学前教育研究，2006（7，8）：122−123.

资源储备库，还建立了由家长及其亲友组成的一些相对稳定的各具特色的"导师组"，为有效利用资源提供了坚实的保障。

借鉴该幼儿园的做法，在对学前儿童科学教育的社会资源进行调查的基础上，教师可以考虑从人力资源、材料资源、自然资源、组织资源和信息资源的角度对社会资源进行分门别类的整理，建构社会资源库。

（二）采用多元途径并举的方式利用资源

社会资源的利用应积极探索多种途径和策略，我们可以粗略地将社会资源的利用途径划分为两类，即"请进来"和"走出去"。

1."请进来"

对于社会资源中的"人力资源"和"材料资源"我们主要采用"请进来"的途径加以利用。如在开展有关植物方面的科学教育活动时，教师可以邀请植物方面有专长的家长或者其他专业人士到幼儿园，在自己的帮助下组织儿童开展相关的科学活动。

2."走出去"

对于社会资源中的自然资源、组织资源、信息资源我们则主要采用"走出去"的途径加以利用，如组织儿童调查幼儿园周围植物的种类。

问题思考

以幼儿园某一科学主题活动为例，分析该主题活动开展对社会资源的利用是否合理？如何进一步改善？

▌▌ 小 结 ▶▶▶

本章主要探讨了三个问题：一是学前儿童科学教育环境的构成要素及其作用，以及创设要求；二是在分析了幼儿园科学教育环境创设原则的基础上，具体分析了幼儿园各类科学教育环境的创设；三是在分析了学前儿童科学教育社会资源类型的基础上，分析了社会资源的开发与利用。

从人类发展生态学的视角分析，学前儿童科学教育环境的构成要素主要包括幼儿园科学教育环境和社会资源两类，每个构成要素在学前儿童科学教育中均具有不可替代的作用。在此基础上，本章从中间系统构建的角度分析了学前儿童科学教育环境创设的要求，指出多元对话是核心，幼儿园主导是关键，构建外部支持系统是基础。

幼儿园科学教育环境是教师在一定科学教育目标指导下，有计划、自觉创设的环境，遵循目的性、自然性、安全性、适宜性、开放性、参与性、动态性、地域性八个原则。幼儿园各类科学教育环境（主要包括花草与树木、沙坑与水池、种植园地与饲养角、科学墙与科学长廊、自然角、科学区、科学发现室、精神环境）各具特点，在创设过程中也有不同要求。

学前儿童科学教育的社会资源主要包括人力资源、材料资源、自然资源、组织资源和信息资源五种类型，在学前儿童科学教育中发挥着独特作用。学前儿童科学教育社会资源开发的第一步是构建社会资源库，在此基础上采用"请进来"与"走出去"的多元途径并举的方式加以有效利用。

▌▌▌ 思考与实践 ▶▶▶

1. 从中间系统构建的角度分析学前儿童科学教育环境创设的要求。

2. 结合实践分析幼儿园科学教育环境创设的原则。

3. 对一所幼儿园中某类科学教育环境创设的现状进行调查，并从幼儿园科学教育环境创设原则的角度对其进行分析，进而提出相应建议。

4. 结合实践分析如何开发与利用学前儿童科学教育环境中的社会资源。

▌▌▌ 延伸阅读 ▶▶▶

1. 王志明. 学前儿童科学教育［M］. 南京：南京师范大学出版社，2001.

该书第七章将学前儿童科学教育环境分成自然环境、物质材料和心理环境三个要素，分别分析了三个构成要素在学前儿童科学教育中的独特作用；在此基础上提出了学前儿童科学教育环境创设的五个要求，即自然、朴素、美观、安全和亲切；接着具体分析了幼儿园科学教育中的环境创设和管理；最后对学前儿童科学教育的社会资源进行了分析，包括社会资源的作用及其类型。

2. 王春燕，秦元东，黎安林. 探究·体验·发现：幼儿园科学教育理论与实践［M］. 南京：南京师范大学出版社，2010.

该书第七部分主要分析了幼儿园科学教育环境创设的探究·体验·发现原则，具体包括安全性、自由性、适宜性、多维镶嵌性、开放性、参与性、动态性、互动性、地域性和隐含的教育性十大原则；在此基础上提出了环境创设的六条策略，即解放教师是前提和基础、增强问题意识是关键、适当增加或删减材料、变废为宝、善于分割与拓通环境、洞察幼儿的需要，进而创设适宜的引导性环境。

3. 张俊. 幼儿园科学教育［M］. 北京：人民教育出版社，2004.

该书第六章对幼儿园区角活动中的科学教育进行了深入分析，首先对区角学习活动的理论基础、特点及其价值进行了分析；在此基础上具体分析了班级科学区角活动的设计与指导，指出科学区角活动的设计应满足多样性、层次性与结构性三个方面的要求，在指导过程中要重视幼儿的学习体验、个别化的启发引导和心理环境的创设；进而具体分析了班级科学区角活动组织的三种形式，即主题性的区角、日常性的区角和集体教学中的区角；最后具体分析了科学发现室的创设与管理，包括科学发现室的作用、材料选择和空间设置、活动组织与日常管理。

4. 秦元东，王春燕. 幼儿园区域活动新论：一种生态学的视角［M］. 北京：北京师范大学出版社，2008.

该书第十四章分析了幼儿园区域活动与家庭、社区之间的十种关系策略，对于在学前儿童科学教育中如何利用社会资源具有借鉴意义。

第七章

学前儿童科学教育评价

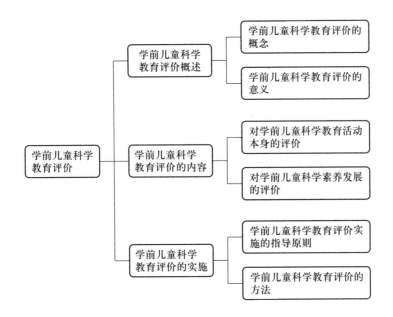

内容导航 ▶▶▶

学前儿童科学教育评价
- 学前儿童科学教育评价概述
  - 学前儿童科学教育评价的概念
  - 学前儿童科学教育评价的意义
- 学前儿童科学教育评价的内容
  - 对学前儿童科学教育活动本身的评价
  - 对学前儿童科学素养发展的评价
- 学前儿童科学教育评价的实施
  - 学前儿童科学教育评价实施的指导原则
  - 学前儿童科学教育评价的方法

学习目标 ▶▶▶

1. 理解学前儿童科学教育评价的概念和意义。

2. 了解学前儿童科学教育评价的内容。

3. 能理解并遵循学前儿童科学教育评价设计的指导原则,选用适宜的评价方法开展评价活动。

▌▌引 言 ▶▶▶

在一个以动物为主题的科学单元课程中，儿童先后参与了"画动物"（画出一种动物并详细地描述对它所做的观察）、"触摸动物"（在成人的指导下触摸动物并谈论触摸时的感觉）、"动物是如何运动的"（观察并比较各种动物的运动，通过角色扮演再现动物的活动）、"它有多重"（用天平等器材对不同动物的重量进行比较排序）等活动，然后教师要求儿童再画一个动物。这次的绘画要求儿童在科学发现区选择一种动物，并在科学发现日记中画出这个动物，让儿童在自己的书写水平范围内给图画添加力所能及的说明。教师要求儿童讲述或与他人分享他的图画，通过一些开放性的问题支持儿童表达自己的想法和感受，并将儿童这一次的绘画及描述与第一次"画动物"活动中的绘画及描述做比较。因为有一定的活动经验的积累，预计在口头交流及绘画作品中，儿童应能展现出对动物更准确地观察和更丰富地了解。根据儿童在第二次绘画中的表现，教师可以再安排一个"用黏土塑造动物"的活动，以进一步推动儿童对动物身体特征的观察与了解。[①] 在这一系列活动中，第二次画动物便是一次旨在了解儿童通过参与活动，在观察与了解动物方面是否取得了进步以及取得了何种程度进步的评价活动。

请结合上述评价案例，思考如下问题：

● 你认为什么是学前儿童科学教育评价？

● 学前儿童科学教育评价通常都包含哪些要素？

● 要想进行学前儿童科学教育评价需要做哪些准备工作？

---

① 温尼特，威廉姆斯，舍伍德，等. 科学发现：幼儿的探究活动之二［M］. 刘占兰，易凌云，曾盼盼，译. 北京：北京师范大学出版社，2005：93-102.

第一节　学前儿童科学教育评价概述

学前儿童科学教育评价是学前儿童科学教育的重要组成部分，对学前儿童科学教育的开展具有重要意义。

一、学前儿童科学教育评价的概念

评价本质上是在收集、分析有关事物、事件、过程资料的基础上判断其满足特定主体需要与否及程度大小的活动。

评价与价值

我们认为学前儿童科学教育评价是在系统、全面、有效地收集、分析有关学前儿童科学教育各个要素资料的基础上判断其价值的活动。理解这一概念需注意如下几个问题：

首先，有关学前儿童科学教育事实资料的收集应是系统的、全面的、有效的，而不能是模糊的、片面的、低效的。只有建立在系统、全面、有效的事实描述基础上，所做出的价值判断才可能是准确、客观、公正的。这也是专业教育评价区别于日常教育评价的一个重要方面。在日常教育活动中，我们也常常根据一些模糊的信息或一时的观察做出评价，这些评价有助于我们及时发现教育活动获得的效果和存在的问题，对于教育活动的改进具有一定的积极意义，但这些评价信息若想被严肃地运用于教育价值的判断和增值，则还需要进一步设计更为系统的评价方案，以获取更为全面的信息。

其次，应注意学前儿童科学教育评价的概念与学前儿童科学教育测量的区别和联系。在教育实践中，评价常常被等同于"打分数"，而实际上，"打分数"是测量的任务。所谓"测量"，"是根据一定的标准，对人或事物的现状、属性和规律作出客观描述，并赋予某种数值以说明其特征的过程"。测量强调客观性，"客观性是衡量测量质量的最主要的标准"。[①]从这一表述中可以知道，测量对应的

①　王坚红. 学前教育评价［M］. 北京：人民教育出版社，2010：5.

是我们前述的"事实判断",而评价则是事实判断和价值判断的结合。测量是评价活动中具有基础性的组成部分,但又不是全部。而且,测量也不是进行"事实判断"的唯一方法,描述人或事物的现状、属性和规律还可以通过质的记述来进行。美国学者格朗兰德(N. E. Gronlund)曾提出了这样一个表述:评价=测量(量的记述)或非测量(质的记述)+价值判断。这一表述似乎能比较准确地概括测量与评价之间的关系。

资料链接

学前科学教育评价与价值主体多元性

学前儿童科学教育评价作为基于事实描述的价值判断,价值主体的多元性对其有重要影响。教育评价作为一种价值判断活动,需要建立在一定的主体价值基础上。以往的教育评价在价值基础上,往往采用一元的价值观,即把某一主体(通常是社会强势主体)的价值观作为教育评价的价值基础。"在教育实践中得到广泛运用的评价模式都建立在'价值统一'基础上",它们背后"共同的假设是:教育价值是一元的、确定的"。这种实践及其背后的假设忽略了教育活动"总是涉及多个利益关系人的利益,多个教育价值主体始终是并存的,不同主体的需要和诉求各不相同,他们对教育价值的期望亦有差别"。[①] 而随着教育从社会边缘走向社会中心,成为国家、社会组织和社会阶层以及不同个人等各方利益的汇集点,各利益主体从自身的立场出发,对于教育活动提出了不同的要求,从而使作为教育评价基础的主体价值走向了多元化。面对主体价值的多元化,以往仅仅从个体价值和社会价值两个维度界说教育评价就需要再细化。仅从个体角度而言,学前儿童科学教育活动中直接、间接参与的个体至少包括儿童、教师、园长、家长及其他社区人员、教育行政管理者、教育研究者等,他们由于经历、社会角色、知识水平等方面的不同,在各自的需要和价值观上存在差异是很正常的。以往的评价活动在面对这一情况时,往往采用权威评判的方式,即将其中某一群体(通常是教育行政管理者、园长)的需要和价值观定为权威,而当代教育评价则更提倡尊重多元主体的不同价值观,通过平等对话的方式进行。这也是我们在理解学前儿童科学教育评价时应予以吸取的。

---

① 参见戚业国,杜瑛. 教育价值的多元与教育评价范式的转变 [J]. 华东师范大学学报(教育科学版),2011(2):11-18.

二、学前儿童科学教育评价的意义

评价对于学前儿童科学教育具有十分重要的意义，主要体现在以下几个方面。

1. 指引学前儿童科学教育发展的方向

这是由教育评价的导向、激励功能决定的。学前儿童科学教育评价是依据反映了一定价值观的评价标准进行的价值判断活动。是否符合评价标准决定着特定的学前儿童科学教育要素是"好"还是"不好"，因而，评价活动对于有关评价对象的行为具有很强的指引作用。它会引导评价对象追求评价所肯定的行为，而避免评价所否定的行为。或者说，符合评价标准的行为会受到正强化，不符合评价标准的行为则会受到负强化。我们平时常说，考试对教育教学活动发挥着"指挥棒"的作用，这里的考试虽不能涵盖评价的全部，但所发挥的作用却是与评价类似的。正因为如此，学前儿童科学教育评价是否体现了正确的价值观就显得至关重要了。体现了正确的教育价值观的评价能够指引学前儿童科学教育走向正确的方向，反之亦然。

发展性评价

2. 有助于了解学前儿童科学教育实施的现状

这是由教育评价的管理、鉴定等功能决定的。一个国家或地区兴办教育，总是出于一定的社会发展需要，即一定的教育目的。所兴办的教育质量如何，是否达成以及在何种程度上达成了教育目的，投入的公共资源是否获得了相应回报等，都需要通过评价予以检查、鉴定，并依据评价的结果决定接下来的教育资源分配。例如，美国联邦政府和地方政府在几十年中陆续资助了大量早期教育项目，为了了解这些投资是否产生了预期的效益，近年来便开展了一系列针对某些早期教育项目所取得的社会效益、经济效益的评价项目。同样，对于多样化的学前儿童科学教育课程或项目，哪些效果更佳，也需要我们通过科学的评价来了解、判断。

3. 推动学前儿童科学教育改革的深化

这是由教育评价的诊断、改进功能决定的。教育评价在发展的早期，从功能上看主要是总结性评价，即在持续一段时间的教育活动结束后对教育活动做出总体上的有关效果、优劣的判断。但随着教育评价研究的进展，人们认识到总结性评价主要把注意力放在教育活动的结果上，而忽略了教育活动的过程。通过教育活动过程中的评价及时发现问题、予以改进，会比仅仅在活动结束后做出总结式的判断要更有价值，于是形成性评价应运而生。"形成性评价是通过诊断教育方案或计划、教育过程与活动中存在的问题，为正在进行的教育活动提供反馈信息，以提高实践中正在进行的教育活动质量的评价。"[1] 学前儿童科学教育处于变革之中，恰当地运用形成性评价，边实践、边评价、边改进，对于改革的深入实施无疑是大有裨益的。

---

① 陈玉琨. 教育评价学 [M]. 北京：人民教育出版社，1999：12.

学前儿童科学教育评价包含两个方面内容：一是对学前儿童科学教育活动本身的评价；二是对学前儿童通过参与科学教育活动促进其科学素养提升情况的评价。这两者是相互关联的。如果对参与科学教育活动后学前儿童的科学素养的评价结果是积极的，这同时也说明其所参与的科学教育活动是有效的；如果对某个学前儿童科学教育活动的评价结果是积极的，那么通常也预示着其在提高学前儿童科学素养方面是有效的。

一、对学前儿童科学教育活动本身的评价

学前儿童科学教育活动的质量，直接影响学前儿童通过参与科学教育活动能够获得怎样的发展。对学前儿童科学教育活动本身进行评价，有助于保障其质量，发现其成功与不足之处，及时加以改进。

一般而言，对学前儿童科学教育活动本身的评价主要涉及两个方面：一是对科学教育活动计划的评价，二是对科学教育活动实施的评价。

（一）对科学教育活动计划的评价

学前儿童科学教育活动计划包括不同层次，如全园的科学教育活动计划，班级的科学教育计划，学期、月、周的科学教育活动计划，以及单个科学教育活动计划等。不管何种科学教育活动计划，都可从以下方面进行评价：（1）计划是否体现我国的教育方针和正确的教育思想，体现学前儿童科学教育的总目标；计划能否贯彻全园、全班教养计划以及课程计划的精神与要求。（2）计划能否根据上一阶段科学教育的不足之处，提出本阶段科学教育的任务、要求，体现出连续性和渐进发展性。（3）计划是否分析了本班儿童的具体情况，所提的科学教育目标是否符合其年龄特点和实际水平。（4）计划是否包括全部的科学教育活动（专

门的科学教育活动和渗透的科学教育活动），是否规定了重点培养的要求，以及有关个别儿童的教育内容，是否考虑与家庭教育取得配合。（5）计划是否提出了完成科学教育目标的具体措施和方法，并对所采取的活动形式及完成计划的日期做出了明确规定。（6）计划是否考虑了科学教育的特点及与其他领域内容的整合。[①]

问题思考

> 试选择一份幼儿园科学教育活动计划，从上述方面对它进行评价，并和同伴讨论各自的评价结果，提出改进建议。

（二）对科学教育活动实施的评价

对科学教育活动实施的评价有两条路径：一是从科学教育活动构成要素的角度进行；二是从科学教育活动应具有的特质的角度进行。

1. 从科学教育活动构成要素的角度进行的评价

科学教育活动通常是由一系列构成要素组成的。此类评价的方法论假设是，如果学前儿童科学教育活动的各个构成要素符合一定的价值标准，那么整个活动的质量也必然是好的。一项学前儿童科学教育活动的构成要素通常包括：活动目标、活动内容、活动方法、活动过程、教育资源的选择与运用、师幼互动。对各要素的评价维度如表 7-1 所示。

表 7-1 科学教育活动各要素的评价维度

要素	评价维度
活动目标	活动目标与学期目标、年龄目标以及总目标之间是否一致；活动目标与本班儿童实际是否相适应；活动目标是否包含科学经验、科学方法、科学情感与态度三个方面
活动内容	活动内容是否与活动目标一致；活动内容是否科学；活动内容的选择是否具有时代性；活动内容的分量是否适当；活动内容是否考虑了来自学前儿童的生活经验，是否关注到儿童的兴趣与需求
活动方法	是否根据活动目标、内容及儿童实际，选择与运用了生动、直观、形象的活动方法；在一次活动中，是否采用了多种合适的方法；是否根据幼儿园的环境和设备条件选择了合适的方法；活动方法是否能保证学前儿童积极主动参与活动

[①] 施燕. 学前儿童科学教育［M］. 北京：中央广播电视大学出版社，2007：287.

续表

要素	评价维度
活动过程	活动是否采用了多种科学教育活动的组织形式；是否考虑了因人施教；分组时是否考虑了人际关系以及儿童的情感因素；在活动过程中是否能随机调整预定的活动目标，并生成新目标
教育资源的选择与运用	是否选择了能达成科学教育活动目标、适合活动内容与儿童实际的教育资源；选用的教具、学具是否适合科学教育活动的展开，是否适合儿童操作；是否最大限度地利用了教具、学具的功能
师幼互动	是否发挥了教师的主导作用；是否创造了条件使学前儿童成为活动的主体；教师在师幼互动中的态度与行为是否适当；儿童参与活动的态度如何

2. 从科学教育活动应具有的特质的角度进行评价

当前学前儿童科学教育的一个主导范式是探究式。探究既是儿童学习科学的途径，也是教师教科学的方法。探究式的科学教育活动因其探究的开放程度不同可以划分为不同的种类，不同开放程度的探究活动适用于不同的科学教育目标。是否采取了适宜开放程度的科学教育活动也是评价科学教育活动质量的一个重要标准。对此，一些研究者开发了相应的量表来加以评估。

（1）海伦量表

美国学者施瓦布为了考察教学的探究性而提出了等级评定的描述，后来海伦在《科学探究的本质》一书中，大篇幅描述了杜威和施瓦布的工作，并继承和发展了施瓦布的评定机制，后人称之为"海伦量表"（表 7-2）。

表 7-2　海 伦 量 表[1]

层次　　内容	问题	过程和方法	答案
第 0 级	提供	提供	提供
第 1 级	提供	提供	开发
第 2 级	提供	开放	开放
第 3 级	开放	开放	开放

---

[1]　王晶莹. 中小学科学探究与创新人才培养的基础理论研究［C］. "中小学科学探究学习与创新人才培养机制实验研究"经验交流暨国际研讨会文集，天津：2012.

根据该量表，评价科学探究活动的开放性可以从三个方面入手：问题（给定的还是开放的）、过程和方法（给定的还是开放的）、答案（给定的还是开放的）。根据这三个方面，科学活动的探究性可以划分为4个等级：0级、1级、2级、3级。在第0级的活动中，问题、过程和方法与答案均提供给学习者；在第1级的活动中，教师将问题与过程和方法提供给学习者，但是学习者需要自行找出答案；在第2级的活动中，教师只提供问题，学习者必须靠自己去设计探究过程和方法与寻求解答；在第3级的活动中，教师不告知探究问题、解决问题的过程和方法及答案，学习者仅被安排在一个合适的探究环境中，此时他们要在没有任何提示的情形下，自行决定所要探求的概念或理论。

（2）佩拉的自由度等级评定

佩拉从课程体现的"自由度"的概念出发，把科学教育活动的探究性分成5个等级，见表7-3。"自由度"是指学习者在陈述问题、提出假设、制订计划、进行试验、收集数据和得出结论等探究步骤中的自主性程度。学习者的自主程度越高，自由度的级别就越高，活动的探究性就越强。

表7-3 佩拉的实验教学"自由度"[1]

自由度	1级	2级	3级	4级	5级
步骤	任务执行者				
1 陈述问题	教师	教师	教师	教师	学生
2 提出假设	教师	教师	教师	学生	学生
3 制订计划	教师	教师	学生	学生	学生
4 进行试验	学生	学生	学生	学生	学生
5 收集数据	学生	学生	学生	学生	学生
6 得出结论	教师	学生	学生	学生	学生

二、对学前儿童科学素养发展的评价

结合《3~6岁儿童学习与发展指南》提出的科学领域的目标，对学前儿童科学教育中儿童科学素养发展进行评价应从儿童科学素养的构成要素，即科学知识与经验的评价、科学方法与能力的评价及科学态度与精神的评价三个方面来

[1] 王晶莹. 中小学科学探究与创新人才培养的基础理论研究［C］."中小学科学探究学习与创新人才培养机制实验研究"经验交流暨国际研讨会文集，天津：2012.

进行。

（一）科学知识与经验的评价

主要评价学前儿童通过科学教育活动是否获得了相应的科学经验，以及在此基础上是否形成了初级的科学概念，包括：（1）常见的自然现象（包括季节、气象等自然现象）及其与人类、动植物关系的经验或初级科学概念；（2）关于周围环境（有生命物质和无生命物质，包括人类自身）及其相互关系的经验或初级科学概念；（3）与学前儿童自身生活有关的科技产品及其对人类的影响的具体知识。

教育目标分类学视角下的学前儿童科学教育评价内容

科学知识与经验的评价首先要明确要求儿童掌握的科学概念是什么，其次应设置相应的任务提示和计分量规。任务提示通常是一个问题或一组问题，包含对任务的描述以及如何做这个任务的指导。计分量规用来描述评估儿童表现的标准。下面以有关"声音"的知识和经验为例，说明科学知识与经验的评价设计。

案例 7-1

有关"声音"的知识与经验评价

儿童要掌握的概念：声音和振动是相互联系的。

任务提示："这面小鼓是用拉伸的塑料蒙在一个坛子上做成的。我想要你用橡皮敲这面鼓，边敲边看着塑料，告诉我你看见了什么、听见了什么。然后撒一些谷子在塑料上，再敲敲看。"

计分量规：教师听儿童的回应，要求儿童猜猜看是什么导致小鼓发出了声音。如果儿童根据谷子的跳动猜测是塑料蒙皮的上下运动与声音有关，我们就可以视为该儿童给出了正确的回答。[1]

研读分析上述案例：

1. 体会科学知识与经验评价设计的要点。

2. 自行选择一种科学知识与经验，为它设计一个评价活动。

（二）科学方法与能力的评价

科学探究虽然不能简化为固定的程序，但确实有一些基本的环节、方法与能力。乔治·E.海因和萨卜拉·李认为，探究活动要求学生既动手又动脑，因此对学生的评价也应包括对学生在探究活动中动手表现的评价及思维、推理能力的

---

[1]　ABRUSCATO J. Teaching children science: a discovery approach［M］. 6th ed. Boston: Pearson Education, Inc., 2004: 102.

评价。前者包括测量、观察、实验设计、问题解决等；后者包括学生是否得到了有效的结论、是否选择了恰当的方法、是否认识到自然界具有规律性等。此外，再加上学生对科学概念、科学内容的理解。[1]儿童在这些方面的表现通常有程度上的差异。评价儿童在科学方法与能力方面的表现可以帮助儿童在原有基础上进一步发展科学探究的方法与能力。

可纳入评价范围的学前儿童科学方法与能力包括：（1）提问的方法与能力；（2）观察的方法与能力，如有序观察、对比观察、追踪观察；（3）分类的方法与能力（可参见表7-4）；（4）比较的方法与能力；（5）推理的方法与能力；（6）记录的方法与能力；（7）交流的方法与能力；等等。

表7-4　学前儿童分类能力发展的评定

内容	评 分 标 准					
	0	1	2	3	4	5
按事物特征分类的能力	不会分类	会按一种特征分类	会按一种特征迅速分类	会按两种特征分类	会按两种特征迅速分类	会按两种以上的特征分类

（三）科学态度与精神的评价

这个方面主要评价学前儿童对周围世界的好奇心、探索周围世界和学习科学的兴趣，以及学前儿童关心、爱护自然和环境的积极态度和情感，也包括是否愿意探究未知的事物与现象的探究倾向等。

科学探究倾向表（Success in Science Inventory，SSI）用来记录儿童在不同的科学探究活动中表现出的水平，以检验儿童对于科学探究的倾向，见表7-5。用该表评价的科学探究活动有以下四种：

（1）儿童为了有效观察而操作物体。

（2）儿童寻求对"谁""什么""在哪里""什么时间"等问题的清晰理解——寻求事实。

（3）儿童寻找原因，问"为什么"，并尝试着通过进一步的探究找到问题的答案。

[1] 美国国家科学基金会教育与人力资源部中小学及校外教育处. 探究：小学科学教学的思想、观点与策略［M］. 罗星凯，李萍昌，吴娴，等译. 北京：人民教育出版社，2003：95-96.

（4）儿童与他人交流观察和探究的结果。[①]

表 7-5 科学探究倾向表

幼儿姓名	1	2	3	4	评价要点

儿童在上述探究活动中的表现水平可分为三等：不明显、出现和有发展。我们依据不同儿童的表现水平可判断其对探究活动的倾向。

问题思考

运用上面的"科学探究倾向表"，对一次科学教育活动中儿童的探究倾向进行评价，交流评价结果并就如何设计活动促进儿童探究倾向的形成提供建议。

---

① 温尼特，威廉姆斯，舍伍德，等. 科学发现：幼儿的探究活动之二［M］. 刘占兰，易凌云，曾盼盼，译. 北京：北京师范大学出版社，2005：13.

第三节　学前儿童科学教育评价的实施

明确了学前儿童科学教育评价的内容，即评价什么，接下来便是如何评价，也就是评价的实施问题。学前儿童科学教育评价的实施既需要遵循一定的指导原则，又需要选用具体的方法。

一、学前儿童科学教育评价实施的指导原则

学前儿童科学教育评价的实施既要遵循一般科学教育评价的要求，又有自身的特点。对此，爱德华·齐廷顿和杰奎琳·琼斯提出学前儿童科学教育评价要遵循以下四条基本原则。

评价方案的设计

（一）证据的形式和来源要多样化

在注重儿童主动、积极探究的科学教育活动中，儿童会通过对话、提问、行动和作品（如建构、绘画或书写）等多种多样的途径来表现他们对于科学的兴趣、理解和掌握的技能。因而，只有以多样化的来源收集形式多样化的证据，才能为全面、准确地评价儿童的科学素养提供扎实的基础。

（二）证据收集应长期、持续进行

儿童通常不会仅仅通过一次活动就获得重要的科学经验，而是需要一个过程。他们经常会反复探究一些有趣的现象，一遍又一遍地问相同或相似的问题，在这个过程中逐渐加深对事物的认识。与此相对应，成人也不能依据一两次的证据就对儿童的科学学习情况做出判断，而要以长期持续收集的证据为基础。

（三）证据应突出儿童知道什么

评价的证据应突出儿童现阶段知道些什么，这可以帮助教师了解儿童的兴

趣、前期经验，在此基础上为儿童规划适宜的科学课程。例如，在开始有关纸的单元活动前，教师可以先请儿童说出哪些东西是用纸做的，哪些不是，通过这种方式评估儿童对纸的了解，在此基础上再设计有关纸的活动。

（四）要重视在儿童进行小组活动时收集证据

教师不仅要重视从儿童个体身上收集他们表现的证据，而且要重视在儿童进行小组活动时收集证据。儿童在小组活动中有时会表现出单独一人时无法表现出的特质，因此，教师通过对儿童小组讨论的记录、小组项目的观察等可以获取更多有关他们带入教育情境中的前期的知识和经验的信息。

二、学前儿童科学教育评价的方法

学前儿童科学教育评价的方法多种多样，其具体的选用需根据评价目的以及评价对象的特点来进行。从当前学前儿童科学教育评价的发展趋势来看，表现性评价、形成性评价、档案袋评价的运用日益广泛。

（一）表现性评价

表现性评价研究的代表人物斯蒂金斯认为，表现性评价就是让学习者参与一些活动，要求他们实际表现出某种特定的表现性技能，或者创作出符合某种特定标准的成果或作品。评价者所要做的，是在学习者执行具体的表现性任务时按照一定的标准直接观察和评价他们的表现。表现性评价作为通过学习者在特定活动中的表现来对他们加以评估的一种方法，特别适用于以活动操作为主要学习途径的儿童。事实上，以往在学前儿童科学教育评价中提倡的访谈法、观察法、作品分析法等，都具有表现性评价的特征，下面着重介绍访谈法。

访谈法是评价者通过与被评价者面对面的交流获取信息，并在此基础上做出价值判断的一种评价方法。访谈法较适用于儿童认知方面的评价，访谈在学前儿童科学教育评价中有时以问答、讨论的形式出现，有时也可在自然谈话状态下进行。

1. 以问答、讨论形式进行的访谈评价

在以问答、讨论形式出现的访谈法评价中，问题的提出非常重要。问题的提出方式有问题测试和情境测试两种。

问题测试指围绕一个或几个问题直接进行回答，即以评价者提出问题，被评价者回答的方式进行。问题测试设计、使用简便，能够帮助评价者诊断儿童对科学知识、经验的理解和掌握情况。例如，问学前儿童"水烧开了会冒出什么"，他们可能会有如下几种回答：第一种回答是"蒸汽"，这种回答是正确的，且属于科学概念层面的回答；第二种回答是"水蒸气"，这种回答属于日常生活概念层面的回答，虽不精确，但也是对的；第三种回答是"白汽"，这一回答就是错误的。因此，通过这一问题的问答，评价者便可了解儿童对相关现象的理解水平。

但问题测试也有缺点，如耗时较多，而且儿童可能会凭借机械记忆来回答，这样就无法测量儿童较高层次的认知能力。情境测试相对而言能够弥补这一缺点。

情境测试指评价者先设计一个需要思考的情境，然后要求儿童根据他们已经熟悉的科学经验、事实或科学概念来解释这个情境中出现的现象。对学前儿童而言，情境测试通常采用图片和语言相结合的方式来进行。例如，评价者向儿童出示一张图片，上面阳光普照，一个小朋友撑着雨伞站在雨中。评价者提问儿童：图片中的现象对吗？评价者通过儿童的回答，即可判断他的观察及对相关自然现象的理解。这个显然比单纯的问题测试要难一些。

2. 在自然谈话状态下进行的访谈评价

爱德华·齐廷顿和杰奎琳·琼斯多年来与小学教师和幼儿园教师一起通过倾听儿童关于自然现象的谈话来评价儿童的科学经验，并将其作为科学教育的起点。他们认为，在早期教育过程中，儿童的对话和讨论可能是教师了解学生想法的实质的最丰富的证据来源。儿童之间大多数的对话和讨论是自发的和非正式的，但有些时候教师也可把儿童召集在一起分享想法，谈论活动，将其作为探究儿童思维的机会。

如果谈话分享是教师召集的，需注意以下指导原则：（1）讨论应以开放式的问题开始，如：什么是用纸做的？你在哪里看见了阴影？有关水你知道些什么？（2）由儿童来决定讨论的进程。教师设定对话的舞台但不主导它，而是给予儿童时间和空间从他们自己的角度形成想法，讨论他们最感兴趣的主题。总之，教师要避免去纠正或调整儿童的评论。（3）鼓励所有儿童参与。教师以在某些问题上鼓励每个儿童评论的方式发起讨论。大多数儿童参与的讨论能反映出儿童多样的兴趣，也会突出共同的议题或问题。（4）记录每个儿童的表达。教师对讨论过程做手写记录有不同的方式，最充分的记录可通过录音、录像或观察笔记，也可采用列表等形式。教师不必记录儿童讨论的全部内容，但应努力去捕捉儿童表达中的关键词汇。

下面是美国费城一位幼儿园教师多纳·埃里克森在自然谈话状态下进行的一次访谈评价。

案例 7-2

对鱼的观察

当我给全班读《彩虹鱼》时，一个孩子问"鳞"是什么。几天后，我在超市买了一条鱼并把它带到了班里。全班幼儿围坐一圈，我展示了怎样去感受鱼鳞，并邀请他们说说还注意到了其他什么东西。

Darryl：你把鳞刮下来，然后做来吃吧。

Kate：另一条更大点的鱼在书里吗？（他们认为书里的鱼更大。）

Blair：我有一条死鱼。

Jennifer：鱼在水里会游泳。

Sarah：我喜欢吃鱼。

R. Ashley：我发现它死了。

Alina：它让我想起了和爷爷去钓鳟鱼。

Derek：在我以前的学校，我喂过池塘里的鱼。

Liam：它的眼睛让我想起了 Jelly。

Frank：它让我想起了我的那条活着的鱼。这条是活的；不，它死了。我看见了血（在眼睛周围）。

Earl：它湿漉漉的，我能摸到它的鳞。我认为它活着。

John：我认为它死了。

教师：为什么？

John：我不知道。

Mickey：它味道难闻。我认为它死了，因为我看见了血。

Richard：它死了。

教师：你为什么这么认为？

Richard：因为鱼总是死的。

Shelby：我喜欢鱼，我认为它是活的。

教师：你为什么认为它是活的？

Donovan：我喜欢鱼。

Ashley：它感觉像我堂兄弟的鱼。它死了，因为它不会动了。

Danielle：它不动了，它死了。

Darryl：（跳起来大喊）不，鱼在水里游泳，你要把它放到水里（它才会动）。（许多孩子都同意。）

Zoe：它死了。

> 　　我弄来一只塑料鞋盒子，倒上水，然后把鱼放在里面，摆到孩子们面前。我听见有人说"它在睡觉"，许多孩子都表示同意。我告诉他们，我把鱼放在桌子上，他们能一直看着它。孩子们看了一整天。尽管有人尖叫"它在动！它在动！"，但是随后有人说："不，它没动。你碰了桌子，是水在动。"那天结束的时候，我问起那条鱼，孩子们都同意鱼已经死了，因为它再没动过。
>
> **分析案例：**
> 　　（1）教师在其中的所作所为是如何体现自然状态下访谈评价的指导原则的？
> 　　（2）你能够从这样一次访谈评价中得出什么结论？

（二）形成性评价

1. 形成性评价的内涵

　　形成性评价是哈佛大学斯克里芬于 1967 年在课程开发研究中提出的，并在 20 世纪 90 年代获得了很大发展。形成性评价指的是"在学习过程中，教师和学生用来认识和反馈学习情况，从而提高教学质量的过程"。[①] 可见，形成性评价不是要等课程学习结束后对学习者学得如何做个最终判断，而是在课程学习过程中对学习者的学习情况进行及时反馈，以便根据反馈情况改进教师的教和学习者的学，使得课程学习过程结束时能够获得更好的学习效果。通俗点说，形成性评价不是用来"锁定"学习者学得好坏的，而是用来帮助学习者学得更好的。正因为形成性评价具有这样的特点，所以在学前儿童科学教育评价中越来越受到重视。

　　资料链接

形成性评价的类型 [②]

　　随着相关研究的发展，学者们总结了形成性研究的不同类型，比较有代表性的有贝弗利·贝尔和布朗恩·科伊提出的预设式形成性评价和交互式形成性评价，以及约翰·普莱尔和芭芭拉·克劳苏阿尔提出的集中式形成性评价和开放式形成性评价。

　　预设式形成性评价的步骤包括收集信息、解释信息、采取措施，其目的是了解学习者对所学具体课程的掌握情况，针对掌握的情况事先计划好具体

---

① 张跃，王晶莹. 科学教育中的形成性评价 [J]. 世界教育信息，2011（7）：48-50.
② 张跃，王晶莹. 国外关于课堂教学形成性评价的研究 [J]. 中小学教师培训，2011（4）：61-64.

的教学活动；交互式形成性评价则通常发生在教师和学习者的交往过程中，往往是没有准备的、教师和学习者即时进行的一种活动。

集中式形成性评价源于试图判断学习者是否已经知道、理解或预习过相应的知识，通常采用封闭式或半开放式的问题来实施，并且在这类形成性评价中，答案是预先确定的；而开放式形成性评价则侧重了解学习者对某一问题的看法或思维过程，通常采用开放性问题进行，并且这类问题是没有确定答案的。

2. 形成性评价在学前儿童探究式科学活动单元中的应用

形成性评价是在科学教育活动实施过程中进行的。而在当前的学前儿童科学教育中，探究式科学活动单元是其实施的主要形式之一，为此，海蒂和蒂姆皮利于 2007 年开发了一个基于探究的形成性评测系统，为形成性评价的实践运用提供了范例。这个评测系统由内容提供、反馈、前馈三部分组成，其实施保证了在整个教学单元中教师与学习者之间能够不断进行信息传递，使教师能够在学习者获得知识和技能时进行调整，在他们学习遇到困难时给予及时的回应，同时又不会干扰探究学习的过程。其中，"内容提供"部分指的是设立一个实际的探究路径，促使学习者进行调查和探究，并形成评测遵循的依据；"反馈"指当学习者理解目的，并开始工作时，能及时地收到反馈，这些反馈是为学习者形成正确的认识而搭建的脚手架；"前馈"指的是一个系统，告诉教师需要教授什么，或者学习者下一步需要体验什么。

下面是一个教师使用该评测系统在"资源保护"单元中评测儿童的例子。[①]

案例 7-3

幼儿园教师黛博拉·兰道尔想用一个可以进行调查和实验的基本问题来向儿童介绍资源保护的原则。在教学单元的准备阶段，儿童提前一个月用泥土填满两个透明玻璃罐。一个罐里埋入果汁盒、塑料吸管，另一个埋入苹果核。一个月后，她向儿童提出了一个基本问题：废物和垃圾是从哪里来的，它们又到哪里去了？

这为儿童提供了这个学习单元的首要目的。每天的课程包括一段目的的陈述，让儿童用来引导他们自己的探究。例如，儿童被告知，"这节课的目的

---

① Douglas Fisher，Nancy Frey. 学习内容提供、反馈和前馈：在资源保护单元中教师如何评测幼儿园孩子［J］. 周建中，译. 中国科技教育，2011（7）：39-43.

就是通过观察来描述你发现的苹果和塑料吸管发生的变化。你们每一个人把所看到的画下来，并和你的小组同伴进行讨论"。有关目的的陈述为儿童提供了探究路径，也明确了评测的焦点和方向。

接下来，兰道尔分发带有观察记录单的写字板，然后一次邀请几个儿童来观察埋在罐子里的两份材料，并在观察时向儿童示范如何对自己提问。儿童观察后回到桌前开始绘画记录和讨论。在这个过程中，兰道尔记录下每个儿童的观察行为，以及他们提的一些问题，如为什么吸管上的彩色条纹会发生变化？等所有儿童都观察完，兰道尔会走到每张桌子前进一步收集儿童们的想法。每个儿童完成的绘画记录单也会提供很多关于他们学习的信息，如有的儿童的图画中用波浪线来表示装苹果的罐子里有气味，有的儿童的图画中则没有。这些都反映了儿童先前的想法。

反馈：我该怎么做？

兰道尔对儿童在探究中的合作及相互帮助很关注。当她注意到堆制混合肥堆组员在接受彼此的帮助方面有困难，都想独自做每件事时，她认识到这个问题需要解决。她召集儿童们，问道："当你们昨天把午饭吃剩的食物添加到混合肥堆的时候，我看到你们在争执由谁来把它们扔进去，由谁来搅拌，以及由谁来加水。你们能给我讲讲情况吗？"

几分钟后，情况弄清楚了：关于是由一个人一天干所有的事，还是由三个人每天共同工作，这个小组并没有达成一致。在兰道尔帮助他们进行分析之后，儿童们开始明白这个工作是无法由一个人独自完成的，他们同意一起尝试完成任务。"明天你们一起工作后，我们再来谈谈什么起作用了，什么没起作用。"

在这个例子中，兰道尔使用反馈来为儿童创造机会，使他们作出改变。

前馈：我们下一步往哪儿走？

仅仅为儿童提供对他们表现的反馈是不够的。我们还需要分析儿童出现的差错、具有的错误概念、理解不全面的概念，为儿童提供前馈的指导，包括提供额外的学习经历帮助儿童明确他们的想法。在探究式的学习中，教师可以使用问题、提示和线索等引导儿童达到更好的理解，而不是直接讲解。例如，兰道尔提问一组儿童"那些物品是怎么被分类的"，她通过问这个问题来了解儿童在改正他们所犯的错误时学到了什么。线索使儿童关注他们遗失的、可以帮助纠正错误或错误概念的信息。又如，当兰道尔说"再看一看我们制作的海报"时，她在提示儿童去注意可以回收、利用的物品的特征，这还可以使她了解是否需要重新教授某个概念。

分析案例：

（1）尝试理解内容提供、反馈、前馈的具体操作方法。

（2）选择一个探究式科学活动单元，根据实际情况采用内容提供、反馈、前馈方法为其设计一个评价方案。

（三）档案袋评价

档案袋评价指有目的、有系统地组织以不同方法收集的代表儿童学习与发展的证据，展示儿童的经验、努力、进步和成就，让儿童自己及他人看见他个人独特的能力，让儿童与他人分享经验。一般而言，学习档案可以分为以下几种。[①]

（1）陈列性档案：用以展示儿童的最佳作品。

（2）文件性档案：用以保存儿童的作品和进步的证据，放入这类档案中的作品要有儿童看得懂的描述。

（3）历程性档案：用以保存儿童在某项大型工作中持续产生的作品，通常由儿童自己记录和判断。

（4）评鉴性档案：指在一段时间里持续而有系统地收集到的能代表儿童成长、进步和成就的作品，用以让儿童和教师依据教师的期望与儿童的发展，共同评鉴儿童的学习和进步。

在学前儿童科学教育评价中使用的主要是评鉴性档案。美国的"作品取样系统"是一种典型的运用评鉴性档案设计的评价系统，下面以此为例来说明评鉴性档案评价的实施步骤。

评鉴性档案评价的实施大致分3个阶段，11个具体步骤，如图7-1所示。

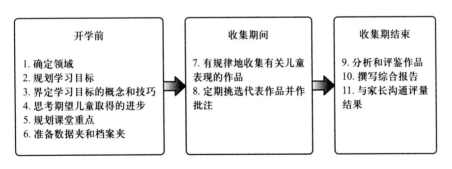

图 7-1　评鉴性档案评价的实施步骤[②]

---

① 参见廖凤瑞. 档案评量：帮助教师和父母看见孩子的成长（上）[J]. 幼儿教育（教育科学版），2009（4）：28-30.

② 参见廖凤瑞. 档案评量：帮助教师和父母看见孩子的成长（上）[J]. 幼儿教育（教育科学版），2009（4）：28-30.

下面再以有关"测量"主题的评价为例具体说明各个步骤的任务，见表 7-6。

表 7-6　有关"测量"主题的评鉴性档案评价设计过程 [①]

1	确定领域	数学思考
2	规划学习目标	对测量有兴趣
3	界定学习目标的概念和技巧	具有测量的基本概念（起始点、对齐） 能使用非正式测量工具测量 尝试使用正式的测量工具测量
4	思考期望儿童取得的进步	测量的概念越来越清楚和完整（起始点—对齐—单位） 所使用的非正式测量工具种类有所增加 应用测量工具的正确性有所提高 尝试使用正式测量工具的次数有所增加
5	规划课堂重点	提供测量活动 传授及向儿童示范如何正确测量（起始点—对齐—单位） 提供各种非正式和正式测量工具，并提供机会让儿童使用 提供机会让儿童表达和讨论有关测量的想法
6	准备数据夹和档案夹	所有的原始资料置于同一个数据夹，但挑选出来的作品按领域和学习目标归类，存放于档案夹
7	有规律地收集有关儿童表现的作品	在课程进行中及儿童活动中，持续观察和收集儿童有关测量方面的表现，并作简单记录
8	定期挑选代表作品并作批注	选出代表儿童"对测量有兴趣"的典型作品，并加以批注说明
9	分析和评鉴作品	依据"对测量有兴趣"的概念和技巧，分析儿童达到目标的程度；依据对儿童"进步的期望"，分析儿童是否取得了教师所期望的进步
10	撰写综合报告	针对儿童达成"对测量有兴趣"的概念和技巧的程度和进步的情形作总体评述
11	与家长沟通评量结果	针对儿童在各领域、各学习目标上的表现、进步、优点及其他需要关注的方面，与家长沟通，并讨论未来如何帮助儿童

---

① 参见廖凤瑞. 档案评量：帮助教师和父母看见孩子的成长（上）［J］. 幼儿教育（教育科学版），2009（4）：28-30.

▌▌▌ 小　结 ▶▶▶

　　学前儿童科学教育评价是在系统、全面、有效地收集、分析有关学前儿童科学教育各个要素之资料的基础上判断其价值的活动。评价对于学前儿童科学教育具有十分重要的意义，它能够指引学前儿童科学教育发展的方向，有助于了解学前儿童科学教育实施的现状，推动学前儿童科学教育改革的深化。学前儿童科学教育评价的内容主要包括对学前儿童科学教育活动本身的评价和对学前儿童科学素养发展的评价。前者主要包括对科学教育活动计划的评价、对科学教育活动实施的评价；后者则主要从科学素养的构成要素——科学知识与经验、科学方法与能力、科学态度与精神三个方面来进行。学前儿童科学教育评价的实施需遵循一定的原则，掌握一定的方法。原则有：证据的形式和来源要多样化，证据收集应长期、持续进行，证据应突出儿童知道什么，要重视在儿童进行小组活动时收集证据。目前较为常用的学前儿童科学教育评价方法包括表现性评价、形成性评价和档案袋评价等。

▌▌▌ 思考与实践 ▶▶▶

　　实地调查某所幼儿园教师对于学前儿童科学教育评价及其功能的理解，以及具体的实施情况，结合所学原理加以分析。

▌▌▌ 延伸阅读 ▶▶▶

　　1. 张俊. 幼儿园科学教育［M］. 北京：人民教育出版社，2004.

　　在第九章中，作者对于幼儿园科学教育评价发展的趋势做了概括，提出"多元"评价是幼儿科学教育评价的新观念。此外，作者还对幼儿科学教育评价的内容和方法做了简单介绍。

　　2. 施燕. 学前儿童科学教育［M］. 北京：中央广播电视大学出版社，2007.

　　在第十章中，作者论述了学前儿童科学教育评价的概念、意义，阐述了学前儿童科学教育评价指标体系的编订，特别是对学前儿童科学教育的一些具体方法，如观察法、访谈法、问卷法、测试法、作品分析法等做了较为详尽的举例介绍。

第八章

学前儿童科学教育的专题研究

内容导航 >>>

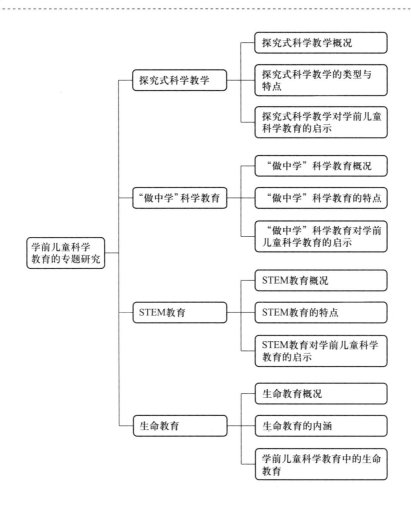

▍▍ 学习目标 ▶▶▶

1. 理解探究式科学教学的实质与特点。
2. 理解"做中学"在学前儿童科学教育中的地位和作用。
3. 理解 STEM 教育的价值。
4. 理解学前儿童科学教育中的生命教育。

▍▍ 引　言 ▶▶▶

　　幼儿园科学教育活动中经常会看到儿童的动手操作，如中班"蔬果的沉浮活动"[①]中，教师引导儿童猜测蔬菜、水果的沉浮情况并贴上相应的标签，然后让儿童将各种蔬菜、水果投入水桶中验证沉浮情况，再提示儿童将原先猜错的重新贴上标签，最后师幼一同总结蔬菜、水果的沉浮情况。虽然儿童在此过程中进行了观察、猜想和验证，但都是表面的操作，可以说儿童是有操作无探索，有行动无思维，仅仅从外在形式上模仿了科学探究活动。

　　这表明，教师有时更注重科学教育的形式，而甚少关注科学教育所应达成的目标。教师们都知道探究是学前儿童学习科学的主要方式，但在实践中往往会存在"有操作无探究"的现象，或简单地将动手操作等同于探究，导致活动中教师重视的是热热闹闹的动手操作，至于儿童对科学概念的理解及科学能力、方法的掌握往往被有意、无意地忽略了。同时受科学的理性主义和工具价值的影响，学前儿童科学教育往往忽视科学技术与社会环境的关系，只注重知识与技能的习得，而较少关注科学精神和科学态度的养成，导致儿童对生命缺乏应有的尊重。对此，本章将介绍相关的科学教育专题，以期进一步加深对学前儿童科学教育的实质与内涵的认识。

---

① 王春燕，秦元东，黎安林. 探究·体验·发现幼儿园科学教育理论与实践［M］. 南京：南京师范大学出版社，2010：7.

第一节　探究式科学教学

随着《3~6岁儿童学习与发展指南》的颁布，探究已成为幼儿园科学教育的重要内容和方法。

一、探究式科学教学概况

探究式科学教学是当前世界各国政府和科学教育界大力倡导的一种主流的科学教学方式。探究式科学教学是指教师在理解"科学探究"基本精神的基础上，在自由创设的、有结构的、能促进儿童认知与情感发展的教学情境中，让儿童自己动手、动脑，主动获取科学知识和发展探究能力的一种教学方式。探究式科学教学要求师生在教学中运用科学过程与方法"做科学"——做类似于科学家们在科学研究中所进行的那种真实的科学探究，由此"获取知识、领悟科学思想以及理解科学家们是如何研究自然界的"。[①]

学科学（learning science）、学习做科学（learning to do science）和理解科学（learning about science）[②]是科学素养的三个层面，它们共同构成了探究式科学教学的整体构架。这三个层面分别对应科学概念与知识、科学过程与方法、科学精神与科学本质。

通常认为，探究教学的思想源自 20 世纪初的著名实用主义教育家杜威。杜威针对当时脱离儿童生活经验、纯灌输知识的美国传统教育，提出了"以儿童为中心""做中学"的教学方法。他认为科学教育不仅仅是让儿童记忆百科全书式的知识，还是一种过程和方法，主张教学应当遵循以下步骤：设置疑难情境、确定问题、提出假设、制订解决问题的方案并实施等。这种蕴含探究思想的教学模式不仅对美国科学教育产生了深远的影响，也为探究教学的提出奠定

---

① 丁邦平. 探究式科学教学：类型与特征 [J]. 教育研究，2010（10）：81-85.
② 丁邦平. 探究式科学教学：类型与特征 [J]. 教育研究，2010（10）：81-85.

了基础。

20世纪30年代，美国教育家萨其曼和施瓦布等对探究性学习进行了深入的研究，他们从不同角度说明了教学过程中"探究活动"的重要性。萨其曼注重实践，主张"探究方法的训练"模式，重点是帮助儿童认清事实，建立正确的科学概念，并形成假说以解释新事物和新现象。施瓦布则试图把"探究的科学"与"探究的教学"结合起来，并从理论上揭示了探究教学的本质和特征在于儿童通过自主地参与获得知识，掌握研究自然所必需的探究能力；同时，形成认识自然的基础——科学概念；进而培养探究未知世界的积极态度。[①] 在施瓦布看来，科学知识不是固定不变的，随着探究方式的更新，它们会被不断地修正。在科学技术迅猛发展的今天，这一点表现得更为突出。因此，施瓦布主张不能把科学知识当作绝对的真理教给学生，而应作为有证据的结论：教学内容应当呈现学科特有的探究方法，如解决问题的方法等；教师应当用探究的方式来教授知识，儿童也应通过探究活动展开学习，即在学习科学的概念、原理之前，先进行探究活动，再根据自己的探究提出科学的解释。

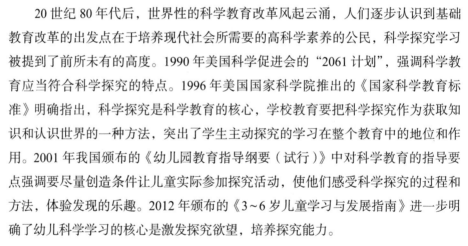

神经教育学对探究式科学教育的促进

20世纪80年代后，世界性的科学教育改革风起云涌，人们逐步认识到基础教育改革的出发点在于培养现代社会所需要的高科学素养的公民，科学探究学习被提到了前所未有的高度。1990年美国科学促进会的"2061计划"，强调科学教育应当符合科学探究的特点。1996年美国国家科学院推出的《国家科学教育标准》明确指出，科学探究是科学教育的核心，学校教育要把科学探究作为获取知识和认识世界的一种方法，突出了学生主动探究的学习在整个教育中的地位和作用。2001年我国颁布的《幼儿园教育指导纲要（试行）》中对科学教育的指导要点强调要尽量创造条件让儿童实际参加探究活动，使他们感受科学探究的过程和方法，体验发现的乐趣。2012年颁布的《3～6岁儿童学习与发展指南》进一步明确了幼儿科学学习的核心是激发探究欲望，培养探究能力。

二、探究式科学教学的类型与特点

（一）探究式科学教学的类型

根据国际科学教育界对探究式科学教学的长期研究，探究式科学教学主要有三种不同的类型：发现式科学探究教学、接受式科学探究教学和建构式科学探究教学。这三种探究式科学教学都强调让儿童自己主动学习科学，深度理解科学知

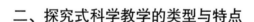

① 钟启泉. 现代教学论发展［M］. 北京：教育科学出版社，1988：366.

识和发展探究能力，都涉及前述的学科学、学习做科学和理解科学三个层面，但它们在哲学基础和教学实践形态上是有差别的。[①]

1. 发现式科学探究教学

发现式科学探究教学主要来源于布鲁纳的"发现学习"思想。从儿童学习科学的视角看，发现式科学探究教学就是"发现学习"，主要指外在的、客观的知识，是儿童通过自己的主动探究而发现的。

发现式科学探究教学把儿童看作科学家，他们自然地发展；教师只提供学习的环境和条件，起促进作用，而不是直接干预儿童的科学学习。它强调科学学习的过程，认为认识是一个过程，而不是一种产品，儿童是积极主动的知识探究者，而不是消极被动的接受者。它强调促进儿童深度学习的是内在动机，而不是奖励、表扬等外在手段；强调直觉形象思维，注重儿童丰富的想象。

总之，发现式科学探究教学所强调的是儿童主动地"学"而非教师积极地"教"。它的主要价值在于强调儿童要主动学习，并重视科学学习与科学探究的过程以及在此过程中形成的技能和方法。但它未能区分儿童的科学探究与科学家的科学探究，过分偏重"过程"（方法）而轻视"结果"（知识），忽视教师在教学过程中的主导作用等。此外，发现式科学探究教学强调科学知识是纯客观的，忽视了人的创造性和想象力在科学知识形成中的作用。

2. 接受式科学探究教学

接受式科学探究教学主要来源于美国认知心理学家奥苏伯尔所提倡的有意义接受学习理论，是指通过书本学习（一般为教科书）或上网查询科学资料等方式，让儿童获得系统的科学知识和科学探究能力。它追求对学习内容的深度理解，是在有意义的学习的基础上形成的探究式教学方式；有别于传统的"授受式教学"，即基于机械、被动学习的一种教学方式，课堂上主要由教师有计划、有步骤地把教科书上的知识传递给儿童，忽视了科学探究的过程，忽视了对科学本质的正确认识和对科学精神的关注与培养，使儿童养成"唯科学主义"的态度，不利于儿童积极主动地学习科学。

3. 建构式科学探究教学

建构式科学探究教学主要来源于建构主义学习理论，它强调：知识是儿童主动建构的，不是被动接受的；教学不是教师在"传递"知识，而是提供"支架"（scaffolding）让儿童自己建构知识；儿童对理解科学事实和概念的原有知识经验是教学的起点；教学应"以儿童为中心"，在教学过程中教师应充分探测儿童原

[①]　丁邦平. 探究式科学教学：类型与特征［J］. 教育研究，2010（10）：81-85.

有的相关观念（或前概念），在此基础上搭建"支架"开展教学；在教学过程中应进行学习性评价，使其成为有效教学的有机组成部分。

（二）探究式科学教学的特点

上述三种不同类型的探究式科学教学方式在实际教学过程中虽然呈现出程度不同的探究水平，但它们也具有一些共同的特点。

1. 注重儿童的科学态度和科学精神的培养

在传统的授受式科学教学中，教师以教科学知识为己任，儿童以学科学知识并在考试中获得高分为目的，忽视科学探究的过程与方法。儿童养成了唯科学主义的态度，缺乏批判性思维和求真务实的科学精神，其后果"首先是将科学理论静止化、僵化，其次是将科学理论神圣化、教条化，再次是将科学技术化，最后是将科学实用化、工具化"。[①]

相反，探究式科学教学注重培养儿童的科学素养。正确的科学态度和求实、创新、献身的科学精神是最重要的一种科学素养，在探究式科学教学过程中"儿童的目光和兴趣越出书本"，课内学习与课外探究融为一体，"儿童内部释放出求知的热情、琢磨的能量和探究的潜质"。这与片面地追求知识的授受式教学相比，更能培养儿童正确的科学态度和求实、创新、献身的科学精神。

2. 促进儿童科学探究能力和创新能力的提高

传统的授受式科学教学以片面的、扭曲的科学观，用"读"科学的书本学习方式取代"做"科学的探究学习，结果造成儿童不但没有形成科学探究的习惯和本领，更缺乏科学创新的意识与能力，因为儿童经年累月的学习不是"由未知引导求知"，而是不停地接受前人积累的科学知识。

在探究式科学教学中，无论是发现式科学探究教学、建构式科学探究教学，还是接受式科学探究教学，它们都着眼于发展儿童的科学探究能力和创新能力。各国科学教育改革都强调科学探究不仅是科学学习的主要方式（过程与方法），而且也是科学学习的内容之一，因为只有通过探究式科学教学才可能使儿童理解科学本质、掌握科学方法、提高科学素养（而不仅仅是科学知识），尤其是培养其科学探究能力和创新能力。探究式科学教学既可以培养儿童科学地思考问题和解决问题的能力，同时也能够让他们深度地掌握系统的科学知识。实际上，发展儿童探究能力与获得科学概念这两者之间是一种相互影响、互为基础的关系，两者都是成功地进行探究式学习所必不可少的条件。

---

① 吴国盛. 科学的历程：上［M］. 长沙：湖南科学技术出版社，1997：12.

3. 有利于儿童科学素养的提高及对科学本质的理解

我国学校的科学教育偏重于向儿童传授科学知识，这在以科技创新为特征的知识经济时代是远远不够的。我们必须高度重视丰富儿童的科学素养，要把"学科学、学习做科学和理解科学"三者结合起来，而能够做到这"三结合"的只有探究式科学教学。正如美国科学教育学者所指出的：历时 40 年的科学教育改革积累了越来越多的证据，这些证据表明课堂教学围绕着让学生仔细考察真实现象、探究不仅由教师还由学生自己提出有意义的问题来设计，能促进学生情感的投入、记忆的保持和知识的理解，这无疑对讲授法的教学提出了挑战。

三、探究式科学教学对学前儿童科学教育的启示

科学学习要以探究为核心，是科学教学的重要理念；探究式科学教学既是科学教学的目标，也是科学学习的方式，是科学教学的基本要求。对探究式科学教学的正确理解有助于更好地开展学前儿童科学教育。

（一）探究式科学教学不是学前儿童科学教育的唯一方法

20 世纪 60 年代美国的科学教育实践表明，全面推行探究式教学是行不通的，而且还会产生一些负面影响，如使儿童感到枯燥乏味，甚至产生畏惧心理等。因此，我们在强调探究式科学教学时，不能排斥包括授受式教学在内的其他教学方法。事实上，灵活多样的教学方法有助于提高学习效率，如在儿童对某一现象有大量感性经验时，讲述法可能会是一种更恰当的选择。从另外一个角度来看，探究式教学需要花费很多时间，如果所有的内容都用探究式的教学方法，不仅教学时间不允许，也不一定符合教育的经济性原则。探究不是唯一的学习方式，不可能都用探究的方式获得知识。教师需要了解各种不同的科学教育模式及其优缺点，并针对不同的科学教育内容采用相应的教学方法和策略。

（二）"自主探究"不等同于"放任自流"

有些教师在开展科学活动时，不管什么课型、什么内容，都采用几乎相同的教学模式，课堂上除了提几个问题外，剩下的事情就由儿童"自主探究"，并认为这就是"让儿童自主发展"。例如一位教师在开展"声音"的活动时共问了 8 个问题，在把问题抛出后就放手不管了。这样儿童往往会对探究要求、目的不明确，在探究过程中无所适从、盲目探究，探究活动偏离主题，收效甚微。这样的活动不是真正的探究活动，要想使儿童的探究活动有意义，儿童在活动中有所收

获，教师不能完全地"教"知识，也不能放下指导的责任、放任儿童，而应把教师的有效指导与鼓励儿童自主学习、主动探究有机结合起来。总之，自主探究不等于放任自流，教师放手也不等于放弃指导。

（三）"以探究为核心"与"知识结论"不是对立关系

儿童的探究来自问题，儿童进入探究的动力来自对问题的兴趣，因此在学前儿童科学教育中要特别强调培养儿童的问题意识及提问的习惯，要求教师提高提问的水平。但这并不是不要结果、不要结论，问题、探究与结论之间并不是对立的关系，问题可以激发儿童的探究欲望，而儿童经历探究过程的目的仍然是为了在探究过程中学习科学知识，掌握科学技能，训练科学思维方法，培养科学态度、价值观等。因此，探究是为获取结论服务的一种方式，绝不能使二者对立起来。

（四）儿童的自主发展与教师自身的提高应相辅相成

目前大部分幼儿园教师都重视发挥儿童的主体性，体现儿童自主发展，但却忽视了自身素质的提高，从而严重影响了课程改革的进程。如教师经常在科学活动中出现"放开了但收不拢""不知如何发挥儿童的自主性""对儿童的意外问题处理不了"等现象。因此，教师需要努力学习，只有自身掌握了先进的教育教学理念，具有系统、全面的专业知识结构，具有精深的文化知识和多个专长，具有高超的教学技能和良好的心理素质，才能适应课程改革的需要，才能真正实现儿童的自主发展。

第二节　"做中学"科学教育

"做中学"科学教育是在我国幼儿园和小学中进行的基于实践的探究式教育。

一、"做中学"科学教育概况

由教育部和中国科学技术协会共同倡导、发起和推动的"做中学"（Learning by Doing）科学教育改革实验是旨在促进我国幼儿园、小学科学教育发展，实现素质教育目标的一项重大教育改革计划，是国家"十五"规划的重大课题之一。"做中学"科学教育的来源是美国和法国的"动手做"项目。

"动手做"项目最初由美国科学能力建设委员会主席勒德曼博士提出，其目的是解决芝加哥地区学校的科学教育问题，特别是城市贫困街区孩子的教育，随后在美国的其他州也开展了这一项目，并取得了良好的效果，受到了美国政府的重视。美国政府决定从国家层面上，由美国科学基金会、美国科学院、美国科学促进会联合推进这项改革，1995 年 12 月公布的美国历史上第一部科学教育标准——《国家科学教育标准》把"动手做探究式学习"列为改革的重要原则之一。

1994 年，法国国民教育部派出了以诺贝尔物理学奖获得者萨帕克教授为首的代表团，专程到美国考察勒德曼博士在芝加哥进行的"动手做"的科学教育改革，以及在加利福尼亚进行的科学教育改革。随后，萨帕克博士建议在法国小学里进行类似的科学教育改革，这一建议很快得到了法国国民教育部和法国科学院的支持，不久取名为 LAMAP（la main a la pate，动手和面团）的动手做科学教育改革实验在法国起步。在经过 5 年试点以后，法国全国正式推开这项重大的科学教育改革。

1994 年，韦钰院士应邀加入了国际科学联盟理事会（International Council of Science Union，ICSU；1998 年后改称国际科学理事会，International Council for Science）新成立的科学能力建设委员会（Committee of Capacity Building on

Science，CCBS）。作为科学能力建设委员会的成员，韦钰院士参加了每年一度的研讨工作会议，并多次考察了美国、法国的"动手做"项目。2001 年 5 月在韦钰院士的积极倡导下，教育部和中国科学技术协会共同发起了一项在幼儿园和小学开展的科学教育改革计划——"做中学"。"做中学"科学教育的目标是：让所有学前和小学阶段的儿童有机会亲历探究自然奥秘的过程，使他们在观察、提问、设想、动手实验、表达、交流的探究活动中，体验科学探究的过程、建构基础性的科学知识、获得初步的科学探究能力，为促进儿童的全面发展，成长为具有良好科学素养的未来公民打下必要的基础。

二、"做中学"科学教育的特点

（一）面向全体儿童的教育理念

"做中学"特别强调面向每一个儿童，不追求科学精英的培养和选拔，而着眼于未来全民科学素养的提高，以全体儿童基本科学素养的培养为首要原则。

当前对科学教育的目标取向主要有两种观点：一种观点认为，科学教育应让儿童掌握系统的科学知识，将目标指向培养科学家和科学精英；另一种观点认为，科学教育应使儿童了解自然科学和社会生活的关系，适应现代社会发展的需要，将目标指向培养公民的科学素养。"做中学"科学教育的主要目的就是提高全体儿童的科学素养，不管儿童今后是否从事科学技术工作，都应该从小培养他们的科学素养，而不是着眼于培养科学家或某一领域的专业人才。

我国 2017 年颁布的《义务教育小学科学课程标准》认为，科学素养是指了解必要的科学技术知识及其对社会与个人的影响，知道基本的科学方法，认识科学本质，树立科学思想，崇尚科学精神，并具备一定的运用它们处理实际问题、参与公共事物的能力。良好的科学素养必须具有良好的科学精神和态度，能够正确认识科学的价值，掌握科学的基本知识和技能，具有对科学的兴趣和科学思维，了解和应用科学方法等。因此，我们的科学教育应该做到，一是面向全体儿童，使他们能够接受基本的科学素养教育；二是坚持全面的科学教育，使儿童在科学知识和技能、科学精神和态度、科学兴趣和思维、科学方法和能力等方面得到全面的教育。"做中学"科学教育体现了科学教育的价值定位是公民科学素养的培养。

（二）科学探究的教育理念

"做中学"特别强调儿童的科学探究，即儿童通过亲身经历探究以获取知识，体验科学过程，领悟科学思想观念，学习科学方法。"做中学"科学教育就是为儿童提供充分的科学探究机会，使他们在像科学家那样进行科学探究的过程中体验学习科学的乐趣，增长科学探究的能力，获取科学知识，形成尊重事实、善于质疑的科学态度。

在"做中学"科学教育中，探究学习是对儿童亲历的事物中和生活中的一些实际问题进行探究。"做中学"强调不仅使儿童了解科学的成果和理解科学的过程，更要让儿童亲历科学探究的过程，以全面提高儿童的科学素养。在科学探究中，在参与解决问题，作计划、决策，小组讨论，以及评价的过程中，儿童将所掌握的科学知识同他们从多渠道获得的科学经验联系起来，并把所学的科学内容应用到新的问题解决中去。通过科学探究活动，儿童对科学探究的手段、使用证据的规则、形成问题的方式、提出解释的方法等一系列问题有了亲身的体验，而不仅仅是听到和记住有关的知识或结论；通过科学探究活动，儿童对科学与技术的关系、科学的性质等一系列问题，有了切身的认识和体验，而不仅仅是获得了关于这些问题的标准答案。"做中学"科学教育改革，特别强调探究学习的独特地位，对克服长期以来我国科学教育重知识、轻能力，重结果、轻过程，重间接经验传授、轻亲身体验获得的倾向具有借鉴意义。

（三）以改变学习方式为根本点的教育理念

"做中学"科学教育计划是一个以变革科学教育为切入点，进而改变学习观念、学习方式和教育观念、教育方式的改革计划，它主张让所有的儿童通过亲历体验探究过程，建构基础性科学知识，获得初步的科学探究能力，为促进儿童的全面发展，为将来成为有良好的科学素养的未来公民打下必要的基础。

"做中学"科学教育主要采取科学探究、动手学习、讨论、反思、表达、交流、多种感官通道学习及生生交互式学习等多种学习方式。"做中学"提倡为儿童创设自然情境，鼓励儿童在自然情境和日常生活中寻找问题，其核心是让儿童充分体验科学探究、科学发现的过程——提出问题、猜想预测、动手操作、记录信息、解释讨论、得出结论、表达交流，发展儿童探究与解决问题的能力。

三、"做中学"科学教育对学前儿童科学教育的启示

（一）动手操作过程不等同于思维过程

"做中学"强调儿童对材料的动手操作。《纲要》多处强调，教学内容应该选自儿童身边常见的事物和现象或者儿童生活中熟悉的科技成果，以利于儿童真正

理解和内化科学知识并将科学知识真正运用到现实生活中去。选择的材料要贴近儿童的生活，同时要注意操作材料的多样化。那么儿童对材料的动手操作是否就意味着他在进行科学思维呢？例如在小班"水果的沉浮"活动中，教师给儿童准备了装满水的盆子，提供了苹果、桂圆、冬枣、橘子、荔枝、葡萄等水果，先让儿童猜测哪些水果会沉下去，哪些水果会浮起来，做好记录；然后让儿童自主尝试把各种水果放到水中，观察其沉浮情况，将猜测错的结果重新改正过来；最后教师总结哪些水果会沉下去，哪些水果会浮起来。从活动中可以看出，教师非常注重儿童的动手操作，将近一半以上的时间给予儿童操作、活动。但"做中学"是科学探究的一种形式，不仅包括儿童的动手活动过程，还包括儿童的动脑思维过程。探究的本质是思维，尽管儿童喜欢参加动手操作的学习活动，但离开了思维的动手活动，或是儿童不知从何入手，或是活动成为无意义的"体力劳动"，效果低微。真正的科学探究应追求的是深层次的思维，因此，在儿童动手操作、探究之前应首先引导儿童经历一个动脑思考、设计的过程，在儿童动手活动过程之中还应不断地引导儿童进行分析、解释，训练儿童的思维能力。

（二）"做中学"的关键是"学中思，思中用"

杜威的"做中学"提倡一切让儿童动手，让儿童与事物发生直接互动，这样他们才能真正认识事物的性质。皮亚杰也认为，儿童阶段情感、社会性及自我意识的发展需要自我探索、主动参与、表达意见的机会；儿童必须通过活动才能形成自我的世界观和思考的方式；要让儿童从问题出发，自己主动发现知识，不断动手操作，动脑思考。同时，杜威把教育看成经验的改造和重新组织，他认为儿童的科学经验有初级经验和次级经验之分。初级经验来自日常生活，广泛而粗糙，不具有反思性。而次级经验则澄清了初级经验的意义，是经过组织的有用知识的积累，具有反思性。皮亚杰指出，许多的科学经验属于逻辑数理经验，是通过反省抽象而来的。这些论述充分说明了科学教育"做中学"的关键是"学中思"，"做中学"既要强调"动手"，更要强调"动脑"，真正让儿童经历由特殊到一般，再由一般到特殊的概念思维过程。否则，他们可能会一直停留在自己的初级经验水平。

杜威还强调教学就是通过儿童的主动活动去检验一切和获得直接经验的过程。因此科学教育还应重视让儿童学以致用。"做中学"要关注儿童在生活中感兴趣和需要解决的问题，并将它们作为科学教育内容的重要来源。如"水怎样变成冰的""风从哪里来""声音的变化""食品与毒品""水与环境""地球与生命""动植物的生命现象"等。在选择实验材料方面也尽量选取儿童生活中易获得的、有教育价值的、可再生利用的环保物品，如废纸盒、废海绵、饮料瓶、吹风机、小器皿、气球、打气筒、磁铁、沙子、种子、水等都是生活中常见的物品。无论是在选题方面还是在实验操作材料方面都必须因地制宜，从本地教育和儿童发展现状出发，积极开展"做中学"活动。让儿童在"学中思，思中用"的过程中完成概念的形成或转化。

（三）教师也应"做中学"

在"做中学"的活动中，教师的角色观念和角色行为将发生很大的变化，他们应该是儿童科学活动的支持者、引导者、合作者。教师不再简单地向儿童灌输和传递科学知识，给儿童一个现成的答案，而要引导儿童主动探索周围的世界，独立寻找各种答案。教师要细心观察儿童的实际需要和他们感兴趣的问题，根据儿童的已有知识经验和能力水平提出问题，并设计出科学活动的主题，为儿童的实验探究提供充分、必备的实验材料。同时，教师在科学活动过程中激发儿童的求知欲，引导儿童自己提出问题，进行猜想和假设；然后引导儿童设计相应的实验程序，并亲自动手操作，验证自己的假设。

要达成上述要求，教师也应"做中学"。在"做中学"的实践过程中，教师（包括高校教师和幼儿园教师）应一起分析采用"做中学"方式对儿童发展产生的影响，直面、反思教学实践中出现的问题，不断调整和提高对儿童的理解和对"做中学"理论与实践的认识。在"做中学"科学教育中，教师同样经历了一个"做中学"的过程，他们需要不断地调动自己的现有经验，通过反思和构想、实践与尝试，使实践策略和理论水平不断上升，逐步开发出适合儿童的科学活动。

第三节　STEM 教育

当今世界，全球化趋势深入发展，第四次工业革命如火如荼，科技的飞速发展正在重塑人类社会。2017 年在加拿大多伦多约克大学举办的"全球 STEM 教育高峰论坛"上，美国国家科学教师协会会长、中央密歇根大学 Juliana Texley 教授指出：当前，全球教育正面临着如何培养创新人才的挑战，STEM 跨越学科领域的整合行动，将带来学习内容的更新、学习过程的重构和思维能力的重塑。STEM 教育犹如在开辟一条连接过去和未来的通道，帮助今日世界的学生更好地成长为明日世界的公民。由此可知，STEM 教育对孩子适应未来社会的重要性。

一、STEM 教育概况

（一）美国 STEM 教育概况

STEM 是科学（science）、技术（technology）、工程（engineering）、数学（mathematics）的英文首字母，STEM 教育于 20 世纪 80 年代兴起于美国，至今已在中小学阶段广泛实施。美国自实施 STEM 教育以来，已在国民素质、就业、国家经济实力、创新等方面有显著提升，STEM 教育被认为是美国国家竞争力的助推者。近年来，鉴于学前儿童处于人生发展的奠基阶段，强调培养学前儿童的STEM 素养已经成为美国学前教育发展的新趋势。[①]

美国 STEM 教育根源于当时美苏两国的竞争局势，特别是美国在国际数学和科学评测趋势（TIMSS）中的排名经常落后于许多发达国家，美国政府不得不加强对数学与科学教育的关注，并积极出台相关的政策措施支持 STEM 教育。

1996 年，针对当时的国家形势和教育问题，美国国家科学基金会发表了《塑

---

① 胡恒波. 美国学前儿童 STEM 教育的理念声明与实施建议：源自马萨诸塞州的经验［J］. 教育科学，2017，33（4）：90-96.

造未来：透视科学、数学、工程和技术的本科教育》报告，提出了要大力培养 K-12 教育系统的师资问题。

2006 年，时任美国总统的布什在其国情咨文中公布一项重要计划——《美国竞争力计划》，提出知识经济时代教育的目标之一是培养具有 STEM 素养的人才，并称其为全球竞争力的关键。

2007 年，美国国家科学基金会发布了名为《国家行动计划：应对美国科学、技术、工程和数学教育体系的重大需求》，提出要增强国家层面对 K-12 年级和本科阶段的 STEM 教育的主导作用，这标志着 STEM 全面进入基础教育一线。同年，美国国会通过了关于 STEM 教育的第一部正式法案《美国竞争法》，全称为《为有意义地促进一流的技术、教育与科学创造机会》，其中"教育"这一部分内容就涉及了 STEM 教育。

2013 年，美国国家科学与技术顾问委员会在向国会提交的《联邦政府关于科学、技术、工程和数学（STEM）教育战略规划（2013—2018 年）》中提出，未来 10 年，要增加传统上未受 STEM 教育重视群体的 STEM 大学毕业生数量，改善妇女参与 STEM 的机会和途径，并建议美国联邦政府通过设立少数群体的 STEM 奖学金、成立科学研究中心进行发展和评估研究等，以项目资助的形式提升传统上未受重视的少数群体对 STEM 的参与度。

2015 年，时任美国总统的奥巴马签署了《每一个学生都成功法》，提出将艺术教育并入 K-12 基础教育常规教学中，鼓励学生主修科学、技术、工程和数学，培养其综合科技素养和创新能力，旨在与 STEM 教育共同帮助学生获得 21 世纪核心素养。

2016 年，美国研究所与美国教育部联合发布了名为《STEM 2026：STEM 教育中的创新愿景》，从六个方面对 STEM 教育的未来十年发展提出了新的愿景。

2017 年，时任美国总统的特朗普签署了激励下一代女性太空先锋者、创新者、研究者和探索者法案，鼓励更多的女性和 K-12 女孩学习并进入 STEM 领域，以促进全民参与 STEM 教育，扩大美国 STEM 教育的影响力。

2018 年，美国联邦政府出台 STEM 教育的第二个五年规划《为成功规划路线：美国 STEM 教育行动方略》，又名"北极星计划"。在该报告中，美国联邦政府前所未有地重视 STEM 学科融合，指出最具变革性的发现和创新往往就是发生在学科融合之际——STEM 教育能够实现不同学科知识的整合并提出创造性的解决方案，以应对复杂的问题和挑战，并强调 STEM 教育并不仅仅停留在培养批判性思维、问题解决能力以及高阶思维、研发设计与推理等现代技能上，同样也应关注一些行为素养的培养，诸如坚忍品格、适应性能力、合作能力、组织能力以及责任感等。

美国如此致力于 STEM 教育的发展，归根结底，是出自增强国家竞争力的需要。从美国 STEM 教育的发展历程来看，STEM 教育已从最初关注或集中于高等教育，逐步延伸至中小学乃至幼儿园，从面向提升国家竞争力的人才培养演变为学习方式的变革。时至今日，STEM 教育强调的并不是科学、技术、工程和数学教育的简单叠加，而是将原本分散的四门课程组合形成一个新的有机整体，让学生在解决问题的过程中体会各个学科之间相互依赖、相互支撑和相互补充的意义，实现深度学习，是一种贯通学科知识、联系真实世界、以问题为导向、形成严谨的和系统化学习经验的学习方式。

（二）中国 STEM 教育概况

我国有关 STEM 教育的发展始于 2008 年的《美国的世界一流大学战略与启示》，该文件主要介绍美国的 STEM 教育发展战略：旨在改善学生的 STEM 教育素养（科学、技术、工程和数学）。从 2011 年开始，国内针对 STEM 教育的研究与本土实践逐步增多，2014 年到 2015 年是我国 STEM 教育飞速发展的阶段，相关的研究文献较多，且呈现出多研究方法、多研究领域和多研究内容的趋势。2015 年，教育部在《关于"十三五"期间全面深入推进教育信息化工作的指导意见》中首次提出要探索"STEM 教育""创客教育"等新教育模式，自此引发了STEM 教育研究的热潮。

2016 年，国务院发布的《全民科学素质行动计划纲要实施方案（2016—2020年）》强调指出，在高中阶段要鼓励开展科学创新与技术实践的跨学科探究活动。2016 年教育部在《教育信息化"十三五"规划》中明确提出，有条件的地区要积极探索信息技术在"众创空间"、跨学科学习（STEAM 教育）、创客教育等新教育模式中的应用。至此，STEM 教育被纳入国家战略发展政策。

2017 年，教育部印发《义务教育小学科学课程标准》，STEM 教育被列为新课程标准的重要内容之一，倡导跨学科学习方式，建议教师可以在教学实践中尝试 STEM 教育，致力于探索符合我国国情和教育现状的 STEM 教育之路。同时，STEM 教育理念开始影响幼儿园教育。

2017 年 6 月，中国 STEM 教育研究中心成立并组织召开首届 STEM 教育大会，田慧生在致辞中表示：中国发展 STEM 教育有助于我们抓住第四次工业革命的机遇；有助于我们抓住信息技术和互联网革命带来的契机，在新领域抢占先机；有助于我国公民素养的培养和劳动者就业能力的提升，促进就业、维护社会和谐稳定。这次会上发布了《中国 STEM 教育白皮书》，启动了"中国

STEM 教育 2029 创新行动计划"，强调以服务国家创新驱动发展战略为宗旨，坚持"协同、合作、开放、包容、创新"的原则，整合全社会资源，建立由政府部门、科研机构、高新企业、社区和学校相融合的中国 STEM 教育生态系统，打造覆盖全国的 STEM 教育示范基地，培养一大批国家发展急需的创新人才和高水平技能人才。

2018 年 5 月，中国教育科学研究院 STEM 教育研究中心发布了《STEM 教师能力等级标准（试行）》；2019 年 4 月，发布了升级版《STEM 教师能力等级标准 2.0》，正式发布"中国 STEM 教师能力等级测评系统"。

综上所述，中国在各级政府部门的主导下、在科研机构的支持下，加上学校、企业、社会办学的力量，深入推进 STEM 教育，跨学科思维和创新能力成为每一个孩子的成长基因，使其能更好地适应快速变化的未来世界。

（三）其他国家的 STEM 教育

20 世纪 90 年代，芬兰就出台了 LUMA 计划，LUMA 是芬兰语的 STEM，这项计划的目标是加强 STEM 学科教育实践和加强学生对这些学科的学习兴趣。

英国在 2002 年的时候就已经把 STEM 教育正式写入政府文件，2004 年，由英国贸工部、财政部、教育和技能部联合发布了英国《2004—2014 年科学与创新投入框架》计划。2011 年，英国国家科学技术与艺术基金会发布了《未来一代》报告，倡导将艺术类课程加入 STEM 教育中。2014 年，英国文化学习联盟发布了名为"STEM + ARTS = STEAM"的报告，强调要为年轻人创造能够实现自我潜能的社会环境。2017 年，英国公布的《建立我们的工业战略绿皮书》中提出，技术教育是英国现代工业的核心，该战略还将促进数学教育的发展和解决 STEM 技能短缺问题。

德国的 STEAM 教育被称为 MINT 教育。德国于 2008 年制定了《德累斯顿决议》，将 MINT 教育列为教育发展的重要目标，成立了政府与企业间的"MINT 创造未来"联盟，大力加强中小学 MINT 专业教学。

日本 2003 年的"PISA 危机"促使政府对其劳动力市场和教育体系进行了深刻反思。日本政府逐渐发现了基础教育的薄弱之处，着手修改课程大纲，加强中小学阶段 STEM 学科的课程学习，并鼓励科学教育项目的开展，激励学生投身于科学事业，以带动日本科研的发展，进而提升日本在国际上的经济竞争力。

韩国在 2011 年 TIMSS 项目中科学成绩排在第 1 位，数学成绩排在第 2 位，但是学生在数学和科学课程上的自信心和愉快度在 50 个国家中都排在第 47 位以后，表明韩国学生对上述两门课程的学习兴趣和积极性不高，思维受限，往往很难把握一些综合型的创新项目。韩国教育部发布了《搞活整合型人才教育（STEAM）方案》，提出融入人文艺术知识，发展学生综合运用能力；强调艺术与 STEM 课程融合，能促进创新意识和创新能力的提高，有助于 STEM 学科的深入学习与发展。韩国的教育科学技术部在 2011 年的业务报告中提出，要强化旨在培养创新人才的小学、初高中的 STEAM 教育。

世界各国之所以不约而同地重视 STEM 教育，其根本原因在于当今社会已经处在第四次工业革命洪流之中，社会的复杂程度正在与日俱增。第四次工业革命改变了社会结构以及人类的生产生活方式，创新、循环正在加速，变革正在快速地发生，科技的创新导致了人类社会剧变。这是一个以信息物理融合系统为基础，以智能制造为主导，以实现生产方式信息化和智能化为目标的重大革命。这次工业革命的到来，催生出了人工智能、云计算、物联网、移动互联网、机器人、3D 打印、5G 通信、纳米技术、无人驾驶汽车等先进的科技，并通过将各个技术有效融合，逐渐消除了虚拟世界和现实世界的屏障。由此人才的培养已经成了当今社会竞争的主要力量，归根结底在于我们要如何培养下一代适应未来更加变幻莫测的社会变革。

美国昆山杜克大学常务副校长丹尼斯·西蒙（Denis Simon）在 2019 年的第三届中国 STEM 教育发展大会上强调，21 世纪大学应该对如何变更教育方式和教学方法有更多的思考。教育的重心正在变成以学生为导向，以学生为中心，在这样的学习环境中学生会通过调研寻求解决问题的方法，获得对真实世界现状的认知，构建以证据为基础的解释。教育的发生从教室到家庭、社区，及其他更多的环境。我们需要重新定义学习空间和学习方式。这场深刻的变革正在发生，STEM 教育的跨学科整合思想对应对越来越复杂的社会变革具有重要的意义和价值。

二、STEM 教育的特点

我国学者余胜泉等人认为，STEM 的核心特征包括：跨学科、趣味性、体验性、情境性、协作性、设计性、艺术性、实证性和技术增强性。STEM 课程的设计应采取跨学科整合的模式，将科学、技术、工程和数学等整合在一起，强调关注学科间的密切联系、强调综合应用知识解决真实世界中的问题。我国学者何善亮认为，STEM 教育强调科学、技术、工程、数学等学科相互联系形成有机整体，但并不否定各门具体学科的独特教育价值和学科地位，SETM 教育也不是要取代科学、技术、工程、数学等的分科教育，而是要与学科课程形成互补关系，尤其要重视发挥工程教育活动的价值。

由此可见，STEM 教育帮助学生不被单一学科的知识体系所束缚，鼓励学生跨学科解决问题。科学、技术、工程、数学等学科的相互结合，有助于提升学生综合能力和跨学科思维能力，这些能力都是 21 世纪的创新人才所必须具备的能力，也是符合未来教育的发展趋势。

综合 STEM 教育的已有文献和学者的观点，STEM 教育具有以下特点：跨学科性、情境性、实践性、协作性、设计性、实证性、动态性。

（一）跨学科性

STEM 教育的核心就是学科融合，打破学科知识之间的"壁垒"，不再将重点放在某个特定学科或者过于关注学科界限，而是将重心放在特定问题、特定项目上，注重让学生在实际生活中发现学习，在情境式的任务中分析、判断问题的本质，综合运用科学、技术、工程和数学等学科知识与技能，形成科学的决策，以此提高学生在真实情境中发现问题、分析问题、解决问题的能力。

（二）情境性

STEM 教育的情境性强调教师作为情境的创设者，要将知识置于真实的情境中，紧密联系生活，结合富有挑战性的问题引导学生将已有知识与真实的情境相关联，探究并区分不同情境下知识的不同表现形式，根据已有知识和对具体问题的判断，分析不同的知识体系，探寻问题的本质及解决策略，有逻辑地解决实际问题。学生通过具体情境下问题的解决，不仅可以巩固所学知识，使学科知识结构真正内化，而且还可以获得实践知识的社会性成长。

（三）实践性

与传统的讲授式教学不同，STEM 教育在鼓励学生主动获取间接经验的同时，更倡导学生动手、动脑，积极参与学习实践，获得直接经验，在实践中整合学科，建构知识体系。在 STEM 教育中，学生利用已有知识分析、判断问题的本质，通过动手实践进一步发现并设计解决方案，最终完成设计作品。STEM 教育的实践性有利于学生手脑协作统一性的培养。

（四）协作性

STEM 教育强调在群体协同中相互帮助、相互启发，进行群体性知识建构。STEM 教育中的问题往往是真实的，真实任务的解决离不开其他同学、教师或专家的合作。在完成任务的过程中，学生需要与他人交流和讨论。

STEM课程项目的设计通常都包含科学研究、工程设计的过程。在实际操作中，教师一般会提前将学生分成几个小组，学生以小组合作形式共同交流、配合，完成相应的学习任务。小组合作的形式可以达到取长补短的效果，学生常常受到同伴鼓励和启发，有利于他们能力的进一步发展。此外，STEM教育的教学评价也是根据小组成果进行评判的，每个小组展示共同合作完成的科学研究或者工程设计的作品并接受其他小组的评议。

（五）设计性

STEM教育要求学习产出环节包含设计作品，通过设计促进知识的融合与迁移运用，通过作品外化学习的结果，外显习得的知识和能力。学生设计出创意作品是获得成就感的重要方式，也是维持和激发学习动机、保持学习好奇心的重要途径。因此，设计是STEM教育取得成功的关键因素。

（六）实证性

实证性作为科学本质的基本内涵之一，是科学区别于其他学科的重要特征，也是科学教育中学习者需要理解、掌握的重要方面。STEM教育要促进学生按照科学的原则设计作品，基于证据验证假设、发现并得出解决问题的方案；学生在设计作品时，要遵循科学和数学的严谨规律，而非思辨或想象，让严谨的工程设计实践帮助他们认识和理解客观的科学规律。

（七）动态性

STEM教育在课程内容、课程实施及评价中表现的综合性，凸显了其开放性与动态性。区别于机械认识论视知识为客观存在，STEM教育认为知识是不断更新的，是动态与发展的，STEM教育从开放的知识观角度反思了传统教育的弊端，弱化了对知识的记忆，重视了概念理解及应用，认为对概念的深层理解有助于学生灵活应用已有知识，并在与现实生活世界的接触中随时拓展和完善自己的知识体系。STEM教育在课程实施方式上转变了教师讲解、学生接受的传统课程实施模式，建立了学习者、教育者与所处情境对话交流的平台。开放的课程实施方式及动态的课程内容，不仅有助于学生认知能力的提升，而且有助于培养学生敏锐的科学思维习惯和高效解决现实生活问题的能力，促进学生内在知识体系的创新生成。

三、STEM 教育对学前儿童科学教育的启示

毋庸置疑，STEM 教育已经成为全球教育的热点，甚至是教育者们的共同话语。从最初对美国国家战略的回应，将四门具有内在关联的学科进行整合以应对时代发展趋势所需要的创新人才，到今天全球各地不断添加学科元素，将 STEM 扩展为 STEAM、STREAM，在某种程度上寄托了全球教育者对教育变革的期许。而今，越来越多的专家、学者认同将 STEM 回归到最本原的样子——一种学习方式。

作为一种学习方式存在的 STEM 教育对"培养如何生活在未来的人"至关重要。加拿大安大略省教育部课程标准、评价和政策司负责人 Brandon Zoras 认为："我们不能确定未来生活究竟需要什么技能与知识，但促进 STEM 学习则可以较大程度地培养学生的领导力、创造力、适应力和创业能力。"他介绍了他们确立的课程目标的三个突出特点：一是将 STEM 与社会、环境充分联系，突出学习在生活、社区中的重要性；二是通过大量的实验与实践，培养科学探究和解决真实问题所必备的技能、策略和思维方式；三是在实践学习中，逐步理解基本概念。他特别指出，原先的学习方式是将理解基本概念放在第一位，现在的课程目标则进行了"翻转"，只有突出前两点才有可能让学生真正理解概念，这就是学习方式的改变，并且这样的改变致力于面向每一个学生。

我国学者也有类似观点，在人工智能突飞猛进的今天，STEM 教育不仅是学习方式的改变，更是在学习方式的更迭中，由学习者共同创造出新学习内容的过程。也就是说，以往的学校教育仅仅是让学生学习已有的经典知识，而通过 STEM 的学习方式，学生得以在真实生活情境中运用最新的技术来解决一系列问题，因此，这意味着学生可以去创造知识，而在创造的过程中，所学习的内容也在迭代更新、因需而变。

儿童知识的建构来自他们与各种思想的互动，来自他们对物体和事件的直接经验，同时也来自他们把逻辑思维应用到这些经验的过程。他们是通过直接操作物体，在与成人、同伴、观点以及事件的互动中来建构对事物的理解的。

对于幼儿园的教育实践来说，如何围绕儿童的知识经验、认知水平、基本能力和学习兴趣来引导他们对学习的主动参与关乎着儿童的学习质量和生命成长。STEM 教育以学科融合为核心特征，将原本分散的科学、技术、工程和数学四门学科有目的、有方法、有系统地融合为一个有机整体，有着单一学科所不具有的独特价值。

STEM 教育不仅是一种教育理念，也是一种教育模式和学习方式，它既意图

通过学习者学科素养的融合培养来创造性地解决生活世界中的真实问题，同时又将四门学科通过项目学习等方式来组织课程与教学，以培养学生的创新能力。

STEM 教育是跨学科和开放式的，它以真实问题为驱动，强调在实践中进行学习和解决问题。这一教育理念和教育模式对于幼儿园教育具有重要的借鉴意义，它一方面强调了对儿童综合素质的培养，另外一方面又强调了对儿童发展水平和现实生活的关注，可以很好地促进儿童的主动学习以及培养儿童良好的思维品质。

结合世界各国的 STEM 教育实践，幼儿园 STEM 教育可从以下几个方面进行实践探究。

（一）再造学习流程：变结果导向为关注过程

这种转变意味着"以学定教"正在成为过去式，取而代之的是"以学定学"，儿童学习进程中所暴露出来的问题成为其下一阶段学习的起点，而教师也通过"学习学生的学习过程"来决定其应该在什么时候出现，以什么样的角色出现，能够为儿童更好的学习提供什么。

（二）更新学习内容：变加工模式为创造模式

STEM 教育最核心的原则是在真实生活情境中解决实际问题，因此学习的过程不再是知识的"输入—（加工）—输出"过程，而是问题成为学习的起点，解决问题的过程成为调用已有知识运用到实际中去的思维运动与实践行为，学习的结果则是具有可行性的解决方案，其包含了有内在逻辑的、已实现建构的个人知识，也就是"输入问题—（思维显性）—创造知识"的过程。

（三）改变思维路径：变目的性思考行为为伴随性思维品质

传统的学习方式是通过教师实施有准备的教案来实现教学目标——掌握本单元本节课的知识，无论教学设计有多么精彩纷呈，都无法回避一个事实，教师心目中有一个标准答案，儿童努力地跟上教师的教学进度以不断接近标准答案，通过检测后与标准答案完全一致，就称之为"掌握"。在这一过程中儿童的思考是带有目的性的，"我所有思考的都是为了更接近标准答案"。

而 STEM 学习方式则是教师和儿童都没有"内定的"标准答案，教师的任务是设计学习框架、制订可评估的标准、确定针对不同儿童学习状况的介入时机和程度；儿童的责任是自定义学习进程，参照标准对每一阶段的学习做出自我评估，学会寻求多途径的学习支持力量。这样的学习过程必然使反思、决策等高阶思维品质伴随其中，也只有这样的思维品质才可能促使教师和儿童共同关注学习的过程，而非仅仅是学习结果。

（四）创新教学模式：变学科知识中心为跨学科知识系统

工程设计活动有助于促进 STEM 教育各领域之间的连接。然而，当前有关儿童在活动室中开展工程设计活动的研究很少。汤克等人通过现场观察等方式，研究儿童工程设计活动，发现儿童能够有意识地参与工程设计过程的多个阶段，而且对科学家和工程师职业产生了浓厚兴趣。研究表明，工程设计活动是跨学科、整合性的 STEM 教育活动，能促进儿童发展。如活动主题是研究、设计一个纸做的篮子，活动流程按工程设计过程模式的六个阶段进行。儿童要研究纸和水的关系，研究纸的材料强度，研究各种设计的纸的折叠结构，最后测试纸篮子。这个活动在某种程度上很像手工折纸活动，但后者只是艺术创作，而这个活动则是为了解决现实问题而把各个领域知识统整起来的 STEM 教育活动。两者的区别就在于是否用 STEM 教育理念来统整各项活动，有效激发儿童的学习热情，解决现实问题。换言之，如果手工折纸活动能够与现实问题产生连接，按照 STEM 教育的流程进行，那它就变成了 STEM 教育活动。

（五）变革教学方式：为儿童获取系统的跨学科知识

我们习以为常的以学科知识为中心和以说理灌输为主要方法的教育模式，强调对概念、判断、推理、原则的掌握，却忽视个体情感、体验、领悟、想象等心理过程。原先碎片化、条块化孤立静止的学科理论学习常导致学生偏重于记忆抽象的图示和原则，而疏于理解所学知识与纷繁复杂且不断变化的社会现实之间的联系。无论是杜威实用主义教育思想主张的"从做中学"还是陶行知生活教育理论倡导的"教、学、做"都认为教育是让学生在真实的社会环境中成长，真正的学习不仅仅是通过课堂来获取信息的过程，更重要的是在复杂的社会中通过实践来学习。这就需要用"项目学习""混合学习""跨学科学习"和"整体学习"的方式来解决实践活动中知识缺乏的问题。

建构主义强调学习者是一个主动的知识建构者，但更强调外在作品的创作和学习者分享创意。建构主义认为，好的教育不是如何让教师教得更好，而是如何提供充分的空间和机会让学习者去构造自己的知识体系。当儿童在制作一些对自己有意义的作品时，如做小机器、编故事、编程序或是创作歌曲时，他们正处于学习知识的最佳状态。

建构主义认为知识不是简单地由教师传达给学习者，而是学习者主动的心智建构，学习者不仅是去获取创意，而且是去开发和实现自己的创意。虽然没有外在作品的创作，学习者仍然可以建构且表达知识，但有更多的证据显示借由外在作品的创作，学习者可以更加积极主动地分享他们所了解的事物及想法。这非常符合建构主义所主张的应该让学习者主动地参与一些外在作品的创作，同时让他们有机会表达自己的看法并与他人分享通过制作来学习的理念。

总之，儿童的生活世界是一个整体，它以问题为中心，而不是以学科为中心。在儿童的世界中，科学的观察与艺术的想象同等重要，学习与生活、游戏紧密相连，我们要利用好 STEM（或者 STEM＋）教育开展积极的研究和实践，努力提升儿童的综合能力和跨学科思维能力，更好地推动未来教育的发展。

第四节 生命教育

中国科学院在《关于科学理念的宣言》中强调:"自觉遵守人类社会和生态的基本伦理,珍惜与尊重自然和生命,尊重人的价值和尊严,同时为构建和发展适应时代特征的科学伦理作出贡献。"[①] 生命教育应是学前儿童科学教育的重要组成部分。

一、生命教育概况

生命教育的研究源于人们对死亡的思考。美国的生命教育起初是以"死亡教育"的形式出现的,其历史可以追溯到 20 世纪 60 年代。第一位倡导者是美国的杰·唐纳·华特士,他于 1968 年在美国加州创建"阿南达村"学校,开始倡导和践行"生命教育"思想。其他一些发达国家也在 20 世纪 70 年代后陆续关注"死亡教育",类似的有日本北海道的"寒冷教育"、北欧的"孤独教育"等。通常认为最早提出"生命教育"概念的是 1979 年在澳大利亚悉尼成立的"生命教育中心",目前该中心已经发展成为国际性机构。生命教育主要是针对青少年的社会问题而提出的,如吸毒、药物滥用、艾滋病等。日本在 1989 年的《中小学教学大纲》中,明确提出了定位于"敬畏人的生命与尊重人的精神"这一理念的教育目标。英国等国家提出了"呼应课程",以顺应学生的生长、发育规律。《价值与规范》是德国部分国立和公立中学宗教课程所使用的教材,其中有五项主题:死和葬礼、青少年自杀、符合人道的死法、对生命的威胁、对死的解释。

我国的"生命教育"兴起于 20 世纪 90 年代,主要是针对青少年生命危机和学校教育对人性的压抑而提出的。随着青少年心理问题的日益严重,"生命教育"引起了社会的关注,并逐渐得到政府的支持。2004 年,辽宁省制订了《中

① 中国科学院. 关于科学理念的宣言 [N]. 文汇报,2007-02-06.

小学生命教育专项工作方案》，启动了中小学"生命教育"工程。2005 年，上海市制订了《上海市中小学生生命教育指导纲要（试行）》，在中小学实施"生命教育"。2005 年，山东省发布《山东省义务教育地方课程和学校课程实施纲要（试行）》，其中将"生命教育"作为地方课程设置的一个重要领域。同时，"生命教育"网站陆续建立，传播"生命教育"理念，掀起了一股开展"生命教育"的热潮。

我国台湾地区将生命教育的理念纳入了从小学到大学 16 年的学校教育体系中。从 2000 年开始，台湾地区的研究者通过"融入式生命教育"和"主题式生命教育"，逐步开展了"幼儿生命教育"研究，并建立了"生命教育"网站和相关资料库，成立了资源中心学校，举办了"生命教育"博览会，开发了相应的教材等。从 2006 年起，生命教育列入台湾地区高中选修课。台湾地区教育界对"生命教育"的理解并不一致，但在本质上都是以构建天、人、物、我均衡关系的"全人教育"为理念。我国香港特别行政区对生命教育也予以极大关注。2002 年，香港教育学院公民教育中心明确提出以生命教育整合公民教育及价值教育，并在多所学校推广正规和非正规的生命教育课程，让学生体会生命的意义，增强抵抗逆境的能力。

二、生命教育的内涵

生命教育有广义与狭义之分，广义的生命教育是一种全人培养的教育，从肯定、珍惜个人自我生命价值，到他人、社会乃至自然、宇宙的价值，并涉及生死尊严、信仰问题的探讨，包括生死达观教育、认识哲学教育、情绪辅导教育、创造思考教育、多元智慧教育、终身学习教育、生活伦理教育、两性教育、公民道德教育、社会公益教育、环境教育等多个方面。狭义的生命教育是一种人生观教育，教育学生认识生命、尊重生命、热爱生命，进而珍惜生命。

生命教育、幼儿生命教育的概念

生命教育不仅要使个体学会珍惜自己的生命，还要尊重他人及自然界的其他生命，培养其对自己、他人、社会及自然的同情心、爱心和责任感，学会自处并且与外界和谐相处。

因此，开展"生命教育"的目的，是引导个体正确认识人的生命，培养珍惜、尊重、热爱生命的态度，完善人格，健康成长，提升生命质量和实现生命价值。生命教育的核心是使个体树立正确的生命观和人生观，善待自己，与人为善。

"生命教育"要引导个体处理好生命存在中的各种关系，包括人与自己、人与他人、人与社会、人与自然的关系，因此"生命教育"包括人与自己的教育、人与他人的教育、人与社会的教育、人与自然的教育。生命教育的内涵主要有以下几个方面：^①

首先是对生命的认知。对生命的认知是开展生命教育的基础。教师通过有目的、有计划的教育活动，引导学生初步了解自身的生长发育特点，了解个体生命从出生到死亡的整个过程；使学生认识到生命的唯一性和宝贵性，生命成长历程的艰辛和不易；掌握自我保护、应对灾难的基础技能。引导学生学会尊重生命、关怀生命、悦纳自我，珍惜、热爱自己和他人的生命，接纳他人。还要让学生了解到人类社会是自然界的一部分，它不断地与自然界进行着物质、信息和能量的交换，从而初步树立正确的生命意识。

其次是对生命的敬畏。阿尔贝特·史怀特在《敬畏生命理论的产生及其对我们文化的意义》一文中写道："有思想的人体验到必须像敬畏我们自己的生命意志一样敬畏所有生命意志。他在自己的生命中体验到其他生命。对他来说，善是保存生命、促进生命，使可发展的生命实现其最高的价值。恶则是毁灭生命、伤害生命、压制生命的发展。"

生命教育应当教育学生学会以敬畏的态度善待一切生命。任何生命都有其存在的权利和价值。所有的生命都处于普遍联系和生物链条之中，这一生物链若遭到破坏，人类的生存也将随之面临威胁。人类必须对自己的生命，对大自然的一切生命持敬畏态度。只有强调对生命神圣性的尊重才能真正不轻视、不践踏自己和别人，才能为自己的行为负责。

最后是对生命的超越。马克思说："动物和自己的生命活动是直接同一的。动物不把自己同自己的生命活动区别开来。它就是自己的生命活动。人则使自己的生命活动本身变成自己意志的和自己意识的对象。"^②

由此可知，人与动物是有本质的区别的，人不仅有自然生命，还有社会生命和精神生命。因此，人不满足于生命的自然成长，而要规划自己的人生，去追求生命的价值和意义，使自身的生命得以升华。

生命教育不应当只停留在教人珍爱生命的基础层面上，而是应当引导学生主动思考生命的价值，发现生命的意义，既了解人类生命的价值，又了解自然界中其他生命的意义，努力追求生命的超越，让有限的生命留下永恒的价值。

---

① 参见林梅梅. 幼儿生命教育的现实考察及策略思考［D］. 济南：山东师范大学，2010.

② 中共中央马克思恩格斯列宁斯大林著作编译局. 马克思恩格斯选集：第一卷［M］. 北京：人民出版社，2012：56.

三、学前儿童科学教育中的生命教育

生命教育主题
活动案例: 蚕
宝宝

《纲要》中科学教育的基本目标之一便是使儿童爱护动植物，关心周围环境，亲近大自然，珍惜自然资源，有初步的环保意识。在教育内容与要求上，要在儿童生活经验的基础上，帮助儿童了解自然、环境与人类生活的关系，从身边的小事入手，培养初步的环保意识和行为。

环保教育是科学教育的基本内容，也是"生命教育"不可或缺的组成部分。儿童在与大自然的接触中可以认识到生命的多样性，学习尊重其他生命存在的权利；在人与环境的相互作用中认识人与自然相互依存的关系，认识到人是大自然生命链条中的一环，应与其他生命和谐共处。

具体来说，学前儿童科学教育中的"生命教育"可以从以下几个方面着手：

（一）培养儿童尊重生命的意识

生命科学是儿童认识生命的基础学科。对成人而言，昆虫、蜘蛛、青蛙似乎不是很惹人喜爱，但是对儿童而言，这些自然界的美好事物，总能引起他们的关注，然而并不是每个儿童都懂得要仁慈对待生命，因此，教师需要通过适时的引导来教育孩子尊重生命。环境所提供的情境教育能最直接促进儿童学习"尊重"的概念。

科学教育中的"生命教育"目的之一就是要建立尊重自然界中有生命和无生命事物的观念。因此教师要带领儿童在室内及户外活动中观察自然界动植物的生存环境，了解动植物生存所需要的基本条件，让儿童借由原始的生活经验与新的直接经验建构"生命"的概念，结合种植、饲养以及户外其他一些活动的实际经验，培养儿童尊重生命的态度，以此引导儿童对周围环境的关注与珍惜。

（二）引导儿童尊重生存的环境

人类只有一个地球，地球是人类和其他生物共同的家园。地球不是一个取之不尽、用之不竭的资源宝库，它所蕴藏的资源是有限的。因此，人类必须认识大自然、保护大自然，必须清醒地认识到：人类是大自然的一部分，大自然永远是养育人类的母体，也是人类发展的最后界限。自然环境是人类生存、繁衍的物质基础；保护和改善环境是人类维护自身生存和发展的前提。由于当代科学技术突飞猛进，人类已具有空前的改变环境的能力，这种能力如运用不当，会对环境造成不可估量的损害，最终危害到人类自己。因此，人类要生存下去并得到发展，

必须爱护地球，关爱其他生物，保持人与自然的和谐发展。

教师应有意识地带领儿童认识生存的环境，了解人与环境共存的关系，注重培养其对大自然的热爱和崇敬之情，在探索自然生物奥秘的同时，引导其懂得尊重生命存在和发展的规律。在日常生活中从爱护生命做起，教育儿童不攀折花木，不踩踏小草，不欺负小动物。要使儿童认识到每个生物体都有存在的权利，要尊重生命的多样性和大自然的规律性，发现生命并欣赏自然，与自然和谐相处。

对生存环境的尊重、对大自然生命的尊重、对人的尊重等课题，从学前时期成人就应与儿童一起来探讨与关注。让儿童以尊重为学习的起点，感恩与关怀就能酝酿而生，与大自然建立友善的关系，儿童就不会做出侵犯自然的举动，进而学会关怀家庭、社区、社会，甚至世界。这是生命教育的重要任务。

（三）引导儿童感受生命的历程

研究表明，儿童从很小的时候就已开始注意到周围人的生老病死、花草与树木的生长和凋敝。在日常生活中也会对诸如"我是怎样来的""死是怎么回事""花儿为什么谢了"等问题产生疑问，这些均为"生命教育"提供了契机。成人对于此类问题应予以正确引导，尤其是关于"死亡"的教育要慎重，既要给予儿童合理的解答，又要避免造成儿童心理上的过度焦虑和恐惧。

通常儿童都会经历饲养和种植活动，体验出生、蜕变、死亡的生命历程。为此教师要引导儿童了解生老病死等基本的生命现象，使儿童在四季的更替和草木的枯荣中感受生命从开始到结束的自然过程，满足儿童的好奇心和探究欲望。无论人的生命还是动物、植物的生命，其开始与结束都是一个自然的过程，教师要使儿童意识到生命的有限和可贵，并初步懂得生命成长的艰辛与不易，萌发对生命的神圣感和敬畏感，从而珍惜生命、尊重生命，学会珍爱、保护自己的生命，尊重、珍爱大自然和其他生命体，肯定并接纳自我，勇敢面对挑战，学会感恩、分享和关怀，与他人及自然界和谐共处。

▌▌ 小　结　▶▶▶

本章介绍了探究式科学教学的概况，探究式科学教学的类型和特点。探究式科学教学不是学前儿童科学教育的唯一方法，"自主探究"不等同于"放任自流"，"以探究为核心"与"知识结论"不是对立关系，儿童的自主发展与教师自身的提高应相辅相成。

本章介绍了基于实践的"做中学"探究式科学教学的概况和特点，明确动手操作过程不等同于思维过程，"做中学"的关键是"学中思，思中用"，教师也应"做中学"。

本章介绍了 STEM 教育的概况和特点，明确幼儿园 STEM 教育可从"再造学习流程：变结果导向为关注过程""更新学习内容：变加工模式为创造模式""改变思维路径：变目的性思考行为为伴随性思维品质""创新教学模式：变学科知识中心为跨学科知识系统""变革教学方式：为儿童获取系统的跨学科知识"进行探究。

本章介绍了生命教育的概况和内涵。通过培养儿童尊重生命的意识，引导儿童尊重生存的环境，引导儿童感受生命的历程，使其自觉遵守人类社会和生态的基本规律，珍惜与尊重自然和生命，与他人及自然界和谐共处。

▊▊ 思考与实践 ▶▶▶

1. 尝试利用探究式科学教学或"做中学"理念反思幼儿园科学教育活动，并形成反思报告。

2. 尝试利用技术和工程解决一个你所面临的真实问题，感知 STEM 教育的价值和意义。

3. 开展种植和饲养活动，引导儿童感受动植物的生命历程，体验生命教育的价值。

▊▊ 延伸阅读 ▶▶▶

1. 卡琳，巴斯，康坦特. 教作为探究的科学［M］. 北京：人民教育出版社，2008.

该书探讨了如何将科学探究方法、科学内容、教学方法、科学教育标准与丰富的科学探究活动相整合，提出了进行科学探究式教学的良好途径，对学前儿童科学教育具有重要的借鉴作用。

2. 哈伦. 科学教育的原则和大概念［M］. 韦钰，译. 北京：科学普及出版社，2011.

该书介绍了来自不同国家的科学家对于科学教育的认识和思考。从科学家的角度告诉人们怎样学习和理解科学和技术，怎样以人文道德观念为指导，正确运用科学技术造福于社会和人类。这些科学家对全球的科学教育提出了一些看法：科学教育不应该传授给孩子支离破碎、脱离生活的抽象理论和事实，而应当慎重选择一些重要的科学观念，用恰当的、生动的教育方法，帮助孩子们建立一个完整的对世界的理解，初步形成科学态度，掌握科学方法，了解科学精神，构建一个人健康协调发展的基础。这些对学前儿童科学教育中的 STEM 教育和"生命教育"都有重要的启示。

主要参考文献

［1］戈波尼克，梅尔佐夫，库尔. 摇篮里的科学家：心智、大脑和儿童学习［M］. 袁爱玲，廖莉，任智茹，译. 上海：华东师范大学出版社，2004.

［2］丁邦平. 国际科学教育导论［M］. 太原：山西教育出版社，2002.

［3］王春燕，秦元东，黎安林. 探究·体验·发现：幼儿园科学教育理论与实践［M］. 南京：南京师范大学出版社，2010.

［4］张俊. 幼儿园科学教育［M］. 北京：人民教育出版社，2004.

［5］德赖弗，盖内，蒂贝尔吉安. 儿童的科学前概念［M］. 刘小玲，译. 上海：上海科技教育出版社，2008.

［6］夏洛，布里坦. 儿童像科学家一样：儿童科学教育的建构主义方法［M］. 高潇怡，梁玉华，孙瑾，译. 北京：北京师范大学出版社，2006.

［7］维果茨基. 维果茨基教育论著选［M］. 余震球，译. 北京：人民教育出版社，2005.

［8］鄢超云. 朴素物理理论与儿童科学教育［M］. 南京：江苏教育出版社，2007.

［9］艾里克森. 概念为本的课程与教学［M］. 兰英，译. 北京：中国轻工业出版社，2007.

［10］哈兰，瑞夫金. 儿童早期的科学经验：一种认知与情感整合的方式［M］. 张宪冰，等译. 北京：北京师范大学出版社，2006.

［11］美国国家研究理事会. 美国国家科学教育标准［M］. 戢守志，等译. 北京：科学技术文献出版社，1999.

［12］刘晓东. 儿童教育新论［M］. 南京：江苏教育出版社，1998.

［13］刘占兰. 幼儿科学教育［M］. 北京：北京师范大学出版社，2000.

［14］王志明. 学前儿童科学教育［M］. 南京：南京师范大学出版社，2001.

［15］张春兴. 教育心理学［M］. 杭州：浙江教育出版社，1998.

［16］艾森克. 心理学：一条整合的途径：上、下［M］. 阎巩固，译. 上海：华东师范大学出版社，2000.

［17］韦钰，P. Rowell. 探究式科学教育教学指导［M］. 北京：教育科学出版社，2005.

［18］鲍里奇. 有效教学方法［M］. 易东平，译. 南京：江苏教育出版社，2002.

［19］施燕. 学前儿童科学教育［M］. 北京：中央广播电视大学出版社，2007.

［20］张文新. 儿童社会性发展［M］. 北京：北京师范大学出版社，1999.

［21］秦元东，王春燕. 幼儿园区域活动新论：一种生态学的视角［M］. 北京：北京师范
　　大学出版社，2008.

［22］刘爱云. H 省 A 市幼儿园利用家庭、社区教育资源的研究［D］. 上海：华东师范大
　　学，2007.

［23］陈玉琨. 教育评价学［M］. 北京：人民教育出版社，1999.

［24］胡惠闵，郭良菁. 幼儿园教育评价［M］. 上海：华东师范大学出版社，2009.

［25］王坚红. 学前教育评价［M］. 北京：人民教育出版社，2010.

［26］约翰斯顿. 儿童早期的科学探究［M］. 朱方，朱进宁，译. 上海：上海科技教育出
　　版社，2008.

［27］丁邦平. 探究式科学教学：类型与特征［J］. 教育研究，2010（10）.

［28］林梅梅. 幼儿生命教育的现实考察及策略思考［D］. 济南：山东师范大学，2010.

［29］廖晓萍. 在生命教育理念下重新认识与建构幼儿园区域活动［J］. 学前教育研究，
　　2010（4）.

［30］秦旭芳，庞丽娟. "做中学"科学教育的主要理念［J］. 湖南师范大学教育科学学
　　报，2004，3（6）.

［31］孙可平. STS 教育论［M］. 上海：上海教育出版社，2001.

［32］赖小林，等. 解析"做中学"科学教育：一种科学启蒙教育的新模式［J］. 教育研
　　究，2005（6）.

［33］刘志军. 生命教育理念关照下的课程实践［J］. 教育研究，2004（5）.